《材料延寿与可持续发展》丛书顾问委员会

主 任 委 员：师昌绪
副主任委员：严东生　王淀佐　干　勇　肖纪美
委　　　员（按姓名拼音排序）：
　　　　　　安桂华　才　让　陈光章　戴圣龙　干　勇　高万振
　　　　　　葛昌纯　俸培宗　侯保荣　柯　伟　李晓红　刘翔声
　　　　　　师昌绪　王淀佐　吴荫顺　徐滨士　肖纪美　严东生
　　　　　　颜鸣皋

《材料延寿与可持续发展》丛书总编辑委员会

名 誉 总 主 编：干　勇
总 　主　 编：李金桂
常务副总主编：张启富
副 总 主 编：许淳淳　洪乃丰　高克玮　顾宝珊　张　炼　朱文德
编　　　委（按姓名拼音排序）：
　　　　　　白新德　陈亨远　程瑞珍　蔡健平　窦照英　杜存山
　　　　　　杜　楠　高克玮　高玉魁　葛红花　顾宝珊　洪乃丰
　　　　　　韩恩厚　纪晓春　吕龙云　李金桂　李毓芬　刘世参
　　　　　　路民旭　马鸣图　孙　辉　熊金平　陶春虎　王一建
　　　　　　王　钧　武兵书　许淳淳　许维钧　许立坤　张　炼
　　　　　　张晓云　张启富　周国庆　周伟斌　朱文德
办 公 室：袁训华

《材料延寿与可持续发展》丛书合作单位

中国腐蚀与防护学会
中国钢研科技集团有限公司
中航工业北京航空材料研究院
化学工业出版社

《金属文物保护——全程技术方案》编委会

主　编：许淳淳　潘　路

编　委：许淳淳　潘　路　赵西晨　王菊琳　成小林
　　　　马立治　陈仲陶　马清林　刘　薇

金属文物保护
——全程技术方案

《材料延寿与可持续发展》丛书总编委会　组织编写

许淳淳　潘　路　主编

化学工业出版社

·北京·

针对青铜器、铁器、金器、银器、锡器、铅器等金属文物，本书首先简要阐述文化遗产的作用与价值、文物保护科学与技术发展动态，接着介绍出土金属文物的考古现场保护，深入分析金属文物的腐蚀破坏原因、腐蚀产物的分析方法，全面介绍金属文物保护方案的制定及保护处理方法、表面封护材料和工艺，详细列举青铜器的修复技法。还对海洋出水金属文物的保护、金属文物的保存和展示环境以及如何通过控制环境来延长文物的寿命做了简明介绍。

本书可供文物保护科技工作者、文物保护专业师生、文物爱好者和收藏者参考，也可作为文物保护专业培训教材。

图书在版编目（CIP）数据

金属文物保护——全程技术方案/许淳淳，潘路主编．—北京：化学工业出版社，2012.2（2022.8重印）
ISBN 978-7-122-13194-2

Ⅰ.从… Ⅱ.①许…②潘… Ⅲ.出土文物-文物保护 Ⅳ.K85

中国版本图书馆 CIP 数据核字（2012）第 000782 号

责任编辑：段志兵　　　　　　　　装帧设计：关　飞
责任校对：周梦华

出版发行：化学工业出版社（北京市东城区青年湖南街 13 号　邮政编码 100011）
印　　装：北京科印技术咨询服务有限公司数码印刷分部
710mm×1000mm　1/16　印张 15¼　字数 284 千字　2022 年 8 月北京第 1 版第 3 次印刷

购书咨询：010-64518888　　　　　　　　售后服务：010-64518899
网　　址：http://www.cip.com.cn
凡购买本书，如有缺损质量问题，本社销售中心负责调换。

定　价：58.00 元　　　　　　　　　　　　　　　　版权所有　违者必究

总序言

在远古人类处于采猎时代，依赖自然，听天由命；公元前一万年以来，人类经历了漫长的石器时代，五千多年前进入青铜器时代，三千多年前进入铁器时代，出现了农业文明，他们砍伐森林、种植稻麦、驯养猪狗，改造自然，进入牧童经济时代。18世纪，发明蒸汽机车、轮船、汽车、飞机，先进的人类追求奢侈的生活、贪婪地挖掘地球、疯狂地掠夺资源、严重地污染环境，美其名曰人类征服自然，而实际是破坏自然，从地区性的伤害发展到全球性的灾难，人类发现在无休止、不理智、不文明地追求享受的同时在给自己挖掘坟墓。

人类终于惊醒了，1987年世界环境及发展委员会发表的《布特兰报告书》确定人类应该保护环境、善待自然，提出了"可持续发展战略"，表达了人类应该清醒地、理智地、文明地处理好人与自然关系的大问题，指出"既满足当代人的需求，又不对后代人满足其需求的能力构成危害的发展"，称之为可持续发展。其核心思想是"人类应协调人口、资源、环境与发展之间的相互关系，在不损害他人和后代利益的前提下追求发展"。

这实际上是涉及我们人类所赖以生存的地球如何既满足人类不断发展的需求，又不被破坏、不被毁灭这样的大问题；涉及人口的不断增长、生活水平的不断提高、资源的不断消耗、环境的不断恶化；涉及矿产资源的不断耗竭、不可再生能源资源的不断耗费、水力资源的污染、土地资源的破坏、空气质量的不断恶化等的重大问题。

在"可持续发展"战略中，材料是关键，材料是人类赖以生存和发展的物质基础，是人类社会进步的标志和里程碑，是社会不断进步的先导，是可持续发展的支柱。如果不断发现新矿藏、不断研究出新材料、不断延长材料的使用寿命、不断实施材料的再制造、再循环、再利用，那么这根支柱是牢靠的、坚强的，是能够维护人类可持续发展的！

在我国，已经积累了许许多多预防和控制材料提前失效（其因素主要是腐蚀、摩擦磨损磨蚀、疲劳与腐蚀疲劳）的理论、原则、技术和措施，需要汇总和提供应用，《材料延寿与可持续发展》丛书以多个专题力求解决这一课题项目。有一部分专题阐述了材料失效原理和过程，另一部分涉及工程领域，结合我国已积累的材料失效的案例和经验，更深入系统地阐述预防和控制材料提前失效的理论、原则、技术和措施。丛书编辑委员会前后花费五年的时间，将分散在全国各个研究院、所、工厂、院校的研究成果经过精心分析研究、汇聚成一套系列丛书，这是一项研究成果，是一套高级科普丛书，是一套继续教育实用教材。希望对我国各个工业部门的设计、制造、使用、维护、维修和管理人员会有所启示、有所参考、有所贡献；希望对提高全民素质有所裨益，对国家各级公务员有所参考。

我国正处于高速发展阶段，制造业由大变强，材料的合理选择和使用，以达到装备的高精度、长寿命、低成本应该受到广泛的关注。

中国科学院院士
中国工程院院士　师昌绪

总前言

我国改革开放三十多年来，材料的研究、开发、应用有了快速的发展，水泥、钢铁、有色金属、稀土材料、织物等许多材料的产量多年居世界第一，我国已经成为世界上材料的生产、销售和消费大国，支撑着"中国制造"的产品遍布世界、"中国建造"的重大工程建设项目遍布全国，促进了国家GDP连续高速发展，中国已经成为世界上第二经济大国。但是，我国还不是材料强国，我国的材料多处于中、低档水平，支撑起来的"中国制造"的产品水平不高、价格太低、无缘名牌；"中国建造"的重大工程中的主要结构件、专用件、关键件和重要件许多还依赖进口；我国在材料的选用、材料制成品的设计、加工、制造和材料保护等方面与先进国家相比还存在较大差距，导致材料制成品在制造环境、运行环境和自然环境的侵蚀下，容易出现腐蚀、摩擦磨损磨蚀、断裂（疲劳），引发"中国制造"的产品和"中国建造"的重大工程项目出现种种问题。

材料寿命是人类所用材料的核心。材料性能优良，质量稳定，使用安全、可靠、经济，是材料寿命的前提；没有使用安全、可靠、经济，就谈不上使用寿命。材料寿命的延长表达了上述性能的全面提升；材料延寿，就是提高材料制成品使用的可靠性、安全性、经济性和耐久性，就是延长材料制成品的使用寿命，就是节约了资源、能源、实施了低碳经济、减少了环境污染、支持了人类可持续发展。

我国建国以来材料研究取得了显著的成绩，在满足经济建设需求的同时，一大批材料研究、材料应用研究、材料加工研究和材料保护研究相继发展壮大起来，并为材料及其制成品的使用可靠性、安全性、经济性和耐久性做了大量的工作，积累了丰富的理论和实践经验，在材料全生命周期中凝炼出一些重要的原则、技术和措施。

"材料延寿与可持续发展"有两方面的工作：一是总结过去。总结系统控制材料提前损伤、提前破坏和提前失效的因素的理论、原则、技术和措施，让各个行业的产品设计师，制造、使用和管理工程师有所启示、有所参考、有所作为、有所贡献；尽可能地延长材料的使用寿命，提高材料制成品的可靠性、安全性、经济性和耐久性。这项工作实质上是针对过去与现在，总结现有成果，及早服务于国家建设。

二是研究未来。面对未来，材料的优质化、高性能化、高强化、长寿命化，多品质、多规格化、标准化、传统材料的综合优化、新材料的不断创新，由此促进我国从"材料生产、销售、消费大国"转变为"材料强国"。为此,我们组织了"材料延寿与可持续发展"的战略研究,在开展大量的调查研究基础上,从国家长远发展的眼光提出一整套的理论、原则、政策和建议,促使我国早日成为"材料强国",支持国家"节约资源、节能减排"、"可持续发展"和"保卫地球"战略。

目前,在中国科协和中国工程院的领导与支持下,一批材料科学工作者在努力地开展工作,提出研究报告,编写并出版发行《材料延寿与可持续发展》系列图书,供相关方面领导和工作人员参考。

希望通过我们的努力,既能为设计师、制造、使用和管理工程师提高其产品对环境抗力的理论、原则、技术和措施;又有为国家成为"材料强国",提出种种设想、原则、措施和政策建议。

由于我们水平有限,不当之处,敬请批评指正。

中国工程院院士、副院长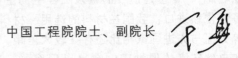

前言

中国作为世界四大文明古国之一,以其辉煌灿烂的文明史和对全人类的众多贡献著称于世。中国又是世界上唯一一个历史悠久而文明未曾中断的国家,地域广大,民族众多,汗牛充栋的典籍、不计其数的历史遗物和难以估量的地下埋藏,标志着历代的政治、经济、文化、艺术和军事等的发展概况和水平,是人类社会历史发展的重要实物见证,也是后代人研究人类历史、文化艺术和古代科学技术发展历程以及教育、启迪后来者的极其重要而宝贵的实物资料。几千年来祖先遗留的大量珍贵文物是人类最为宝贵的文化遗产,如果说文化遗产代表着一个国家的过去,那么对这些文化遗产的保护和利用则不仅反映出一个国家的现在,而且折射出这个国家的民族气质,昭示出她的未来。

然而,历经了千百年沧桑和磨难,大多数文物由于自然环境的侵蚀和人为破坏,已受到不同程度的腐蚀和损坏,有些已散失,有些处于濒危状态,亟待修复和保护。自然因素除突发性灾害外,包括气候变化、环境污染、阳光辐射、霉菌繁殖、虫害等因素造成文物的腐蚀和损毁,如:金属文物的腐蚀(锈蚀、开裂、穿孔等);竹木漆器的收缩开裂、扭曲变形、虫蛀霉变、糟朽;丝麻棉毛类文物的褪色、变色、霉变、脆裂甚至灰化;书画等纸质文物的变黄、变脆、霉变和脱胶;壁画彩绘类文物的潮解、酥碱、起甲、剥落和变色;石质文物的风化和开裂等等。腐蚀正以惊人的速度吞噬着这些宝贵的文化遗产,文物的艺术价值、社会价值和经济价值急剧流失、造成巨大损失。如果我们没有担负起保护文物的责任,有些文物在我们这一代损坏失传,我们将无颜面对子孙后代。因此,研究文物保护理论和技术、延长文物的寿命具有重大的现实意义和深远的历史意义。

文物保护就是通过各种科学技术手段研究文物性状和腐蚀机理,探索文物保护的材料和工艺,阻止和延缓文物的腐蚀以及最佳保存手段和途径。文物保护是涉及政治、经济、历史、考古、艺术等人文社会科学和材料、物理、化学、生物、地学、环境等自然科学的一门多学科相互交叉、渗透的边缘学科,需要各方面的科学工作者协同努力才能完成这一艰巨的历史使命。

文物保护与社会发展紧密结合,与综合国力紧密结合,与可持续发展紧密结合,成为体现国家意志、提升综合国力、实现强国富民目标的有效支撑领域。文物保护科学在科学技术发展中的定位,为文物事业跨越式发展创造了新的机遇,形成了可持续发展的新领域、新潜力和新优势,也使文物保护科技工作者成为技术全球化的参与者、推动者和受益者。

文物种类很多，它们的腐蚀机理和保护方法各异，因篇幅所限，本书主要针对金属文物（包括青铜、铁、金、银、锡、铅器文物）。全书由许淳淳和潘路主编。首先阐述文化遗产的基本理念及其作用与价值、文物的鉴定和辨伪、文物保护科学与技术的发展动态等（第1章，许淳淳编写），接着介绍出土金属文物的考古现场保护（第2章，潘路、赵西晨编写），深入分析金属文物的腐蚀机理及影响因素、腐蚀产物的分析方法（第3章，王菊琳编写），全面介绍金属文物保护方案的制定及物理、化学处理方法及其效果评价、金属文物的表面封护（第4章，成小林、马立治编写），详细列举金属文物的修复技法（第5章，陈仲陶编写）。还对海洋出水金属文物的保护（第6章，马清林、刘薇编写）、金属文物的保存和展示环境以及如何通过控制环境来延长文物的寿命等（第7章，潘路编写）进行简明介绍。本书可供文物保护科技工作者、文物保护专业师生、文物爱好者和收藏者参考，也可作为培训教材。

国家文物局朱晓东先生对本书编写给予了许多指导和帮助，特致谢意。

文物保护技术正在不断发展，编著者尽力向读者提供较全面和实用的内容，但是难免有不当之处，诚请广大读者批评赐教。

编著者

目 录

第1章 绪 言　　　　　　　　　　　　　　　　　　　　　1

1.1 文物是重要的文化遗产 ……………………………… 1
1.1.1 什么是文化遗产 ……………………………… 1
1.1.2 文化遗产的作用和价值 ……………………… 2
【知识链接】 世界遗产 …………………………………… 4
1.1.3 文物是文化遗产的重要组成部分 …………… 6
1.2 文物的分类 ……………………………………………… 8
1.2.1 文物的种类 …………………………………… 8
1.2.2 文物、古董和古玩 …………………………… 8
1.2.3 文物的鉴定和辨伪 …………………………… 9
【知识链接】 收藏者如何对青铜器辨伪呢? ……………… 12
1.3 文物的保护 ……………………………………………… 14
1.3.1 什么是文物保护 ……………………………… 14
1.3.2 文物保护科学与技术的发展动态 …………… 15
1.3.3 文物保护科学技术的可持续发展 …………… 17
【知识链接】 发达国家对文物保护的重视 ……………… 17
1.4 金属文物保护工作中的要点 ………………………… 19
1.4.1 金属文物急需保护 …………………………… 19
1.4.2 金属文物保护要点 …………………………… 19
参考文献 …………………………………………………… 20

第2章 金属文物考古现场保护　　　　　　　　　　　　22

2.1 为什么要做文物的现场保护 ………………………… 22
2.2 现场保护做什么 ……………………………………… 23
2.3 现场保护的程序 ……………………………………… 25
2.3.1 考古现场宏观环境控制 ……………………… 25
2.3.2 保护工作者应当观察和提取的信息 ………… 26

    2.3.3 保护方案——动手的指南 …………………………………… 28
    2.3.4 现场局部试验 …………………………………………… 28
    2.3.5 科学提取 ………………………………………………… 29
    2.3.6 记录在案 ………………………………………………… 29
   【知识链接】集慧四方 科学提取——记陕西西安张世安墓现场保
          护方案设计 …………………………………………… 29
  2.4 清理出土的脆弱金属文物 ……………………………………… 30
  2.5 现场文物提取方法 ……………………………………………… 31
    2.5.1 直接提取文物单体法 …………………………………… 31
    2.5.2 整体提取法 ……………………………………………… 32
  2.6 现场临时安全存放 ……………………………………………… 37
    2.6.1 防止文物出意外 ………………………………………… 37
    2.6.2 对文物暂存环境的控制 ………………………………… 37
  2.7 器物运输前的科学包装 ………………………………………… 38
  2.8 搬运及运输 ……………………………………………………… 40
    2.8.1 金属文物搬运 …………………………………………… 40
    2.8.2 金属文物的运输 ………………………………………… 41
  2.9 现场保护档案记录 ……………………………………………… 41
  2.10 文物考古现场人身安全 ………………………………………… 43
   【知识链接】科学研究 综合保护——山西省永济县西铁牛群的
          保护工程 ……………………………………………… 44
  参考文献 ………………………………………………………………… 45

第3章 文物透视——金属文物腐蚀破坏和分析　46

  3.1 金属文物腐蚀表现类型 ………………………………………… 46
  3.2 金属文物腐蚀的内因和外因 …………………………………… 47
    3.2.1 内因——什么样的因导致什么样的果 ………………… 48
    3.2.2 外因——与文物如影随形 ……………………………… 55
  3.3 铜质文物的腐蚀 ………………………………………………… 66
    3.3.1 青铜的组织结构 ………………………………………… 67
    3.3.2 铜质文物的腐蚀形态 …………………………………… 68
    3.3.3 青铜器腐蚀产物的形态和成分 ………………………… 71
    3.3.4 青铜器的地子 …………………………………………… 73
    3.3.5 青铜器腐蚀产物的结构 ………………………………… 74

【知识链接】 青铜病、粉状锈和有害锈的区别 ………………… 75
3.4　铁质文物的腐蚀 ………………………………………………… 76
　3.4.1　铁质文物的组织结构 …………………………………… 78
　3.4.2　铁质文物的腐蚀历程 …………………………………… 79
　3.4.3　铁质文物的腐蚀产物 …………………………………… 80
　3.4.4　铁质文物腐蚀活泼性的检测 …………………………… 81
3.5　金器、银器的腐蚀 ……………………………………………… 81
　3.5.1　古代和现代金银器制作工艺的区别 …………………… 81
　3.5.2　金器的耐蚀性 …………………………………………… 82
　3.5.3　银器的腐蚀 ……………………………………………… 83
　3.5.4　银器的变色研究 ………………………………………… 84
3.6　铅器、锡器的腐蚀 ……………………………………………… 85
　3.6.1　锡器的腐蚀 ……………………………………………… 85
　3.6.2　铅器的腐蚀 ……………………………………………… 85
3.7　金属文物腐蚀图的绘制 ………………………………………… 86
　3.7.1　术语解释和基本要求 …………………………………… 86
　3.7.2　金属文物腐蚀图绘制范例 ……………………………… 90
3.8　金属文物及其腐蚀产物的分析方法 …………………………… 91
　3.8.1　分析检测在方案制订中的重要性及在文物保护中的
　　　　　应用 ………………………………………………………… 91
　3.8.2　检测的目的和内容 ……………………………………… 92
　3.8.3　宏观检查 ………………………………………………… 94
　3.8.4　微观检测 ………………………………………………… 95
　3.8.5　样品分析程序 …………………………………………… 102
　3.8.6　铁器锈蚀程度的检测 …………………………………… 103
　3.8.7　青铜器腐蚀状况的检测 ………………………………… 104
参考文献 …………………………………………………………………… 104

第4章　保护有道——各种金属文物保护方法　　107

4.1　制定金属文物保护方案 ………………………………………… 107
　4.1.1　文物价值评估要点 ……………………………………… 107
　4.1.2　预防性与主动性保护的区别 …………………………… 108
　4.1.3　常规检查与日常维护 …………………………………… 109
　4.1.4　保护处理的目标与原则 ………………………………… 109

  4.1.5 保护处理的技术路线与步骤 …………………………………… 110

  4.1.6 保护处理后文物的保存要求 …………………………………… 110

 4.2 **金属文物的物理处理方法** ………………………………………… 111

  4.2.1 金属文物为什么要先清理 ……………………………………… 111

  4.2.2 常用的机械处理设备 …………………………………………… 111

  4.2.3 喷砂法的应用 …………………………………………………… 112

  4.2.4 激光清洗法 ……………………………………………………… 114

 4.3 **金属文物的化学处理方法** ………………………………………… 115

  4.3.1 青铜器的化学处理 ……………………………………………… 115

  4.3.2 铁质文物的化学处理 …………………………………………… 120

  4.3.3 金银器表面清洁的方法 ………………………………………… 124

  4.3.4 金属文物化学处理效果评价 …………………………………… 124

 4.4 **给文物穿上防护服——金属文物的封护** ………………………… 126

  4.4.1 为什么要让金属文物穿上"防护服" …………………………… 126

  4.4.2 情况复杂,个性鲜明——金属文物封护处理的特殊性 … 127

  4.4.3 天然封护材料的选用 …………………………………………… 128

  4.4.4 合成高分子封护材料的选用 …………………………………… 129

  4.4.5 制定封护方案 …………………………………………………… 134

  4.4.6 封护处理 ………………………………………………………… 135

  4.4.7 封护记录 ………………………………………………………… 136

  4.4.8 封护效果评价 …………………………………………………… 137

参考文献 ……………………………………………………………………… 137

第 5 章 还原价值——金属文物修复技法 140

 5.1 **文物修复的理念和原则** …………………………………………… 141

 5.2 **变形文物的传统整形方法** ………………………………………… 143

  5.2.1 青铜器变形的几种情况 ………………………………………… 143

  5.2.2 锤击法整形 ……………………………………………………… 144

  5.2.3 扭压法整形 ……………………………………………………… 144

  5.2.4 锯解法整形 ……………………………………………………… 146

  5.2.5 撬压法整形 ……………………………………………………… 148

  5.2.6 顶撑法整形 ……………………………………………………… 149

  5.2.7 加温法整形 ……………………………………………………… 150

  5.2.8 敦煌汉代铜牛车文物整形实例 ………………………………… 150

【知识链接】 传统青铜器修复、复制的历史渊源及现状 ………… 153
5.3 金属文物的焊接和粘接 ……………………………………… 155
　5.3.1 焊接的条件 …………………………………………… 155
　5.3.2 焊接工具及焊接前的准备工作 ……………………… 156
　5.3.3 焊接的工艺方法 ……………………………………… 158
　5.3.4 金属文物焊接和粘接实例 …………………………… 165
5.4 残损青铜文物的补配技法 …………………………………… 165
　5.4.1 打制铜皮补配工艺 …………………………………… 166
　5.4.2 翻模铸造补配工艺 …………………………………… 168
　5.4.3 塑形补配工艺 ………………………………………… 170
　5.4.4 环氧树脂胶类补配 …………………………………… 171
　5.4.5 树脂加铜皮补配 ……………………………………… 172
　5.4.6 金属文物补配实例 …………………………………… 173
5.5 金属文物作旧 ………………………………………………… 178
　5.5.1 文物作旧的一般过程 ………………………………… 178
　5.5.2 漆古地子作旧方法 …………………………………… 180
　5.5.3 水银沁地子作旧方法 ………………………………… 181
　5.5.4 一般锈蚀作旧方法 …………………………………… 182
　5.5.5 文物作旧实例 ………………………………………… 184

参考文献 ……………………………………………………………… 185

第6章　海洋出水金属文物的保护　　　186

6.1 出水金属器物保护前的工作 ………………………………… 187
　6.1.1 预干预调查 …………………………………………… 187
　6.1.2 现场记录 ……………………………………………… 189
【知识链接】 西沙古代沉船"浮出"水面 ……………………… 190
6.2 出水器物表层凝结物的分析 ………………………………… 192
　6.2.1 凝结物探测 …………………………………………… 193
　6.2.2 凝结物的组成 ………………………………………… 195
　6.2.3 凝结物的形成 ………………………………………… 198
6.3 出水器物表层凝结物的去除 ………………………………… 199
　6.3.1 机械法去除凝结物 …………………………………… 200
　6.3.2 化学试剂法去除凝结物 ……………………………… 200
　6.3.3 低温液氮法去除凝结物 ……………………………… 200

6.4 出水金属器物的电化学脱盐 …………………………………… 201
6.5 出水金属器物的现场保存 ……………………………………… 203
【知识链接】 海洋出水金属器物的腐蚀机理 ………………………… 204
参考文献 …………………………………………………………………… 206

第7章 金属文物保存与展示环境　　208

7.1 文物的保存环境至关重要 ……………………………………… 208
7.2 金属文物保存环境的温度和湿度 ……………………………… 208
7.2.1 金属文物保存的温湿度要求 ……………………………… 208
7.2.2 如何测量文物保存环境中温湿度 ………………………… 210
7.2.3 如何控制博物馆文物展出和保存环境的温湿度 ………… 213
7.3 文物展示中的安全照明 ………………………………………… 216
7.4 金属文物保存环境的大气污染控制 …………………………… 217
7.4.1 金属文物腐蚀的加速剂——大气污染 …………………… 217
7.4.2 文物箱、柜、囊盒材料对文物的潜在损害 ……………… 219
7.4.3 空气污染物监测的方法 …………………………………… 219
7.4.4 如何控制空气污染物 ……………………………………… 223
7.5 随时监察展厅和库房环境 ……………………………………… 224
参考文献 …………………………………………………………………… 224

第 1 章 绪 言

1.1 文物是重要的文化遗产

1.1.1 什么是文化遗产

2005年我国出台了《国务院关于加强文化遗产保护的通知》，首次正式在国家级公文中确定了中国"文化遗产"概念的内涵和外延，这标志着我国文物事业开始了向文化遗产事业的转变。该通知中规定，我国文化遗产包括物质文化遗产和非物质文化遗产。

（1）物质文化遗产

物质文化遗产就是有形文化遗产，包括可移动文物、不可移动文物和历史文化名城、名镇、名村。其中可移动文物指历史上各时代的重要器物（玉器、铁器、陶器、青铜器、瓷器等）、文献、手稿、图书资料、艺术品、化石等；不可移动文物指包括古遗址、古墓葬、古建筑、石窟寺及石刻、近现代重要史迹、近现代典型建筑等。

（2）非物质文化遗产

非物质文化遗产是指各种以非物质形态存在的，被各群体、团体、有时为个人所视为其文化遗产的各种实践、表演、表现形式、知识体系和技能及其有关的工具、实物、工艺品和文化场所。各个群体和团体随着其所处环境、与自然界的相互关系和历史条件的变化不断使这种代代相传的非物质文化遗产得到创新，同时使他们自己具有一种认同感和历史感，从而促进了文化多样性和激发人类的创造力。也就是说，非物质文化遗产是各种以非物质形态存在的与群众生活密切相关、世代相承的传统文化表现形式。非物质文化遗产包括：口头传统和表述，表演艺术，社会风俗、礼仪、节庆，有关自然界和宇宙的知识和实践，传统的手工艺技能。

非物质文化遗产的最大的特点是不脱离民族特殊的生活生产方式,是民族个性、民族审美习惯的"活"的显现。它依托于人本身而存在,以声音、形象和技艺为表现手段,并以身口相传作为文化链而得以延续,是"活"的文化及其传统中最脆弱的部分。因此对于非物质文化遗产传承的过程来说,人的传承就显得尤为重要。截至2009年,我国共有昆曲、古琴艺术等26个项目入选联合国教科文组织《人类非物质文化遗产代表作名录》,羌年、中国木拱桥传统营造技艺等3个项目入选《急需保护的非物质文化遗产名录》,成为世界上入选项目最多的国家。

小知识

从二零零六年起,每年六月的第二个星期六为中国文化遗产日。文化遗产日的设立,充分体现了我们党和国家对保护、发展文化遗产的高度重视,对于弘扬中华民族优秀传统文化、激发人民群众参与保护、发展文化遗产的热情起到了积极的推动作用。其图标是:

国家文物局从2009年起,建立文化遗产日主场城市申办制度,每年与主场城市共同举办活动,作为倡导文化遗产日活动的主要组织形式。全国范围内各地级以上城市均可申办成为文化遗产日主场城市。每届活动结合当年文化遗产日主题和城市特点有所侧重,并在全国范围内征集代表性活动项目,努力使之既具有承办城市所在地域的鲜明特色,又具有全国范围内的倡导力和示范性。改进文化遗产保护理念、措施是文化遗产日活动的重要内容。

1.1.2 文化遗产的作用和价值

(1) 文化遗产具有鲜明的精神文化意义

文化遗产承载着中国古老优秀的传统文化,是国家的身份象征,文化遗产体现着一个民族和一个国家的存在。分布在全国各地的文化遗产向世界展示着中华民族五千年的文明，诉说着中华民族曾经为人类文明做出的卓越贡献。文化遗产是一个国家和民族成就、文明素质和综合国力的表征，也是一个国家政治地位的基础。在经济全球化的背景下，在各种文明融合与竞争中，保持文化的多样性和中华民族文化的独立性，使古老的中华文明重振雄风，事关中华民族的复兴。保护好承载五千年光辉灿烂文明的文化遗产有助于扩大中华文明在国际上的影响力。

文化遗产还关系到社会主义先进文化的创造。优秀的文化遗产不仅是构成社会主义新文化的渊源所在，是创造和建设中国特色的社会主义新文化的基础，也是先进文化的重要组成部分。文化遗产事业在保护中传承、在开拓中前进，有效发挥了咨政育人、传承文明、普及知识、丰富生活的作用，为提高全民族思想道德素质和科学文化素质，扩大中外文化交流，增强中华文化国际影响力作出了重要贡献。

小知识

据我国文物行政部门统计，我国已经发现的不可移动文物点近80余万处（截至2010年），其中全国重点文物保护单位2351处，省级重点文物保护单位8800余处，县、市级文物保护单位60413处。

目前我国博物馆数量已达到3500个，并继续以每年100个左右的速度增长，这在世界博物馆发展史上是罕见的。馆藏文物有2616万件，其中一级文物有60000余件。故宫博物院藏品180万件，为全国博物馆之最。

（2）文化遗产具有越来越重要的经济价值

我国五千年文明留下来的具有东方特色的文化遗产，是中华民族不可再生的、不可替代的宝贵财富。不仅具有重要的历史、艺术和科学价值，而且也具有重要的经济价值，对我国经济社会和文化的发展具有重要意义。

在全球经济迅速发展和人民生活水平不断提高的背景下，人们日益增长的对文化遗产的享用，使得文化遗产显现出越来越强大的经济价值。世界各国都注意到文化遗产所蕴藏的巨大经济价值，保护和利用好文化遗产资源已成为各个国家的重点发展方向。

文化遗产是重要的经济资源，这突出表现在遗产的经济价值上。遗产的经济价值包括三个方面：

第一方面是文化遗产的直接经济利益，例如遗产景点的门票收入和遗产文化产品的经济效益等；

第二方面是文化遗产的综合经济利益，例如文化遗产推动旅游经济的发展，带动交通、旅馆、饮食、购物等行业的发展，增加就业机会，推动地方经济的发展；

第三方面是文化遗产的长远经济利益，文化遗产的知名度是一份巨大的无形资产，能为文化遗产的拥有者或所在地带来永久的综合经济利益。例如故宫对于北京，秦始皇陵和兵马俑对于西安，卢浮宫对于巴黎，罗马旧城对于意大利。凡是到过罗马、威尼斯、巴黎和马德里等城市的人，都能深深地感受到这些城市遗产对繁荣当地经济的重要作用

(3) 文化遗产事业促进了我国国民经济发展

文化遗产的经济功能除了表现了出部分公益性外，也直接表现为对国民经济发展的促进作用。这种促进作用从两方面体现出来：

一是文化遗产事业自身有多种收入来源，仅就作为文化遗产事业一部分的文物系统而言，就包括文博单位门票收入、文物交流展出收入等，这属于文化遗产事业的直接经济贡献。

二是文化遗产事业还有影响较广泛的间接经济贡献。文化遗产在很多行业中是生产要素甚至是核心竞争力。随着经济的发展和人民生活要求的丰富，文化遗产所覆盖的范围和产生的影响会越来越大，其促进经济发展的功能也越来越显著。与文化遗产相关的文化产业所包括的各种经济活动都会对经济的发展产生越来越重要的作用。这些经济活动中，影响程度较大的是文化旅游（文物旅游）和文物流通经营。

文化旅游可以对经济社会产生综合的联动效应。文化旅游带动相关产业的发展，有着一般产业所不具有的文化的、精神的、知识的和意识形态的属性，更容易带动相关产业的发展，从而在促进国民经济发展、提升地区知名度、优化产业结构、创造就业机会、增加地方财政收入等方面发挥重要作用。

而文物流通经营则是近年来飞速发展的产业，这里仅列举一些数据就可知道其经济发展规模。近年，安徽省文物商店平均年经营额在 500 万～600 万元，湖南文物平均年经营额 10000 万元，湖北省年均销售额 210 万元；北京古玩城每年销售额约 16 亿～18 亿元，潘家园旧货市场每年销售额约 3 亿～5 亿元；2005 年全国文物艺术品拍卖额达 142 亿元。可见，文化遗产事业对国民经济发展起到了促进作用。

知识链接

世 界 遗 产

自 1985 年中国加入《保护世界文化和自然遗产公约》，推动了中国文化遗产事业面向世界。中国进入《世界遗产名录》的世界遗产有 41 处（2011 年统计），其中文化遗产 26 处，自然遗产 8 处，文化与自然混合遗产 4 处，

世界文化景观遗产3处。数量居世界第三位仅次于西班牙和意大利，名列世界第三。

我国下列项目列入"世界遗产"。

明清故宫：文化遗产，1987年列入，北京市；
颐和园：文化遗产，1998年列入，北京市；
天坛：文化遗产，1998年列入，北京市；
长城：文化遗产，1987年列入，北京市；
周口店"北京人"遗址：文化遗产，1987年列入，北京市；
承德避暑山庄及周围寺庙：文化遗产，1994年列入，河北省；
平遥古城：文化遗产，1997年列入，山西省；
曲阜孔庙孔林孔府：文化遗产，1994年列入，山东省；
敦煌莫高窟：文化遗产，1987年列入，甘肃省；
大足石刻：文化遗产，1999年列入，重庆市；
秦始皇陵：文化遗产，1987年列入，陕西省；
苏州古典园林：文化遗产，1997年列入，江苏省；
武当山古建筑群：文化遗产，1994年列入，湖北省；
拉萨布达拉宫：文化遗产，1994年列入，西藏自治区；
丽江古城：文化遗产，1997年列入，云南省；
泰山：自然与文化遗产，1987年列入，山东省；
黄山：自然与文化遗产，1990年列入，安徽省；
峨眉山-乐山大佛风景名胜区：自然与文化遗产，1996年列入，四川省；
九寨沟风景名胜区：自然遗产，1992年列入，四川省；
黄龙风景名胜区：自然遗产，1992年列入，四川省；
武陵源风景名胜区：自然遗产，1992年列入，湖南省；
庐山风景名胜区：世界文化景观，1995年列入，江西省；
武夷山风景名胜区：自然与文化遗产，1999年列入，福建省；
龙门石窟：文化遗产，2000年列入，河南省；
青城山-都江堰：文化遗产，2000年列入，四川省；
皖南古村落（西递、宏村）：文化遗产，2000年列入，安徽省；
明清皇家陵寝（湖北明显陵、河北清东陵、河北清西陵）：文化遗产，2000年列入；
云冈石窟：文化遗产，2001年列入，山西省；
高句丽王城、王陵及贵族墓葬：文化遗产，2004年列入，辽宁省与吉林省；

澳门历史城区：文化遗产，2005年列入，澳门特别行政区；
三江并流：自然遗产，2003年列入，云南省；
四川大熊猫栖息地：自然遗产，2006年列入，四川省；
安阳殷墟：历史文化遗产，2006年7月13日列入，河南省；
开平碉楼及村落：文化遗产2007年6月28日列入，广东省；
福建土楼：文化遗产2008年7月6日列入，福建省；
中国南方喀斯特（云南石林、贵州荔波和重庆武隆）：自然遗产，2007年6月27日列入；
山西五台山：文化景观遗产，2008年6月26日列入，山西省；
江西三清山风景名胜区：自然遗产，2008年7月7日列入，江西省；
河南登封天地之中古建筑群：文化遗产，2010年7月31日列入，河南省；
中国丹霞（湖南崀山、广东丹霞山、福建泰宁、贵州赤水、江西龙虎山、浙江江郎山）：自然遗产，2010年8月1日列入；
杭州西湖文化景观：文化景观遗产，2011年6月24日列入，浙江省。
此外，还有国家级历史文化名城112座（截至2011年），历史文化名镇、名村350处（截至2010年）。

1.1.3 文物是文化遗产的重要组成部分

文物是物质文化遗产，是指具体的物质遗存，是人类社会活动中遗留下来的具有历史、艺术、科学价值的遗物和遗迹。也可以说，它是历史上物质文化和精神文化的遗存，具有历史、艺术、科学价值，是重要的文化遗产。

(1) 文物的基本特征

第一，必须是由人类创造的，或者是与人类活动有关的；

第二，必须是已经成为历史的过去，不可能重新创造的。当代中国根据文物的特征，结合中国保存文物的具体情况，把"文物"一词作为人类社会历史发展进程中遗留下来的、由人类创造或者与人类活动有关的一切有价值的物质遗存的总称。

文物是一个有中国特色的概念，最初的文和物二字并不是连在一起使用，而是分别指代不同的意思。"文物"作为一个完整词汇首见于2400多年前战国初期的《左传》。不过，"文物"一词仅在中国通行，在不同的国家这类历史遗存有着其各自的名称（如日本等国称其为"文化财"），国际上也有另一个内涵接近的通用词——"文化遗产"。

小知识

目前，各个国家对文物的称谓并不一致，它所指的涵义和范围也不完全相同，因而至今还没有形成一个对文物共同确认的统一定义。

2002年10月28日全国人大常委会第30次会议通过《文物保护法》中，对文物的外延做出了明确规定：

（1）具有历史、艺术、科学价值的古文化遗址、古墓葬、古建筑、石窟寺和石刻、壁画；

（2）与重大历史事件、革命运动或者著名人物有关的以及具有重要纪念意义、教育意义或者史料价值的近代现代重要史迹、实物、代表性建筑；

（3）历史上各时代珍贵的艺术品、工艺美术品；

（4）历史上各时代重要的文献资料以及具有历史、艺术、科学价值的手稿和图书资料等；

（5）反映历史上各时代、各民族社会制度、社会生产、社会生活的代表性实物。

（2）文物的价值和作用的关系

文物的作用，是文物价值的具体体现。文物对社会所能起到的积极作用主要有教育作用、借鉴作用和为科学研究提供资料的作用。文物的价值和作用，其间有联系，又有区别。人们对文物价值的认识不是一次完成的，而是随着社会发展，人们科学文化水平的不断提高而不断深化的。文物作用的大小，取决于文物价值的高低，因而文物的作用也会随着人们对文物价值认识的深化而变化。有时同样的文物，在不同时间、地点、条件下，其价值也会发生变化。这种变化通常不是改变或降低了它的固有价值，而是增添了新的价值。这种情况只有在特定的条件下才会发生。文物是一定历史时期人类社会活动的产物，无不具有时代的特点。一切文物都具有历史价值。不同类别的文物，从不同的侧面分别反映了当时社会的生产力、生产关系、经济基础、上层建筑以及社会生活和自然环境的状况。可以探索和揭示人类社会活动与自然界生态环境之间相互关系、相互作用的演变规律，运用人们不断认识的客观规律自觉地、能动地协调人类社会系统与自然界环境系统的关系，有利于促进当代和未来社会的发展。各种类别文物的产生、发展和变化的过程，反映了社会的变革、科学技术的进步、人们物质生活和精神生活的发展变化。总的来说，文物是帮助人们认识和恢复历史本来面貌的重要依据，特别是对没有文字记载的人类远古历史，它成了人们了解、认识这一历史阶段人类活动和社会发展的主要依据。

1.2 文物的分类

1.2.1 文物的种类

由于文物种类很多、功能各异、质地不一，文物所处的时代不同，因而需要从不同的角度，采取不同的分类方法。

因为文物材质成分不同，在相同的环境下，文物受腐蚀的情况和要求的保护方法不同。即使相同材质的文物，在不同的环境下腐蚀损坏的情况也不一样。文物的材质成分对文物的性质、寿命影响很大，为了深入研究文物组成材料对文物保护材料、保护方法、保存环境的不同要求，将文物按照文物材质分成有机质文物和无机质文物两大类，见表1-1。

表1-1 文物按照材质成分分类

类 别	具 体 文 物
有机质文物	①纸质文物（古书籍、字画、碑帖、档案等） ②纺织品文物（丝、毛、棉、麻织物、制品等） ③竹木漆器类文物（古漆、木、竹器、竹简，古代建筑木构件等） ④皮革类文物（皮革制品、羊皮书等） ⑤尸体类文物（干尸、腊尸、湿尸、鞣尸等） ⑥骨角质类文物（甲骨、牙雕、骨角器等） ⑦音像类文物（磁带、磁盘、电影胶卷、录像带等）
无机质文物	①金属类文物（金、银、铜、铁、锡器等） ②石质文物（石刻、石碑、石窟、玉石、宝石、水晶、玛瑙等） ③陶瓷砖瓦类文物（古陶器、瓷器、玻璃、珐琅、砖、瓦等） ④彩绘壁画类文物（石窟、墓葬、寺庙、殿堂壁画、彩绘、颜料、地仗、岩画等）

由于文物的种类繁多，加之篇幅所限，本书主要介绍金属文物的腐蚀原因、分析方法、保护和修复技术及文物收藏、管理方法。

1.2.2 文物、古董和古玩

"文物"是指历史遗留下来的，对研究社会政治、经济、文化有价值的东西，是人类宝贵的历史文化遗产，如建筑、碑刻及各种艺术品等。按照《文物保护法》的规定，文物是不可再生的文化资源，中华人民共和国境内地下、水域和领海中遗存的一切文物，属于国家所有。与此同时，《文物保护法》还明确规定，属于集体或个人所有的文物以及依法取得的其他文物，其所有权受法律保护。

"文物"两字最早出现于春秋战国，是礼乐、典章制度的统称。到唐代，其涵义与今天的涵义比较接近。文物涵盖各个历史时期，从时间上看，有古代、现代，也有当代的。但文物是有一定层次的，文物分为珍贵文物和一般文物，珍贵文物又可分为一级文物、二级文物、三级文物。《文物保护法》对一、二、三级文物标准有界定和规定。我们通常所说的古董、古玩和艺术品，应该特指民间收藏的、不在国家禁止买卖之列的那部分文物。公民合法所有的文物，法律允许其相互交换或者依法转让和流通。

清朝以前，人们把珍贵的古物称为"骨董"，所谓"骨"，取肉腐而骨存之意，意思是保存过去之精华。后来渐变为古董、古玩。实际上"古董"、"骨董"和"古玩"是一个意思，只不过由于时代的变迁，人们叫法不同而已。从文物和古董或古玩的比较来看，文物在时间的涵盖上要大于古董或古玩，因为文物可以是古代，也可以是现代或当代，只要是优秀的文化产物都可以被列入文物范畴。而古董和古玩则不然，现代和当代的东西不能称为古董和古玩。由于许多文物具有较高的艺术鉴赏价值，所以收藏爱好者又将其泛称为收藏艺术品。

小知识

关于文物的年代下限，在国际上起初曾定为1830年，起源于1930年美国的关税条例。该条例规定凡1830年以前制作的艺术品可以免税。以后在国际上，不少国家把这一年定为文物的年代下限。后来美国在1966年通过了新的关税条例，又规定"自免税进口报单提出之日起，凡一百年以前制作的文物"概予免税进口。因而目前按国际上一般惯例，文物是指一百年以前制作的具有历史、艺术、科学价值的实物。

1.2.3 文物的鉴定和辨伪

由于文物具有极高的历史、科学、艺术价值，近年来随着国际市场上中国古代文物价格的攀升，国内盗墓掘物、走私文物的案例屡见不鲜，与此同时，以牟利为目的的各类文物造假事件也不断出现，有些人甚至将做假文物送到博物馆求售。在这种情况下，单凭肉眼观察器物形貌、结合历史文献资料和文物标本及其时代风格、表观特征等进行对比分析来断定某些文物真伪的作法已不完全可靠。

作为一个文物工作者,从实践过程中积累的经验非常重要,但是怎样在一般情况下对一些凭经验模棱两可的器物作出中肯的、有科学依据的判断,这就需要把自然科学中的现代分析方法和文物考古学知识结合起来。例如,上世纪四五十年代,欧洲古董市场上曾出现过一批战国陶俑,售价很高,真假难辨。后来,经过英国牛津实验室用热释光技术测试鉴定,证实这批陶俑根本不是战国时代的,而是近代制作的赝品。

又如,意大利的都灵大教堂几百年来一直供奉着一块被认为耶稣受难时裹尸用的麻布,视其为"圣物"。该物最早出现于公元13世纪,当时一位奥地利的公爵夫人声称该"圣物"是她夫家的祖先随十字军东征时从耶路撒冷带回欧洲后传下来的,并把它献给了教会。但对此裹尸布的真伪一直争论了几百年,已发表的有关论文几千篇,依然是莫衷一是。20世纪50年代经意大利教会同意,美国科学院曾派两架专机携带了当时最先进的科学仪器到都灵进行分析,也未能得出最终肯定结论。20世纪90年代初牛津、苏黎世和亚利桑那等三个国际最有影响的AMS-C14实验室各分别分到一小块(1cm×7cm)从该麻布上剪下的布条测年。三个实验室测年的结果一致,都表明这块麻布不是公元初的,其年代为公元13世纪,从而揭露了是那位公爵夫人作伪。罗马教廷发表声明接受科学检验的结论,几百年的公案被加速器质谱C14测年技术了结了。

小知识

碳14纪年法和加速器质谱碳14测年技术 碳14是放射性同位素,碳14纪年法是利用放射性衰变原理测定年代的最精确的方法,其突出的优点是使用样品少(样品含碳量少于1毫克),大多用于鉴定有机质类古代文物(如古代字画、鹿角雕塑品)的真伪。但它也存在不少缺点,如标本越年轻,测量误差越大及标本中的碳14相对浓度太弱等;加速器质谱碳14法是直接测样品中的碳14原子数,不必等待它们衰变,所需要和消耗的样品量要少得多,而且所需的测量时间也缩短了(一般30min可测定一个样品),不过,它是以测量装置的高技术、高投资为前提的。

文物的鉴定就是确定文物的年代、真伪和价值。首先需要进行的是断代和辨伪,如果文物的时代不明,真伪莫辨,就无从确定文物的价值。只有在断代、辨伪的基础上,才能通过科学研究,不断深化对文物价值的认识。一切文物都需要断代,但不是所有文物都需要辨伪。辨伪有特定的涵义,主要是辨别由于文物作为商品流通以后,有人以牟利为目的,以真文物为蓝本而故意制造的假古董及一些历代文物的仿制品。

考古发掘出土的文物,一般不存在辨伪的问题,但也有文物鉴定的问题。因为有时一座墓葬也会埋葬了前代遗物。有时由于地层扰乱，在一个文化层中也可能有后代文物混入，都需要进行鉴别。

文物鉴定的方法，主要有传统方法和现代科学方法两种。在各类文物中，有相当一部分是考古学研究对象，是经过科学发掘出土的。对于这些文物主要是依靠考古学的地层学和类型学进行断代，对史前时期或者年代比较久远的历史时期的文物，可以运用现代科学技术手段进行鉴定和辨伪，如X射线照相技术、X射线衍射光谱、红外光谱、穆斯堡尔谱、碳14纪年法和加速器质谱碳14测年技术、热释光、古地磁等现代科学技术手段测定年代和辨伪。

小知识

X射线照相技术在文物鉴定和辨伪中的应用。 X射线照相技术由于其无损性、直观性而受到文物研究者的重视，在文物鉴定和辨伪中，常有以下应用。

① 揭示文物的制作工艺特征、内部缺陷分布特征；
② 可提取文物表面被覆盖或污染的文字、纹饰等信息；
③ 反映和记录文物修复前、后的内部详细情况；
④ 提供文物各种内部信息，作为鉴别真伪的参考依据；
⑤ 辅助了解文物内部病害的发展状况；
⑥ 寻找难以打开的组合和连接方式；
⑦ 帮助考古现场提取物的探测检查，指导清理方法；
⑧ 古代化石的探测分析。

但作为一种检测手段，X射线照相技术也存在着一些局限性和值得注意的问题：第一，对于X光照射过的陶瓷器，包括陶范，其热释光特性将会改变或消失。因此，如需进行热释光检测，必须在X光检测之前取样；第二，已知紫外线对纸张的老化有加速作用，而X射线波长更短，线质更硬，因此，对古代书画的检测，虽然检测中照射时间很短，但是否会造成一定的破坏作用还有待进一步试验论证。第三，X光底片只能反映平面的二维影像，对空间三维实物检测有着一定的局限性。对于一个容器，往往双壁的影像产生在同一张底片上，增加了辨别信息的难度。另外，对于弧度较大的器物，X光底片反映的信息有一定的失真现象。

所有这些都属于现代科学鉴定年代的方法。传统的鉴定方法主要是对传世文物年代的鉴定和辨伪。传统方法是经过长期的经验积累，已经形成了比较系统的对各种不同类别文物进行鉴定的方法，但是传统方法过去主要侧重在经验的积累上，需要运用科学方法进行总结，才能不断发展和提高。

> 知识链接

收藏者如何对青铜器辨伪呢？

一、了解作伪者模仿真器的主要手法

为了识别铜器的真伪，需了解作伪者模仿真器的主要手法。

第一，器物整体均伪。作伪者利用真铜器翻模铸造新器，或以某件器物的图形为蓝本，来做伪器。这些伪器做好后，先埋于地下，使其生锈，二三年后再取出。

第二，器物是拼凑改造的，拼凑器基本上可分成两种情况，其一，是器物的每一部分都是古代残器，而将残器重新配合在一起，使成为一件完整的铜器。其二，由真器的残体和伪作的一部分相陪，成为一件完整器物。还有一种情况，是在真器内嵌入别的真器的真铭，使之成为有铭器。

第三，旧时一些铜器在出土后，破损残缺严重，作伪者利用其技能，将破损器进行修补，使成为一件完整器，并作假地子和假锈，如有花纹并补配花纹等。

第四，器物与铭文皆伪，或器真铭伪，或器伪铭真，也有的是真器上已有铭文，作伪者画蛇添足，再添补铭文。

第五，器真，花纹是后刻的，或在真器残存的一部分花纹上再增添假花纹。

二、清楚真伪铜器之间的差别

铜器经过了几千年的历史，经过自然界的各种侵蚀才形成表面层各种颜色的地子。因此地子很结实，就是地子掉皮后，铜器表面为麻沙地，而新铜的地子是后作上的，用胶或颜色作上，很不牢固，颜色掉后，呈现出平地，细看会有打磨的痕迹。

在伪造技术上，伪造的铜器外形没有真器那么有生气。假花、假铭也没有真器雄伟浑厚的气韵。真器花纹一般层次分明而平整，而伪花则软而凸散，且没有铸造真花时常出现的铸瘤。真铭文，商周时代一般为铸字，字体匀整，深浅如一；而伪铭则有刀凿痕，字体呆板无神韵。在真器上补刻的伪铭，常有将铭文刻在垫片上，这就大露破绽。在真器上补刻伪铭时也常将器物的锈斑与氧化层破坏，字口内光亮干净，常可一目了然。

真器在一件器物上所表现出的造型、花纹、铭文等方面风格是一致的，而伪器在一件器物上常常出现风格矛盾，这就特别需要加以注意。

在铜器辨伪上要多利用考古发掘品和专家们公认的器物进行对照，可增强其可靠性。

三、掌握文物辨伪方法

青铜器传统的鉴定和辨伪方法是经过长期积累的经验形成的、并运用科学方法进行总结、不断发展和提高的方法。下列辨伪方法是长期从事青铜器修复的专家归结的宝贵经验：

(1) 闻味、手搓

真正的千年古铜无论传世或出土品，均无刺鼻的酸、臭、呛等异味，出土生坑品稍带土腥味，但因千年以上的时间，土层与铜器的氧化物已牢结一体，青铜本身和锈蚀的气息已被基本吸收，如仔细闻辨似乎有一种接近甜味的感觉。是用手在器物上反复快速搓磨，待搓得指头发热时，再闻手上的气味，老东西有陈旧器物那种类似发霉的甜味，新货则有酸、呛之气。

(2) 看锈色

疙瘩锈可疑：疙瘩锈色深浅不一，成较均匀的小块状，布于器物之某一部位，虽不能将有疙瘩锈的器物一概视为赝品，但作伪者用涂料、油漆和乳胶所作的假锈，多呈此状。

粉绿色锈可疑：粉绿色锈多为浮锈，除特殊环境如土层潮湿、过分接近地表等原因，少数真器有此情况外，一般粉锈多半为急于求成的作伪者用酸、碱腐蚀而成。有的真器，出土后保管条件不好，染上有害锈也偶尔呈粉绿色，但购藏青铜器必须对此保持警惕，以防上当。

单一锈色可疑：一件历经千年标准的青铜器，其包浆锈色应当层次丰富，斑斓可人。即使是一枚小小的秦汉时期的青铜带钩，也可体现出这种特色。凡锈色过分单一，缺乏变化与对比通体硬绿锈者，一般都是"速成"赝品。

(3) 辨声

伪器敲击声亮而有转音（转音即频率较高而较悠长向上），真器声音较低沉短促。破音可疑：有的作伪者为了模仿真器的"哑音"，有意将器物弄出裂痕，这样做虽然消除了亮音，但却呈现出破裂之音。

(4) 仔细观察材质

作伪者为省事，常用新铜（黄铜）制作赝品，选好后涂以假锈色包浆，或腐蚀后埋入地下，使人看不出器物材质。购藏者用20倍以上放大镜，通体仔细观察，如发现有黄色晶体状亮点，即可能为新铜所造。

有条件的情况下，也可以利用现代检测手段予以鉴定。从物质结构而言，每种化合物都有自己的红外光谱，每种晶体均有自已特征的 X 射衍射图，因此可以利用这种分析技术来鉴定铜锈的成分。尤其是红外光谱，对于有机官能团有很强的识别性能，可用来鉴定器物是否经过现代高分子材料处理过，它与 X 射线衍射分析静配合，就可对无机物和有机物作出鉴别。赝品制造者在做假锈时，只注重视觉效果，加上对真器铜锈成分缺乏了解，或一时购不到所需要的矿化物材料时，往往用颜色相近的其它矿物颜料，这就很容易用红外光谱和 X 射线衍射分析法来识别。

1.3　文物的保护

1.3.1　什么是文物保护

文物保护是指为保存文物及其历史环境进行的全部活动。文物受到的破坏与威胁，来自人为和自然两大方面。人为因素包括缺乏科学管理和保护措施，自然因素除突发性灾害外，还包括气候变化、环境污染、阳光辐射、霉菌繁殖和虫害等因素造成文物的腐蚀、风化、糟朽、褪色、腐朽等。

文物保护的目的是真实、全面地保存文物并延续其历史信息及价值，任务是通过技术的和管理的措施，防止自然和人为造成的进一步损伤，原则是不改变文物原状、尽量减少人工干预和保持可再处理性。

文物保护包括三个层次：文物的科学技术、保护技术和保护工程。文物的科学技术，即是对文物性状、内涵、生成和赋存的科学技术研究；保护技术是指在不影响文物基本属性的前提下，通过各种技术手段阻止和延缓文物随时效和自然环境变迁所发生的质和形的变异、避免人工环境变迁和突发事件对其质和形的破坏；保护工程是指对具体的文物的保护处理和预防性保护工程实施。凡致力于用科学技术和传统技艺有机结合，积极有效保护可移动和不可移动文物的基础研究、应用研究、工程实施、法规和标准建设、以及管理的科学化，都属文物保护科学技术的范畴。

从保护的性质，又可将文物保护划分为预防性保护和主动性保护。

> **要点提示**
>
> **文物保护的基本原则**
>
> （1）保持文物原真性的原则
>
> 保持文物原真性的原则就是保持文物的原貌，修旧如旧，这是一条基本原则。也就是说保护修复工作不能随意改变文物原有的状态，如一件残缺的青铜器，已经无法知道残缺部位应有的状态，这时就不应该为了展览或者其他需求，人为地根据想象去补配。但保持文物的原状是相对的，不能机械地理解为文物最初的原始状态，而是应保持文物健康稳定的现状。再如一件出土的十分精美的青铜鼎，表面已形成一层致密的绿锈，经检测该锈蚀产物为无害的蓝铜矿和孔雀石，这时就不应该去除。布满铜锈的青铜鼎虽然不是它的原始状态，但是绿锈一方面可起到保护青铜器进一步腐蚀的作用，另一方面增加了青铜鼎的历史感和美感，就应该保留下来。
>
> （2）最小干预原则
>
> 最小干预原则就是除日常的保养外，尽量不要添加保护材料于器物内部，减少对文物的人为干预，严防任何"保护性"损害行为的发生。换一个角度讲，

就是保护应是以预防性为主，主动性为辅。

在保护修复中应坚持保存文物原来的制作材料、制作工艺、原有的结构和形貌，以保护文物的历史、艺术、科学价值和体现这些有重要价值的历史标记和历史文化，严防任何有损文物价值的"保护性"损害行为和事件的发生。但随着科技事业的飞速发展，也应该在一定限度内利用现代新材料、新技术、新工艺为保护珍贵的文化遗产服务，使文化遗产得到更好的保护。

(3) 可识别原则

可识别原则实际上是国外保护修复的一项基本原则，之后引用到国内，大部分应用于古建筑保护维修中，就是指修复的部分应与原文物有所区别。在国内，文物保护修复的理念是修旧如旧，具体讲就是文物保护过程中使用的材料应尽量以原材料为主，加固材料的强度应与原文物材料尽量一致，补配材料的颜色应尽量与原文物相协调。总之，希望达到的效果是"远看浑然一体，近看新旧有别"。因此，国内外关于"可识别性"的保护修复理念是不同的，或者说是存在一定分歧的。其实，对于该原则，我们认为应客观地对待，具体情况具体对待，不管怎样，加强对金属文物保护修复档案的建立，如摄像、照片，尤其是文字记录是很有必要的

(4) 坚持继承与创新结合的原则

坚持继承与创新结合的原则就是应用现代先进的科学技术，先进的分析、测试设备手段，新材料新工艺可更好地为保护文化遗产服务。在继承传统的基础上，文物保护工作者应立足自主创新的、为文物保护修复研制性能特别优异的新文物保护材料，探索、研究、设计新型文物保护设备、工艺、技术，提高文物保护水平作出新的创造性贡献。

1.3.2 文物保护科学与技术的发展动态

自 19 世纪下半叶，随着人们对文物普遍性价值和基本性能认识的飞跃，随着文物调查和发掘技术的进步，科学技术被迅速应用于文物研究和保护。第二次世界大战以后，文物的不可再生性、价值普遍性和产出地域性等原则被学术界深刻探讨而逐步成为共识，代际公平的意识逐步深化，文物保护逐步成为政府的基本职能和衡量民族责任感的一个标尺，也逐步成为评价一个国家综合实力和科学技术实力的一个因素。

由于文物种类繁多，生成与赋存环境极其复杂，文物及其保护科学技术形成了一个庞大的跨众多自然科学、技术科学门类，并与多个社会科学与人文科学相关联的学科群。不仅文物保护成为第一性目标，考古学、艺术史、科学技术史成为其探索者，一系列科学技术的前沿研究也往往有赖于对文物的科学技术研究而进行和推进。众多的自然科学和工程技术领域都与文物保护有程度不同的联系。文物保护科学技术最显著的特点是：一切科学发现和技术发明都会被考虑和尝试应用于文物研究及其保护，现代科学技术成为文物保护的核心，并尽可能地吸收

传统修复保护技艺的合理因素。

强调文物保护科学技术的基础研究已经成为发达国家和国际文物保护界的共识。一般是从文物病害产生的原因入手，然后"对症下药"，铲除造成病害的根源，以达到长期保护的目的。利用现代自然科学和技术的理论、手段、方法，对文物材质进行整体的、分子的、原子的结构分析，调查文物自然损坏的原因和全部具体过程，探索有效延缓和阻止文物损坏的方法以及最佳保存手段和途径。在这些基础研究的基础上，才从文物的基本属性和文物保护的基本原则出发，精心设计技术与工艺，在实验室反复进行时效和不同环境比对实验，筛选出相对最安全的材料、工艺和技术，然后才能对文物进行小规模的保护操作并进行跟踪研究，取得工艺和技术参数，再经过时效验证后方能成为针对某个和某类文物的保护方法，并同时制定相应的操作规范和标准。即使如此，跟踪研究依然会持续相当长一段时间。

保护性处理及材料研究是文物保护的关键，也是国际文物保护界科技研究的重点。随着现代科技水平的发展，在进行文物保护工程技术研究的同时，环境监测、测试分析、环境模拟、现场实验和标准化等方面的研究日益得到加强。

文物保护科技比较发达的国家，重视跟踪监测数据积累，对于重要的文物和遗迹，一般都有连续的档案记录。这些档案记录成为诊断文物病害产生原因的第一手资料，是保护方案设计的基础，也是保护处理的重要参数，是对保护结果进行评估的依据。

小知识

我国的文物保护事业日益得到国际关注，意大利政府在西安援建了一个高水平的文物保护修复中心；联合国教科文组织无偿援助大明宫含元殿遗址、交河故城、库木吐喇千佛洞和龙门石窟保护修复工程；中美、中日合作开展敦煌壁画保护研究，中日合作开展陕西唐墓壁画和北京智化寺明代壁画保护研究，中德合作开展秦俑彩绘保护研究，中奥合作开展石质文物保护材料研究，此外，我国还参加了联合国教科文组织对吴哥窟的保护维修项目等，这些项目都取得了一定的成果，有力地推动了我国文物保护科学技术的进步。

目前，中国已与美国、意大利、印度等9个国家签署了防止盗窃、盗掘和非法进出境文化财产的双边、部门间协定。与韩国、希腊等国的文化遗产部门签署关于文化遗产保护合作谅解备忘录或意向书。中意文化遗产保护中心合作项目取得阶段性成果。合作打击国际间文物走私犯罪活动初见成效。对外援助项目取得成果。中柬、中蒙、中肯合作项目获得相关国家政府和国际组织好评。面向亚非国家的文化遗产保护培训项目持续开展，涉外合作研究和培训项目不断增多，质量不断提高。

1.3.3　文物保护科学技术的可持续发展

可持续发展是我国的基本国策，也是我国科技事业的基本政策。文物保护及其科学技术更是如此，只有坚持可持续发展路线，才可能使得我国的珍贵文物得到应有的保护，使人类优秀文化遗产传诸后世。

从国际国内实践来看，文物保护科学技术的可持续发展，首先有赖于政府和民众深化文物对于民族、国家和人类不可替代的巨大的价值的认识，自觉意识到文物保护是政府的一项基本职责和国民的一项基本义务，充分认识到我国文物保护的必要性、紧迫性和艰巨性，将文物保护事业纳入到国家社会发展规划之中，将文物保护科学技术纳入到国家科学和技术发展规划之中。

文物保护科学技术的可持续发展，强烈需要政府加大投入并持续增长，需要国家制定相应政策，引导和吸纳社会力量积极支持和参与文物保护科技研究和实施。

文物保护科学技术的可持续发展，需要一支强大的高水平的研究队伍，需要高水平的、有创新意识和能力的科研基地。高效、开放、竞争、创新的一批研究机构的不断壮大，才能为我国的文物保护提供源源不断的科技支撑。

科研机构和大专院校应当担当起人才教育与培养的重任，社会应提供优良的工作环境和优秀人才脱颖而出的机制，吸引科技工作者积极投身于文物保护科技研究和创新。

知识链接

发达国家对文物保护的重视

当今社会，无论是发达国家还是发展中国家，政府和民族都强烈意识到保护文化遗产是责无旁贷的基本义务。几乎所有国家，都对文物进行立法保护，发达国家还吁请和督促其他国家政府，加大文物保护的力度。政府间组织，以联合国教科文组织推动最为有力，最具代表性的是1972年缔结了《世界文化和自然遗产保护公约》（缔约国现在为175个，1985年我国加入）。

在发达国家，除国家文物保护法律之外，很多地区还制定了特别法律加强他们的文物保护。在具体的保护工程中，还先后制定了一系列的操作标准和技术规范。

很明显，在文物研究和保护领域，政府是积极的倡导者和资金提供者，筹措研究和保护经费，是发达国家政府的一项职责。同时，政府制定了一系列政策特别是税收优惠政策，倡导和鼓励民间资本资助文物保护和保护研究。在政府的积极倡导和推动下，在社会各界的广泛支持下，科学家和工程师积极投身于文物和文物保护的科学技术研究，众多的民间团体和法人财团也竭力开展文物保护研究与保护工程。

20世纪末期,以美国为代表的发达国家,开展了"挽救美国的财富计划",其项目经费投入约为1亿美元。这一计划作为新千年庆祝活动的一部分,旨在提高遗产保护的公众意识,并提高对最重要的国家历史遗产的保护工作的投资。日本和韩国都先后推出了"文化立国"计划,其主要内容都是如何更好地保护和利用文化遗产。进入21世纪,美国又率先推出了"维护美国行动计划",并直接对总统负责,目的在于激发公众对历史文化遗产的关注,从而达到挽救过去、保护未来的作用,加强各地域人民的地域认同感和自豪感,同时,增加各地对自然和文化遗产保护工作的参与。

法国在欧洲国家中可以说最重视保护自己的文化遗产,在欧美进行的贸易谈判中,法国一贯坚决主张保护欧洲的文化产品。法国推出的"国家文化遗产(科技)研究计划",由政府投入,集中了53个研究团体,进行科研项目攻关,涉及从文物保护理论、基础科学研究、各种保护技术和具体保护工程项目。此外,法国有6000多家以保护地方历史建筑及其维修为使命的协会。意大利则有国家大学科研部文物保护研究三年计划(2003~2005),参加项目单位多达350个,其中有64个分布在国家研究委员会、大学和文化遗产部的主要研究机构里,计划内容涵盖了从文物和文物保护理念、文物保护科技基础研究、文物保护材料、文物保护方法,到具体文物保护的诸多方面,包括文物保护技术转移、国际合作研究、国际交流、研究成果出版、人才培养、中央与地方的合作、吸引民间资金投入等诸多方面,预算总额达3亿欧元。

文物保护知识出版方面,20世纪50年代以后,设在英国的历史与艺术品国际保护研究所(IIC)、总部在意大利的国际文化财产保护与修复研究中心(ICCROM)、国际博物馆协会(ICOM)、国际古迹遗址保护协会(ICOMOS)协同,并与联合国教科文组织(UNESCO)一起,积极地研究、协调和制定能为各国接受的博物馆藏品保存环境标准和保护技术,资助并组织一批富有经验的资深保护学家与博物馆学家,在总结大量的科学研究文献的基础上,编写了一批成熟的、理论化与系统化的指导性专著,如《博物馆藏品保护与展览》,《博物馆环境》,《壁画保护》等。有些专著已基本成为西方博物馆藏品保护、展览与环境控制的指导手册。美国的斯密森学院、美国国家公园服务处、美国盖蒂保护所均投入了大量的人力与物力,研究、制定博物馆藏品保护工作手册。美国国家公园服务处还将他们的最新研究报告《博物馆手册》以电子版的形式在因特网上免费发布。以上的文化遗产出版物,具有严格的科学性、严密的理论性和系统性、以及方便的实践操作性。经过不断的补充和更新,这些出版物已成为指导西方文化遗产科学研究与科学保护的日常工作手册。

1.4 金属文物保护工作中的要点

1.4.1 金属文物急需保护

金属文物受到的腐蚀破坏与威胁来自人为和自然两大方面。人为因素包括缺乏科学管理和保护措施，自然因素除突发性灾害外，还包括环境腐蚀（土壤、水和大气及污染物腐蚀），造成金属文物锈蚀、穿孔、开裂、变形，甚至全部矿化、通体酥解而散失。因此，现存的金属文物中，绝大多数受到不同程度的腐蚀，有一部分属严重腐蚀，有的已处于濒临损毁状态。文物所造成的巨大损失，若从经济价值上估计，远远超过了工业和经济领域每年的腐蚀损失。

长期以来，随着国家基本建设大规模展开，配合基本建设进行的考古发掘应接不暇，出土了大量的珍贵金属文物。但是，由于文物保护投入杯水车薪，文物保护科技人员匮乏，大量文物得不到及时、有效的保护。近些年，一些传统修复方面"人亡技绝"，更使我国文物保护事业雪上加霜，文物生存受到根本性的威胁，我国文物保护面临着严峻的困境。例如：上世纪50年代某地出土的几百件青铜器，其中近10件被定为一级文物。由于缺乏有效的保护技术，导致有害锈未能得到有效的处理和控制，至今多数青铜器已锈蚀殆尽，到了无法移动的境地；80年代发掘的某器物坑，出土了大量的精美文物，轰动海内外，其中数百件青铜器，由于缺乏保护技术，也在经受有害锈的不断侵蚀。

在我国，虽然某些传统保护技艺有其自身的特点和优势，但局限性较大。现代意义上的文物保护科学技术，则几乎移植于国外，不仅适用的范围相当有限，舶来的技术尚缺乏本土化和科学验证与评估等研究环节，这是和文物的基本属性与保护原则相悖的。明显的事实是保护科学和技术的显著贫弱远远不能应付巨大数量和众多门类的文物保护的需求，成为制约我国文物保护事业的一个瓶颈。我国大批的金属文物正在无可奈何地损毁而我们却束手无策。

因此，必须尽快采取有效措施，抢救濒危金属文物！要充分认识到：保护我国优秀的文物，就是保护中华民族的血脉，就是保护中华民族悠久的历史和灿烂的文化。

1.4.2 金属文物保护要点

第一，明确金属文物保护与修复理念，关键是要符合我国国情。
第二，探明金属文物的材质及其形成工艺。

第三，研究金属文物腐蚀机理以及影响腐蚀的环境条件。利用现代自然科学和技术的理论、手段、方法，对文物材质进行整体的、分子的、原子的结构分析，调查文物自然损坏的原因和全部具体过程，探索有效延缓和阻止文物损坏的方法以及最佳保存手段和途径。

第四，掌握减缓或控制金属文物腐蚀的方法，采用直接或间接手段减缓与控制金属文物的腐蚀。从金属文物的基本属性和文物保护的基本原则出发，精心设计保护技术与工艺，在实验室反复进行时效和不同环境比对实验，筛选出相对最安全的材料、工艺和技术，然后才能对文物进行小规模的保护操作并进行跟踪研究，取得工艺和技术参数，再经过时效验证后方能成为针对某个和某类文物的保护方法。

第五，研究金属文物保护需要的各种材料。保护性处理及材料研究是文物保护的关键。

第六，文物保存环境研究：研究环境因素与文物的相互作用，以及如何控制环境因素。环境质量因素包括温度、湿度、大气中的污染物（二氧化硫、氮氧化物、硫化氢、氯化物、酸雨、光化学烟雾、臭氧、TSP等），环境质量的好坏对文物的寿命起至关重要的作用。环境质量与文物腐蚀的定量或定性关系一方面可通过现场环境监测和腐蚀速度、腐蚀深度等测试得到一些结果，但更科学、更有效的方法是通过实验室的科学研究，进行模拟试验并建立数学模型来得到。通过对部分有代表性的文物进行基体和腐蚀产物分析、文物所处环境条件测试，通过实验室模拟研究文物与环境的交互作用、腐蚀原因及其影响因素、腐蚀速度等，提出预测文物寿命、控制腐蚀的方法及途径。

第七，健全完善金属文物保护的科学法规和标准体系。从金属文物调查、发掘、现场保护到文物运输、修复、保存、展示、研究等一系列环节都应有科学的管理标准和操作规范。要完善地下和水下文物的分类保护标准体系及防范各类文物突发事件的应急机制和应对系统。

第八，重视跟踪监测金属文物腐蚀和保护数据的积累，对于重要的金属文物，一般都有连续的档案记录。这些档案记录成为诊断文物腐蚀产生原因的第一手资料，是保护方案设计的基础，也是保护处理的重要参数，是对保护结果进行评估的依据。

另外，加强金属文物保护科学与技术人才培养和教育，积极开展文物保护科学与技术的科普教育，提高全民族文物保护科学素养，也是金属文物保护工作中十分重要的方面。

参 考 文 献

[1] 刘世锦，林家彬，苏杨. 中国文化遗产事业发展报告. 见：中国文化遗产蓝皮书. 北京：社会科学出

版社，2008.
[2] 中国文化遗产研究院编．中国文物保护与修复技术．北京：科学出版社，2009.
[3] 王蕙贞．文物保护学．北京：文物出版社，2009.
[4] 马里奥．米凯利，詹长法．文物保护与修复的问题．北京：科学出版社，2005.
[5] 陈铁梅．科技考古学．北京：北京大学出版社，2008.
[6] 马清林，苏伯民，胡之德，李最雄．中国文物分析鉴别与科学分析．北京：科学出版社，2001.
[7] 贾文忠．文物修复与复制．北京：中国农业科技出版社，1996.
[8] 忠明，吴来明，孔凡公．文物保护科技研究中的X射线照相技术．文物保护与考古科学，2006，18(1).
[9] 国家科技"十五"攻关计划课题．金属类文物的病害及其防治的研究，2001.

第 2 章
金属文物考古现场保护

文物上的迷雾从文物面世的那一刻起开始逐层揭开。然而，也就是从这一刻起，文物上所携带的种种信息随时都面临丢失的危险。因此，随着人们对文物的价值和所携带信息的深入认识，考古现场文物的保护及相应的应急措施、信息提取和保存技术，日益得到人们的充分重视。

2.1 为什么要做文物的现场保护

考古人员大都经历过这样的场面：一座墓葬打开后，突然一个几百年甚至上千年的古代画面在面前展开，那样丰富，那样惊艳，然而时常是那么的短暂，有机物的碳化，转眼间留给人们的是灰烬，即使是尚有光泽的青铜器，在氧、光、湿气和大气污染的作用下，很快暗淡……

所以人们常说，文物保护的第一场所，而且最重要的场所是考古发掘现场。因为大多数文物是通过考古发掘而面世，然后再到博物馆收藏。文物由于长期埋藏在地下，各种材质本身的缺陷和埋藏环境中各种腐蚀因素的共同作用，大多数文物出土时都会十分脆弱。但是由于长期处于一种相对稳定的环境，会达到一种动态平衡，腐蚀速率已相对缓慢。而这时如果文物经发掘而面世，保存环境发生了巨大的变化，尤其是环境中的温湿度、氧含量和光线这几种对文物影响极大的因素的突变，会对文物造成巨大的损伤，甚至毁灭。在保护科学未介入到考古发掘现场时，这样的损失时有发生。

文物的现场保护属于抢救性处理。与实验室内文物保护处理相比，考古现场条件简陋，情况紧急复杂（图2-1），时效性强，所以，应最大限度地保留出土金属器带有的各项信息，为后期实验室研究与保护提供依据。

图 2-1　考古现场

2.2　现场保护做什么

现场文物保护一般是为配合考古发掘而同步进行的文物保护工作。考古发掘现场文物保护解决的好与坏直接影响到文物保护的最终结果以及后期的考古、文物等方面的研究工作。

没有实验室那样全面的工作条件，加上必须与田野发掘配合同步进行，现场不能对出土文物进行十分周全的保护，很多考古现场保护工作大都属于临时性的。因此考古发掘现场文物保护的主要任务是：在文物出土过程中，在保留出土文物资料的完整性和现场保护技术措施不影响实验室后续保护处理和考古研究的两大前提下，遏制和减小自然环境的变化以及人为因素对出土文物的影响；采取及时有效的保护措施和适当的保护处理。

那么现场文物保护具体要做些什么工作呢？现场保护工作的主要内容包括：

——考古发掘前的文物保护规划；
——保护措施预案；
——对文物的清理、临时加固；
——出土文物的科学提取；

——现场对文物及周边环境信息及样品（水文地质、大气）的提取；
——文物的科学包装；
——文物的安全运输；
——建立考古发掘现场文物保护档案等。

图 2-2 和图 2-3 为现场清理与临时保护防护。

图 2-2　现场清理与保护

图 2-3　现场临时防护

> **要点提示**
>
> 考古现场文物保护的成功与否在很大程度上取决于两方面因素，一是现场保护介入的"及时性"问题，再者是现场保护方法选择的"合理性"问题。其中"及时性"主要是指在文物出土的第一时间采取保护措施，控制其因环境骤变而产生的各种形式劣变的发生；而"合理性"指的是根据文物自身情况，因地制宜，选择合适的材料，采取适当的技术保护措施，保障出土文物的完整性，从而使更多的考古资料、文物遗迹信息得到有效提取和记录，完成由考古现场向实验室的安全过渡，并为后续的保护工作奠定基础。

2.3 现场保护的程序

任何种类文物的出土，都要按照科学、规范的保护程序进行。保护程序是在文物保护修复原则指导下，通过客观的调查和科学评估，针对不同保存状况、不同时代、不同地域墓葬的具体情况，制定详尽、系统、有针对性的保护预案，据此开展规范性的资料提取和保护修复工作。现场一般程序如图 2-4。

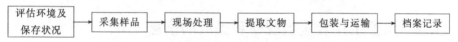

◉ 图 2-4　考古现场金属保护工作流程图

2.3.1 考古现场宏观环境控制

考古发掘中应尽可能防止温度和湿度的大幅度变化，防止太阳光线直射以及各种气体的直接冲击，可在考古现场搭建密闭性较好并保持可控通风的临时大棚，图 2-5 即为一例考古现场保护大棚。

◉ 图 2-5　考古现场保护大棚

为了隔绝阳光直射，减缓发掘现场与大气的能量和物质交换，对于个别珍贵、脆弱的金属文物考虑微环境控制的方法和材料，一般对于有机材料、对一些遗迹如车马坑的印痕等要采取加固、保湿的措施，而对金属文物，尤其是铁器特别要保持在干燥，甚至绝氧的微环境中（图2-6）。

图2-6　现场临时保护措施

2.3.2　保护工作者应当观察和提取的信息

由于研究和解决问题的方向不同，所以在现场保护人员和考古专家观察和提取的信息会有所不同。对于保护工作者来说，在考古现场，所需采集的信息应包含两个方面，一方面是环境信息，另一方面则是文物自身的信息。

环境信息主要包括文物埋藏环境信息即埋藏环境中的温度、湿度、埋藏土壤的酸碱度及可溶性盐方面的情况，以及出土后外界环境的信息包括温度、湿度、光线等方面的情况。各类文物周边与其密切接触的，如土壤、粘连物等等，甚至不同地层土壤和地下水都蕴含着大量的隐性信息，如土壤的氧化还原电位、孔隙度、酸度、离子等，都是必须关注的地方。除此之外调查的内容还包括：出土文物所处环境信息的搜集，如不同层面及位置土壤、水样；大气的温湿度、污染程度、等等。对于埋藏环境信息的了解可及时对文物出土时其周边的温度以及埋藏土壤含水率等进行测量，并对土壤进行取样。对外界环境可用温湿度仪、光度计等仪器进行点式测量或长期监测。

文物信息主要包括金属文物的形状、保存状态、主要病变、共存物情况等。特别需要注意的是，器物表面或周边的有机质残留，例如纺织品、木材、皮革等。这些残留物对于探讨铜器的用途均有重要意义。也可使用视频显微镜、便携式X光探伤机、能谱仪、衍射仪和激光拉曼光谱仪等现场采集文物表面信息，以便及时采取有效保护措施。金属文物出土现状的直观评估,是严重腐蚀,碎裂还是保存完好;病害类型的判断,是阳离子还是阴离子主导腐蚀等,这些是非常重要但又容易被忽略掉,应予重视。

小知识

阳离子与阴离子主导腐蚀:在阳离子主导的腐蚀过程中,阳离子如铜或锡离子,扩散到金属表面并控制着腐蚀反应速度。通常,这是一个很缓慢的形成铜锈的过程,形成的氧化亚铜层或非晶态二氧化锡可以保持器物原来的外形特征。

在阴离子主导的腐蚀过程中,腐蚀的发生将伴随着在腐蚀界面间产生很大的体积变化;其结果会形成较厚但不连续的腐蚀产物。迁移速率高的离子,如氯离子,在阴离子控制下会积极推进腐蚀过程,因为作为阴离子它很容易从周围的环境中移动到器物表面,从而加速腐蚀,并且产生容易剥离的腐蚀层。

保护工作者在观察和提取的信息的过程中,需要收集相关材料样品。这些相关材料样品的收集,保全了文物上信息的原始性和完整性,会为深入研究工作的开展奠定基础。它是提高考古发掘现场文物出土信息量及采取相应正确保护措施的重要环节。

在考古现场采样时,特别是文物样品的采集,应该注意以下几个问题:

① 一定要保证所取的样品能够满足科学研究的需要,但在满足文物保护和科学研究的基础之上,应尽量将样品的数量和大小控制在最低限度。

② 取样时必须保证文物的安全,在不影响文物纹饰、图案、器形的原则下,尽量选择残器、残片或在器物隐蔽处取样。

③ 无论是环境样品还是文物样品,均需准确详细的记录取样位置。在样品

图 2-7　考古现场检测分析

袋（盒）外一定要标明样品的名称、来源等方面的信息。

④ 采样所使用的工具以及盛装样品的器具均须洁净，不能对样品造成污染。

⑤ 对所取样品一定要严格科学的保管，避免外界因素的干扰，确保将来分析结果的科学性以及准确性。

图 2-7 为考古检测分析现场。

2.3.3 保护方案——动手的指南

即使是临时性保护措施，也要有工作计划或预案，出土文物的总体保护方案应包括两部分，即现场的清理、加固、提取，以及实验室中的分析检测、保护、修复。其中金属文物现场保护部分主要是根据前期调查结果，参照相关类型文物的处置方法以及以往实际工作中的经验做预案。要准备好现场清理用的工具、材料，临时保护措施（如铁器临时放在干燥、充氮密闭的袋中）等，并估算保护时间、人力及经费等情况。

2.3.4 现场局部试验

文物的重要性和各异性，致使任何一件文物的保护都是一项实践性很强的专业工作，以往工作中使用的材料和工艺都只是参考。因此，在对每一件文物在具体实际中都必须通过必要的前期局部实践性操作，从技术层面上确定方案等操作的可行性和安全性，包括使用材料、方法等，对不同腐蚀程度和状况的文物采取不同的清理、加固、提取等保护措施。

图 2-8 现场局部加固试验。

◉ 图 2-8 现场局部加固试验

2.3.5 科学提取

文物的提取是一项科技含量很高的工作，因为大部分文物历经千百年的地下埋藏，出土时稍有不慎，就可能导致文物的损毁。因此，在前期工作的基础上，按照金属文物不同的保存状况，针对性采取加固等保护措施，依据方案筛选的提取方法，严格按照提取操作程序、步骤进行，并认真做好工作记录（文字、照相、绘图）。

2.3.6 记录在案

任何阶段保护工作完成后，及时总结整理，其内容包括对金属文物腐蚀类型及其特征和保存状况评估，工作中使用的方法、技术、材料及工具。总结报告亦要作为文物修复档案的一部分，伴随文物延传后代。

知识链接

集慧四方 科学提取——记陕西西安张世安墓现场保护方案设计

曾经获得全国十大考古新发现之一的陕西西安张世安墓，2011年发掘其1号墓时，在一耳室发现保存基本完整的漆盒和放置食物的编织物。由于两千多年的老化，器物已十分脆弱，按照传统方法直接提取器物必毁无疑。

为了能更好地保护好文物，现场采取了临时的封闭措施并对墓室内的环境进行了监控，通过内窥镜、温湿度探头等现代设备探明室内文物的数量、位置、基本状态和存在环境条件。在文物提取前，陕西省考古研究院邀请了文物、考古、文物保护各方专家会诊，制订出一套科学、安全的保护方案，经过精心加固、细心处理，成功将器物完好提取，为主墓室更为重要文物的加固和提起提供了很好的思路和经验。图2-9 专家现场会诊。

图 2-9 专家现场会诊

2.4 清理出土的脆弱金属文物

考古现场一般条件比较简陋,不具备系统的文物保护处理条件,如不能够在显微镜下进行脆弱、精细文物细部的处理,甚至不能在放大镜下工作,工作时间也非常有限。在这样的条件下,对金属文物的清理应该控制在最小程度,因为粗糙的清理经常会导致一些重要考古信息的丢失,例如器物表面以及周边的织物印痕、木质痕迹等。考古现场清理时,以下几点值得注意:

① 清理金属文物时,最好使用比金属材质硬度弱的工具,如木质、竹质工具,毛刷等,尽量不要使用金属工具,要避免硬器划伤金属文物的表面。

② 一般情况下,在现场,不要求将金属文物表面埋藏土清理得特别干净,只要能识别出器物的材质、基本形制、轮廓即可。

③ 清理过程中,必须注意观察器物表面及周边的土壤中是否有织物印痕、木质印痕、彩绘颜料等,一经发现,立即停止清理,进行拍照、绘图等记录工作,然后将器物和周边土壤整体提取。

④ 如果器物周围的埋藏土较干较硬,不容易清理或清理可能会给器物造成伤害,可喷洒或涂刷水或乙醇溶液将其软化,然后再进行清理。涂刷或喷洒水或乙醇溶液软化埋藏土时,注意尽量不要将其喷洒或涂刷到器物上,因为水往往会加速金属文物的腐蚀。

⑤ 尽量不要为了减轻器物重量,在现场清理鼎、罐、簋、壶等容器内的土壤,因为其中可能残留其内原盛装物的信息。如果要清理,必须对容器的土壤进行仔细的观察、取样和初步分析。

⑥ 对于表面有纹饰、铭文、鎏金银、镶嵌等装饰的金属文物,在现场必须避免由于急于揭示这些铭文、纹饰或装饰而在没有对器物进行系统评估的基础之上利用一些简单的工具进行清理和除锈,这样很容易在器物表面留下划痕或损伤表面装饰。应该在提取后,交给专业的文物保护修复人员,在文物保护实验室内对文物经过一系列检测和评估之后选取合适的清理和除锈方法进行揭示。

> **要点提示**
>
> 如果金属文物出土前已完全或接近完全矿化,应现场加固提高其强度后再提取和运输。加固材料应具备较好的安全性、渗透性、稳定性、可再处理性以及适当的加固强度。目前所使用的加固材料主要为水溶性和溶剂性两类。水溶性材料主要有乙酸乙烯酯乳液、硅丙乳液、丙烯酸树脂类等;溶剂性材料主要包括各种有机硅、丙烯酸类、聚乙烯醇缩丁醛、Paraloid B-72,还有经过加热就

可以使用的石蜡、环十二烷等，特别是环十二烷加固器物后，经过一段时间后能够自然挥发，不在器物上残留，特别适合小型器物的临时性加固。在潮湿状态下大多溶剂性材料会发生膜不透明现象，影响器物表面形貌。水溶性材料可避免此缺点，适合在潮湿环境中使用。

2.5 现场文物提取方法

提取是将考古出土文物从埋藏土壤中剥离并搬移出来的过程。考古出土文物的提取是文物出土后的第一次移动，提取的好与坏将直接影响文物资料的完整性以及后期的保护和研究工作，是整个文物保护过程中最为关键和重要的一环，所以在提取前对金属文物进行详细观察和评估极为重要。提取前的观察与评估主要集中在两个方面：一方面是了解出土金属文物的保存状况，即指文物出土时的残损、病害以及自身强度等方面的情况。另一方面是了解文物资料信息情况，如文物的形状、大小、重量、装饰以及与其共存的遗迹、遗物等方面的情况。只有将这两方面情况了解清楚，才能保证文物提取的质量。

以保存状况来衡量，考古出土金属文物一般可分为轻度（表面腐蚀）、中度（脆弱易损）和重度（严重矿化）三类。轻度是指腐蚀程度轻，文物本体厚重、保存状况较好，一般不需要特殊处理可直接提取的金属文物；中度是指腐蚀较重、本体较薄、保存状况差，难以提取或需外力辅助提取的金属文物；重度是指腐蚀严重、甚至完全矿化，必须借助外力及相应安全加固方法才能从出土地点提取出来的一类金属文物。上述三种状况的金属文物都有不同的提取保护方法。

2.5.1 直接提取文物单体法

直接提取法是考古现场提取中最常使用的方法。对于质地较好、体形不大、周围土质强度较好的金属文物，直接提取器物即可。为了减少日后清理的难度和工作量，需对器物进行基本清理——通常用竹签及毛刷去除近处泥土，板结土壤可滴些乙醇或乙醇/水混合液体疏松后剔除。然后双手托底平稳缓慢提出器物，放入聚乙烯袋中，然后将器物移置于相对封闭的装具中，如果器物表面没有纺织品等有机物附着，应采用吹风机等对器物进行干燥处理，并在密闭袋中加入干燥剂，最后衬垫固定稳妥后包装运至文物保管场所检测、保护和保存。

> **要点提示**
>
> ① 在提取前，需要小心翼翼地清理器物周围的埋藏土，使整个器物完全暴露出来后再进行提取。切不可在器物还没有完全暴露出来的时候，将器物直接拉拔出来，这样易使器物断裂或残碎。
>
> ② 大多数器物出土时常常与其它器物相互叠压在一起，提取时应按照叠压顺序逐一提取，切不可因提取一件器物而损伤了其它器物。如果叠压情况比较复杂，可以将整组器物通过石膏包法或套箱法整体提取，然后再在实验室进行清理、分离。
>
> ③ 如果器物周围的埋藏土较干较硬，不容易清理或清理可能会给器物造成伤害，可将器物和部分埋藏土一块提取，运回实验室清理。
>
> ④ 对于残碎器物，一定要保证所有碎片被全部提取，切不可因为碎片太小而放弃采集。

2.5.2 整体提取法

整体提取法是指将金属文物及同出的其他文物、迹象以其周遭一定范围的积土一起提取、搬移的过程。作为一种考古发掘现场较为复杂的文物提取方法，整体提取并不是在任何时候都需使用的。一般状况下，对非常脆弱、碎裂严重或迹象复杂情况不甚明了的文物采取整体提取法。根据使用材料和处理方法的差别，整体提取法可大致分为基本提取法、套箱提取法、石膏提取法、聚氨酯泡沫提取法、冷冻提取法等。常常几种方法并用，以应对不同的出土情况。一般情况下，对于土壤强度较好且体量较小的金属文物，可采用基本提取法；对于土壤强度较好但体量较大的金属文物，可采用套箱提取法；对于土壤强度较差但体量较小的文物，可采用石膏提取法；而对土壤强度较差且体量较大的文物，采用聚氨酯泡沫提取法。

(1) 基本提取法

基本提取法方法几乎不借助任何提取材料，完全依靠土壤自身的强度对文物整体提取。因此该方法只适用于土壤自身强度较好的情况。但由于土壤自身结构的限制，即使是强度很好的土壤，对于体量（体积和重量）较大的文物也不足以提供一个完全安全的支撑，因此该方法的另一个必要适用条件就是文物体量不大。基本提取法的具体提取步骤如下。

① 去除文物周围泥土。整体提取中的所谓去除文物周围泥土并不是将文物周围泥土完全去除，而是指将包裹文物的周边泥土去除掉，从而使文物处于一个土质台基上。基本提取法中承载文物的土质台基剖面一般为矩形。但当土壤强度十分好时，也可以将其做成剖面为倒梯形的土质台基。这样可以减少后续底切处理工作量。

但必须注意的是，倒梯形侧边与地面夹角应该控制在 80°左右。这是因为如果角度太大则底切工作量减少不明显，如果角度太小则上层架空土质坍塌的危险就会增加。同时应控制文物边缘距离土质台基边缘有 4～5cm 距离，且土质台基高度（或文物底部距离土质台基底部的距离）最少为 5cm 以上。

② 周边加固。周边加固是指使用加强材料对土质台基周边进行简单、临时性加固（图 2-10）。在基本提取法中周边加固法有纱布绷带法、石膏绷带法以及树脂绷带法等。

图 2-10　现场提取前加固

小知识

周边加固法简介。1. 纱布绷带法：纱布绷带法是使用纱布绷带对承载文物的土质台基周边进行包裹加固的方法。具体加固方法是采用一定宽度的纱布绷带沿土质台基底部紧密的将土质台基侧面螺旋式包缠起来，利用纱布绷带自身的强度对土质台基产生一个加强的作用。

2. 石膏绷带法：如果普通纱布绷带加固不能提供足够支撑，就应使用石膏绷带包裹。虽然石膏绷带法较纱布绷带法更为安全有效，但由于石膏容易污染文物表面，须在土质台基表面包覆一层隔离层（常使用聚乙烯薄膜），然后使用石膏绷带法，具体加固方法同上。

3. 树脂绷带法：所谓树脂绷带是采用热塑性树脂为主要原材料，均匀涂布于网状棉织物表面制成绷带。树脂绷带较石膏绷带具有使用方便、强度高、污染小、可反复使用等特点，是基本提取法中最理想的周边加固材料。具体的加固方法同上。

(2) 石膏包固法

石膏包固法是用石膏固定和包裹器物，避免器物移位、碎裂、干燥、氧化的整体提取方法，是常规现场保护方法（图2-11）。主要分基础清理、预加固、切割、灭菌、加固、切底、封底几个程序。

图2-11 石膏包固法

① 基础清理：一方面清理去除表面不必要的积土以减轻重量和体积，另一方面确定器物位置，对于埋藏复杂的堆积使用探针定位，画好切割线。针对边缘易损，器物边缘需预留3~5cm。

② 预加固-临时加固定位：如有必要，需对器物预加固-临时加固定位，可用少许去盐黏土固定器物容易移位的点，辅以塑料签插入固位。对器物已裸露部分，则需重新敷盖一层土，避免器物移位破损。也可以做好隔离层后直接敷注石膏定位。

③ 切割：将器物侧面的积土同周围母土分离，去除不必要者，预设刚性模板。一般周缘预留数厘米左右注灌石膏。

④ 灭菌：喷洒灭菌试剂，避免微生物滋生导致金属器进一步腐蚀。

⑤ 加固：可覆盖比器物稍大些的聚乙烯薄膜隔离层，然后注石膏。视具体情况定石膏壁厚薄，太厚则重量大会使后期工作不便，太薄易碎会损害器物。有时为了加强石膏韧度，需辅以木质或铁丝网加强筋。也有间杂敷以浸蘸石膏的麻布多层，以应对搬拿运输中的牵拉、震动和挤压。

> **要点提示**
>
> 隔离层一定要完全，否则石膏泄露会加速金属文物的腐蚀。开始时贴近器物的石膏要稀一点，这样流动性好，贴敷固形效果好。外层石膏可以稍稠一点，固化成型快。操作时应避免器物移位。此法适合土壤强度较差，器物碎裂腐蚀比较严重和形体较小的器物。

⑥ 切底、封底：待正面完全固化后，用刚性平板切底，然后翻转如上法处理，封护底部。浇模法石膏包固流程示意见图2-12。

还有一种石膏包固法，与上述方法相似，使用多层浸蘸石膏的麻布包裹、切块、打包和加固，用于器形较小或多块切割和切块不大的器物，该法较轻便、快捷。

(3) 绷带缠固法

与石膏包固法相似，以绷带取代石膏。将侧面土壁捆扎固定，防止土体滑落

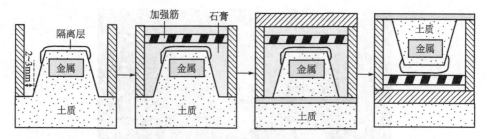

图 2-12 浇模法石膏包固流程示意图

坍塌。再用刚性平板切底并托起,将器物整体提取出来,平移置于装具,主要步骤参见图 2-13。为了避免器物在包装运输中移位、骤然干燥或氧化而破坏,要用聚乙烯薄膜将器物整体"块状物"包裹起来,再用惰性填塞物填满装具的所有空隙,达到压力适中后封存。

绷带强度:纱布绷带＜石膏绷带＜树脂绷带。纱布绷带注意杀菌,石膏绷带注意防菌并避免污染器物,热熔树脂绷带制作费时但可重复利用。可根据实际情况选择使用。切底用刚性平板最好一侧带刃,使之具有较强的嵌入性。切取时保持水平用力,防止土体碎裂坍塌。此法适合形体不大和土质较疏松的情况。

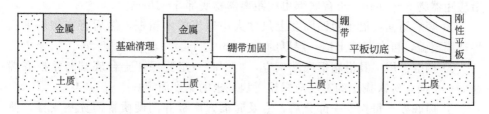

图 2-13 绷带缠固法流程示意图

(4) 套箱加固法

器物临时加固、聚乙烯膜隔离如前。将器物连同其下土壤一起与母土分离,然后自上而下套上木箱,使土基四壁与木壁结合稳固,再以刚性平板切底,整体提出平移到敷设好绳索或铁丝的支撑底板上,然后加顶盖(中空处加一定量填塞物)。

将上下支撑板绞紧,完成套箱打包。若器物形体较大,土质坚硬黏实,可选用拼板切底法,即掏空底部时不断加垫板,将器物置于一排板上整体托取,用"化整为零"的方式实现切底(图 2-14)。此法适合器物体型较大和土壤强度较好的情况。

对于所有包固保护的器物,要做好位置及其他工作记录,贴好标签。打包后的箱包,应依照出土时方向放置,切勿倒置,其下及周围需垫海绵、秸秆、泡沫

图 2-14 套箱法

板等缓冲材料。

套箱法的具体操作包括以下几个主要步骤：

① 划定提取范围：将预提取铜器周边填涂清理干净（但如果周边土壤中有有机质残留，须保留，与器物一起提取），使铜器处于一个土台上，土台四周边沿应距器物 5~10cm，土台底部也应距离器物底部 5~10cm。

② 套木箱框：沿土台四周套上尺寸大小适当的木箱框，然后将文物用聚乙烯薄膜覆盖，再在薄膜上铺一层厚约 3~5cm 的土壤。

③ 掏空：用工具沿箱框底端掏空，掏空时一定要保证土台底端与箱框底端在同一平面，每次掏空的宽度应根据每块底板的宽度而定。

④ 插底板：每掏空一部分后，应及时插入底板并用硬质物质充垫支撑，使得整个箱体不因为操作过程而产生摇晃，依此类推，插入第二、第三块板，直至全部完成。

(5) 冷冻法

通常适用于小件、破损严重及高度腐蚀的器物，冷冻材料可选择干冰（$-78℃$）或液氮（$-196℃$），冷冻范围面积一般不超过 $300~500cm^2$，或其下方还存在有其他形式的遗物或遗迹。

冷冻法提取的一般操作程序：

① 使用干冰或液氮把器物外围一定范围内的泥土在原址一起冻结，使得器物和周围的泥土共同组成一个整体；

② 待到整体硬化后采用金属或木制工具分割，所后即可实施提取，迅速包装后立即转移到准备的低温冷藏环境中，直到运输到可对其采取进一步处理的实验室，在实验室根据器物状态缓慢解冻，必要时随时加固。

采取冷冻法提取金属文物时,要考虑因冷冻而产生的收缩对器物本体和周边相关遗物、遗迹的影响。另外现场提取后要及时放置在冷藏或冷冻环境中,如果没有相应条件要在提取后,在临时库房及时进行清理和保护处理。

2.6 现场临时安全存放

金属文物现场临时存放有两点要求,详述如下。

2.6.1 防止文物出意外

除去各种自然灾害外,还要注意:

① 临时库房应该尽量选择中间楼层,而且门窗应该尽可能的小(如果门窗过大,应对其进行相应的改造),但要保持良好的通风与干燥,尽量不要有上下水管道,并需做好雨水渗漏的防护工作;

② 不能在临时库房中吸烟或用电器,以免发生火灾;

③ 对于包装盒内的硅胶须定期检查,保证盒(箱)内微环境一直处于干燥状态;

④ 如需将金属文物从包装盒(箱)中搬出进行拍照、绘图等工作,将文物搬出后应立即将包装盒(箱)密封,以保证硅胶的时效性,而且,器物在包装盒(箱)外的时间应尽量缩短。

2.6.2 对文物暂存环境的控制

一般而言,没有粉状锈的青铜器要求保存在相对湿度小于50%的环境中,而带有粉状锈的青铜器和一般铁质文物则要求保存在相对湿度小于35%的环境中。但是,很多青铜器在出土时表面没有粉状锈出现,而出土后一段时间,表面就会有粉状锈生成,这是可能是由于在出土时器物锈蚀内部原来就含有氯离子,出土后,由于周围环境中氧气和水蒸气的存在,从而导致粉状锈的生成。所以为保险起见,考古出土青铜器应该按带有粉状锈金属文物的要求进行环境控制,即相对湿度小于35%。

在考古现场经常会遇到含有金属部件的复合文物,例如铜柄铁剑、铁腿铜鼎、骨柄铜刀等。由于对于大多数金属文物而言,周围环境中的相对湿度越低,越有利于器物的保存,所以对于由青铜与其他金属文物组成的复合文物,周围环境的相对湿度至少应该控制在35%以下,甚至30%以下。对于由青铜和有机材料例如骨头、木头、皮革等构成的复合文物则不能按前面所说的要求控制周围环境的相对湿度，否则会导致有机质材料的变形、开裂、收缩等病害。遇到这种情况时，应该有机质部分的保存要求进行包装，尽量保持文物出土时的湿度，必要时还可以喷水增加湿度，对金属部分采取临时封护，然后及时的运回文物保护实验室进行进一步的保护处理。

铁质文物对环境要求更为苛刻，除了对环境湿度要求更高以外，氧气对铁质文物的腐蚀时刻在进行，因此在强制干燥的条件同时，应当将出土铁质文物保存在真空或充氮的密闭环境中。

铅器对有机酸极其敏感，不要放置新制作的木匣中，也尽量不采用丙烯酸树脂类含有微量有机酸的树脂加固或封护。锡器怕低温，在低于13℃时发生相变，出现锡疫现象。在野外现场要采取必要的保温措施。

金银器要特别防止硬伤，银器对紫外线和空气中的污染物，尤其是硫化物极其敏感。银器要保存在洁净无紫外线的微环境中。

2.7 器物运输前的科学包装

由于考古现场条件简陋，无法对出土文物进行系统全面的保护处理，所以在考古现场对金属文物进行合理的包装是控制其继续腐蚀的重要手段。

包装的主要目的有两个方面：一方面是为器物创造一个干燥的微环境，减小出土后的腐蚀速度，另一方面防止因搬运或运输过程中对器物造成损伤。创造干燥的微环境主要是利用干燥剂进行控制，常用的干燥剂有变色硅胶、氯化钙等。防止对器物造成损伤，主要是利用填充材料将其固定在包装盒中。

包装金属文物所使用的所有包装材料都必须对器物无害，而且外包装材料应该具有较好的密封性。常用的外包装材料主要是聚乙烯箱、盒以及袋。常用的填充材料有聚乙烯泡沫、脱酸纸等。需要指出的是，尽量不要使用报纸、印染织物、卫生纸及金属材料制品等作为填充材料。

包装时，根据金属文物的储存选择大小合适的聚乙烯盒（箱）作为外包装。先在聚乙烯盒（箱）底部放足够的硅胶，硅胶层上平铺一层聚乙烯泡沫或脱酸纸（或将硅胶装在纱布袋里），然后将器物放入聚乙烯盒（箱）内，再用聚乙烯泡沫或脱酸纸将器物与盒（箱）壁之间的空隙填满，最后盖上盖子密封。

如果多件器物装在同一个聚乙烯盒（箱）内，必须避免器物与器物直接接触，在器物与器物之间也必须以聚乙烯泡沫或脱酸纸隔开。以避免在搬运过程中，因器物相互碰撞而导致损伤。

包装要求装具内部可固定，硬度适中，与器物间能够相互依托并具有缓冲功能，外部坚硬可抵抗一定的挤压和冲撞。应使用不会释放有害气体和不受微生物侵害的惰性材料。聚乙烯材料制作的包装物密封后能防止潮气及污染物侵入，通常将出土器物装入聚乙烯袋，再用防震材料（可选择惰性材料制成的泡沫珠或海绵）包裹器物后放在硬质容器中。大型装具往往有多个隔断的空间，应采取更多的防震措施。可在装具底部垫一层较厚泡沫，甚至可在泡沫上铺垫海绵，条件简陋时可选择稻草、麦草等具备防震功能的简易材料。

所以包装材料同时要具备三个功能：一是绝热；二是水分屏蔽；三是防止振动和摆动。

另外，装具外部需注明出土地点、器物名称及号码、包装时间、数量、方向标记、易碎标识等信息。搬运时要轻拿轻放，切勿倒置。存放空间的温湿度要适宜。图 2-15～图 2-17 为文物包装入箱现场照片。

图 2-15　小件文物包装

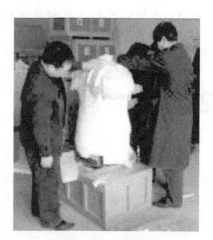

图 2-16　器物包装

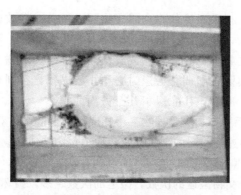

图 2-17　水禽包装入箱

小知识

RP包装材料：主要包括RP空气净化剂（RP-A型）、ESCAL包装膜和氧气检测剂。RP-A型空气净化剂主要是由丝光沸石、生石灰、聚乙烯、活性炭以及一些不饱和有机化合物组成，可以吸收空气中的氧气、水蒸气以及硫化氢、氯化氢、二氧化硫等有害气体，主要是针对金属类文物的包装。ESCAL包装膜是一种无色透明、对于氧气、水蒸气等具有较高阻隔作用的薄膜和，其隔绝氧、水气的密闭性远好于现常用的聚酯和聚乙烯材料。氧气指示剂主要是通过检测密闭微环境中氧气的含量而标识密封系统的有效性。

无论采用用硅胶包装还是采用RP材料包装，对金属文物包装时还应注意以下三点：一是金属文物须完全干燥后才能进行包装；二是填充材料不能过多，否则很可能对器物造成机械损伤；三是保证包装盒内有足量的干燥剂。

2.8 搬运及运输

文物出土后，即要注意在搬拿过程中的细节问题，不要这个过程中对文物造成任何损伤，同时，在提取工作结束后都应尽快将提取体运送回实验室，并尽快去除文物外部包裹的提取材料及文物周边泥土，进一步保护处理文物，决不要将包有文物的提取块长时间储存。

2.8.1 金属文物搬运

金属文物搬运是指手工操作将金属文物移入装具或存放位置的过程。

金属文物出土后，往往由于拍照、绘图、包装等业务不可避免的需要经常搬运。考古出土金属文物，尤其是薄胎或腐蚀严重的金属文物，有些文物往往貌似保存状况较好，但实际很脆弱，搬运时必须小心谨慎，否则很容易对器物造成不可弥补的损伤。搬运时应该注意以下几个方面的问题。

① 小件器物双手托捧，大件器物一手托底一手扶持，或双手捧拿器物中下部，勿提拿口沿和耳部等连接脆弱的部位，避免应力集中造成器物破裂。脆弱器物可定位加固后放在托板上整体移动，搬运时谨慎专心，轻拿轻放，宜戴手套操作，避免污染器物。尽量减少文物搬运的次数，搬运的次数越多，损坏的几率越大。

② 搬运前应该对器物的保存状况有一定的了解，包括质地、完整程度、腐蚀程度、易损位置等，这样可以减小器物损伤的几率。

③ 大件器物一次只能搬一件，或需合力或借助工具搬运，小件器物可以利用托盘等工具进行多件搬运，但器物不能相互叠压。

④ 脆弱器物不能直接搬运，应该放在托盘、箱、盒中进行搬运。

⑤ 搬运时应该将器物载有器物出土信息的标签、卡片同器物一起搬运，残碎器物必须保证所有残片被全部搬运，没有遗漏。

2.8.2 金属文物的运输

金属文物的运输是将考古现场取出文物安全运回到文物保护修复工作室内的过程。依据现场的情况和条件，可采取多种运输形式和运输工具，也可分期分批进行。当然，最基本的原则，就是保证文物的安全。运输要选择适宜的天气和事先设计好的路线，要有防止出现意外的各种预案。

目前，最常用的运输方式就是采用汽车的运输方法，一般的考古工地现场也常备车辆，图 2-18 现场实验运输车。

图 2-18　现场实验运输车

文物运输的车辆要求有较好的越野性能，良好的减震功能，足够大的空间，内部环境稳定，必要的固定措施。对于一些特殊的文物，还要求在运输过程中保持密闭、冷冻、绝氧、充氮、干燥等。运输途中车速不宜太快，力求平稳安全。

2.9　现场保护档案记录

时间飞逝，过去难以再现。因此，作为文物保护最重要的一环，现场保护也必须做好档案记录。现场保护档案应包括前面所提到的信息采集和取样情况，还应该包括在考古现场对器物所做的任何保护措施，例如清理、临时加固、提取、包装等。在对保护处理进行记录时，不仅应该记录保护处理的程序，还应该记录保护处理过程中每个环节所用到的具体的操作方法、工具以及保护材料等。对于所使用的保护材料，既要详细记录其浓度、所用的溶剂、商品名称、化学名称等，还应该明确使用方法，例如，在记录加固剂的使用时，应该说明是将加固剂涂刷或喷涂到文物上的还是将文物浸泡在加固剂溶液中的。

现场保护档案，应该实事求是，不应该有所隐瞒。如果在保护处理中存在任何失误，对文物本身或其上所蕴含的各种文物信息造成了任何的损伤，应该如实的记录下来，并且对造成失误的原因做出客观分析，以免对后期全面系统的保护工作以及科学研究工作造成误导。

小知识

考古现场档案记录的形式 一般包括文字记录和图像记录两种。每种记录方式都有各自的优点和缺点，所以在记录时，两者应该配合使用，相互补充。常用的文字记录包括日志记录和表格记录。日志记录就是文物保护从业人员以日志的形式将每天的工作内容、自己的想法、别人的建议以及所遇到的问题等内容详细的记录下来。待保护处理工作完成后，将原有的日志性记录通过总结和归纳形成保护修复报告，为档案的利用者提供较为完备的参考资料。表格记录就是将所有需要记录的各种信息进行分类，填写在预先制定好的表格中。由于表格形式的记录方法比较简单快捷、节省时间，不仅可以防止保护人员将某一部分信息遗漏，保证文物档案资料的完整性，还可以使后期查阅信息更加方便，加之考古现场工作时间比较紧张，所以建议在考古现场最好采取表格记录，日志每天收工后在电脑或笔记本上完成。

图像记录包括拍摄照片和图示两种形式，是一种比较直观有效的记录方式。照片记录常用于记录文物保护处理前后状态、文物上的典型病害、保护过程中所发现的信息以及保护处理中的每一个操作环节等。照相的方式现在一般是用数码相机拍摄，尽量多拍摄器物的一些细部，如特殊腐蚀部位、有附着物部位等。图示记录是指以绘图的方式进行记录。现场操作绘出器物草图，然后再在文物图上用不同的颜色和符号注明想要记录的信息。图示记录主要包括保存状态图、采样位置图、病害等。

记录是出土文物保护修复的第一手档案资料，记录应贯穿考古现场保护的始终。记录包括所有操作程序的文字记录和照相、录像等音像资料和工作日志。金属文物出土时首先按照考古学要求依层位编号。所提取文物应及时标明登记号。选择次要部位标记，涂一层可逆材料（通常为丙烯酸树脂溶液），其上书写登记号，干后再覆一层丙烯酸树脂溶液。每件金属文物都应附带一张登记表，详细填写器物来源，发掘期间处理、分析、取样等情况，在显眼位置标识保存状况说明，如易碎及适宜保存的环境条件等。

2.10 文物考古现场人身安全

由于一般情况下考古发掘现场比较偏远，安全防护设施比较简陋，所以，在开展考古发掘现场文物保护工作时，安全工作主要包括三方面：一是要保证文物的安全，这在以上各个步骤中都有所体现，另外现场也要防火防盗；二是使用材料对环境的安全，这在选购材料时要尽量使用对环境友好的药品和试剂；三是保证工作人员的人身安全与身体健康。

在考古发掘现场文物保护工作中，要特别强调人身安全和健康隐患。一般应注意以下几个方面。

(1) 坑壁坍塌隐患

现场文物保护有很大一部分工作都是在文物刚出土时进行的，例如有脆弱青铜器提取前的稳定性处理和提取等工作。在进行这些工作时，特别是在比较深的墓葬或探方下面工作时，首先要排除墓壁或坑壁由于失水而开裂坍塌的隐患。必要时需要对墓（坑）壁采取措施进行支撑，必须保证墓（坑）底下文物以及工作人员的安全。

(2) 有害化学材料和危险工具

考古现场进行文物保护处理时，不可避免的要用到一些易燃易爆危险或对人体有害的化学材料，例如无水乙醇、丙酮、甲苯等常用的有机溶剂、甲酸、硝酸等酸类。在使用或存储这些化学材料时，如有不慎可能会对工作人员的人身安全或健康造成很严重的影响。

要减小危险发生的几率，首先操作人员需要了解各种化学材料的基本性能和熟悉紧急情况下的应急措施，其次就是在使用过程中要尽量做到以下几条：

① 不要在使用或存储化学药品的地方吃喝。

② 不要在存放有易燃有机溶剂的地方抽烟。

③ 在进行保护处理操作时必须佩戴护目镜、口罩（或防毒面具）、橡胶手套、工作服等防护用品，而且尽量保证操作环境通风。

④ 所有装有化学试剂的容器都必须贴上标签，标明试剂名称和特性，例如易燃或毒性等。

⑤ 安全的回收现场保护处理所用废旧的比较锋利的工具例如手术刀片或玻璃器皿残片是每个现场文物保护工作人员的职责，最好将其统一装入一个带有标签的容器内，以免万一对其他工作人员造成伤害。

⑥ 搬运含有害物质或安全隐患的文物，例如喷有BTA等缓蚀剂的青铜文

物，都必须戴上橡胶手套，而且搬拿后必须立即洗手。在搬运茬口比较锋利的器物碎片或重量较大金属文物时，必须格外小心，以免对工作人员自身造成伤害。

总之，在考古发掘现场保护工作开展之前，对一切可能出现的不利于人身安全和身体健康的隐患因素都要仔细的考虑，并做好相应的准备工作，从而增加现场保护工作的安全健康系数，而且这不只是对文物保护工作人员而言的，而是所有参与考古发掘的人员所提出的要求。

> **知识链接**
>
> ### 科学研究　综合保护——山西省永济县西铁牛群的保护工程
>
> 位于山西省永济县西的蒲津渡遗址是古代著名的三大渡口之一。早在战国秦昭襄王时，已在此架设浮桥以通秦、晋。1989年在永济县西发现的铁牛、铁人等文物是唐开元年间作为地锚用于固定铁索浮船桥的。其中每只铁牛重约50吨。气势恢宏的铁牛、铁人、铁山和七星柱等即表现了唐代冶金铸造的高超技艺，也为后人留下了极其珍贵的宝物。
>
> 大型铁质文物的室外保护至今仍为一道世界性难题。随着时间推移，铁牛的立身之处已危机四伏。由于该遗址地势低洼，空气潮湿，地下水不断渗出，铁牛腐蚀严重，图2-19为铁牛出土时状态。

图 2-19　铁牛出土时状态

> 经国家文物局批准，由山西省考古所牵头组队对遗址进行了科学发掘，并由山西省考古所、中国国家博物馆、北京科技大学三家联合组成铁牛遗址保护课题组，制定了实验室研究和现场抢救保护方案。2005年课题组组织实施完成铁牛群的保护工程，铁牛群遗址现场整体升高12m，脱离了环境恶劣的地下水系的危害。铁牛群本体现场保护中，采取了清理、清洗、纸浆脱盐、缓蚀、封护、阴极保护等综合保护处理措施。现在的黄河大铁牛，正如当年的一些新闻报道所述是"历经千年沧桑重放光华"，图2-20为保护前后铁牛群全景。

(a) 铁牛群出土全貌　　　　　　　　(b) 保护后铁牛群全景

图 2-20　铁牛群保护前后全景
（本章照片由赵西晨、潘路提供，示意图由张然根据铁质文物保护手册中图绘制）

参 考 文 献

[1] 马清林等．中国文物分析鉴别与科学保护．北京：科学出版社，2001．
[2] IN SITU ARCHAEOLOGICAN CONSERVATION. in：Proceedings of meetings，April 6-13，1986，Mexico．
[3] 中国文化遗产研究院编．中国文物保护与修复技术．北京：科学出版社，2009．
[4] Seese，C. First aid treatment for excavated finds Conservation on Archaeological Excavations．Rome，1984．
[5] Watkinson，D. First Aid For Finds RESCUE，15A．Herford，England，1987．
[6] 龚德才．考古发掘现场保护的理念与实践．中国文物报，2003-5-30，第 8 版．
[7] 肖磷，孙杰．金沙遗址出土象牙、骨角质文物现场临时保护研究．文物保护与考古科学，2002，14（2）：26-30．
[8] 杨璐，黄建华．考古发掘现场文物保护中的整体提取技术．文物保护与考古科学，2008，20（1）：65-71．
[9] H. V. 雷可夫基文，侯改玲编．考古发掘工地石膏封护提取文物的方法及实践．考古与文物，2000，（6）：80-83．
[10] 马清林，张治国．博物馆铁质文物保护技术手册．北京：文物出版社，2011．

第 3 章
文物透视——金属文物腐蚀破坏和分析

3.1 金属文物腐蚀表现类型

由于环境变化、营力侵蚀、人为破坏等因素，文物在物质成分、结构构造、外貌形态上会发生一系列不利于文物安全或有损文物外貌的变化，人们通常把这种现象称为"文物病害"。"病害"一词原是针对有生命的植物体的，"文物病害"这一术语的出现只有十几年的历史。不同的文物，病害表现形式、程度不同。金属文物病害通常有以下类型。

① 表面硬结物：文物表面的硬质附带物。

② 瘤状物：腐蚀产物或环境介质在表面局部堆积、鼓包。

③ 层状堆积：腐蚀产物或环境介质在表面按颜色的不同较为平整地交替叠加。

④ 点蚀坑：由于小孔腐蚀造成金属表面一定密度、一定深度的蚀坑。

⑤ 粉状锈：青铜器中常见的一种锈蚀产物，分为有害锈和无害锈，有害锈中含有活性氯离子。

⑥ 无害锈：对文物基体不产生明显影响的稳定锈蚀产物。

⑦ 腐蚀层覆盖铭文：腐蚀产物将器物上的铭文或花纹遮盖。

⑧ 通体酥解：金属文物在有害锈长期作用下，器物全部矿化。

⑨ 形体裂缝、变形、开裂、残损：器物因机械作用（碰撞、挤压）、应力腐蚀等原因造成的损坏。

⑩ 人为损伤痕迹：人为在器物表面的划痕、刻痕等。

由此可见，腐蚀是金属文物病害的主要因素。金属文物的病害，可以是几种腐蚀表现形式的综合体现，也可以是腐蚀损伤与其他损伤的叠加。

金属文物腐蚀是指金属文物与环境发生化学、电化学作用而发生损坏的现象。不同种类、不同来源的金属文物腐蚀类型及程度常相差很大，主要表现形式有斑点状腐蚀、"疥疮"状腐蚀、片状腐蚀、完全矿化腐蚀。

文物腐蚀状况用腐蚀程度表示。馆藏金属文物腐蚀程度分为基本完好、中度腐蚀、重度腐蚀、濒危四级。一般来说，对于同一类器物，腐蚀程度越深，损伤越大，价值越低。

小知识

腐蚀与生锈的异同：狭义的腐蚀是指金属与环境间的物理-化学作用，使金属性能发生变化，导致金属、环境及其构成体系功能受到损伤的现象。广义的腐蚀指材料与环境间发生的化学或电化学相互作用而导致材料功能受到损伤的现象。生锈是指铜、铁等金属表面在潮湿空气中氧化形成铜锈、铁锈；生锈也是腐蚀的一类，是潮湿大气中金属的腐蚀。

3.2 金属文物腐蚀的内因和外因

能不能使文物不"生病"？不消亡？不能！能不能使文物延年益寿？能！金属文物的保管和利用中，关键是做好防腐蚀工作。

控制金属文物腐蚀主要有两方面因素，即文物本身材质的理化特性，以及文物所处的环境。无论是地（水）下文物、田野文物，还是馆藏文物，能够保存下来，很大程度上取决于自身的抗腐蚀能力和所处的环境条件。

虽然文物材质种类、制作工艺、先前的腐蚀状态千差万别，环境条件多种多样，作用机理错综复杂，但文物劣化也符合事物发展变化规律，即劣化有一个过程及需要一定时间。人们对此并非无能为力，在文物材质确定的前提下，完全能主动采取必要的措施减缓材料劣化速度，从而延长文物使用寿命。如对环境中可能影响文物寿命的因素进行研究，主动采取一些技术措施抑制或者减少环境因素对文物的损害，对于文物的科学保护具有重要意义。

3.2.1 内因——什么样的因导致什么样的果

3.2.1.1 金属文物材质对腐蚀的影响

为什么在所见到的古代金属文物中,铁质文物锈蚀严重,甚至没有铁芯,青铜文物保存相对完好,但绝大部分都是锈迹斑斑,只有金器却像新的那样闪着耀眼的光泽?这离不开那只无形的手——腐蚀原电池。

什么是腐蚀原电池呢?

从热力学观点考虑,金属的电化学腐蚀过程是单质形式存在的金属和它周围电解质组成的体系,从一个热力学不稳定状态过渡到热力学稳定状态的过程。其结果是生成各种化合物,同时引起金属结构的破坏。例如把铁片浸到稀硫酸溶液中,就可见到有氢气放出,并以相同于氢放出的速率将铁溶解于溶液中,即铁发生了腐蚀。实际上,在这片均相的铁电极上同时有两个电极反应在进行:

负极(阳极)$Fe - 2e \longrightarrow Fe^{2+}$

正极(阴极)$2H^+ + 2e \longrightarrow H_2 \uparrow$

(如果在中性含氧水溶液中,正极反应为 $O_2 + H_2O + 2e \longrightarrow 2OH^-$)

总方程式 $Fe + 2H^+ \longrightarrow Fe^{2+} + H_2 \uparrow$

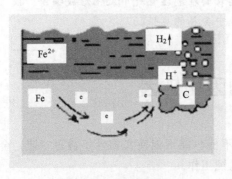

图 3-1 腐蚀原电池

有了阴极和阳极,加上稀硫酸电解质溶液,就构成了腐蚀原电池(见图3-1,通常称为腐蚀宏电池)。该腐蚀原电池的阴极是比铁电极电位正的氢电极,其电极反应按还原反应方向进行,这种以氢离子作为去极化剂的腐蚀过程,称为氢去极化腐蚀。而如括号中所列举的反应,是以氧为去极化剂的腐蚀过程,称为氧去极化腐蚀,是自然界普遍存在因而破坏性最大的一类腐蚀。电池的负极是铁电极,它的电极反应按氧化反应方向进行。

这两个电极反应既相互独立,又通过电子的传递紧密地联系起来,并以相等的速度进行。显然,这两个电极反应组成的电池反应是一个氧化-还原反应($Fe + 2H^+ \longrightarrow Fe^{2+} + H_2$),进行这个氧化-还原反应的动力来自两个电极反应的平衡电极电位之差(即 $\Phi_{e,H} - \Phi_{e,Fe} > 0$)。

我们还可以发现,这个电池反应释放出来的化学能,全部以热能的方式散失,不产生有用功。也即电池反应过程是以最大限度的不可逆形式自发地进行着,其结果是导致铁的腐蚀破坏。这就是说铁在硫酸中因有氢离子的存在可以发生自溶解过程。金属的这种由于形成腐蚀原电池而发生的腐蚀称为电化学腐蚀。

我们把上述单一电极上同时以相等的速度进行着的两个电极反应的现象叫电极反应的耦合。它们耦合的条件是 $\Phi_{e,H}-\Phi_{e,Fe}>0$。常用金属文物组成元素的标准电极电位从正到负的排列顺序见表 3-1，为了比较起见，把在酸性介质中氢离子还原成氢气、含氧水溶液中的溶解氧还原为氢氧根离子的难易程度也列于表中。其中金属电位越负，越容易腐蚀，电位越正，越难腐蚀。根据表 3-1 可以解释为什么铁器比铜器易于腐蚀，为什么见到的金文物都保持了本身的原始模样。

表 3-1 部分金属在 25℃ 时的标准电极电位　　　　　　　　单位：V

电极反应	Φ_e^0	电极反应	Φ_e^0
$Au \rightleftharpoons Au^+ + e$	+1.680	$H_2 \rightleftharpoons 2H^+ + 2e$	0.000
$Au \rightleftharpoons Au^{3+} + 3e$	+1.500	$Fe \rightleftharpoons Fe^{3+} + 3e$	−0.036
$Ag \rightleftharpoons Ag^+ + e$	+0.799	$Pb \rightleftharpoons Pb^{2+} + 2e$	−0.126
$Hg \rightleftharpoons Hg^{2+} + 2e$	+0.789	$Sn \rightleftharpoons Sn^{2+} + 2e$	−0.136
$Cu \rightleftharpoons Cu^+ + e$	+0.521	$Ni \rightleftharpoons Ni^{2+} + 2e$	−0.250
$4OH^- \rightleftharpoons O_2 + 2H_2O + 4e$	+0.401	$Fe \rightleftharpoons Fe^{2+} + 2e$	−0.440
$Cu \rightleftharpoons Cu^{2+} + 2e$	+0.337	$Zn \rightleftharpoons Zn^{2+} + 2e$	−0.762

在实际中，与金属接触的溶液大部分不是含有金属本身离子的溶液，所涉及到的电极电位大都是非平衡电极电位，也称为腐蚀电位或自腐蚀电位。因此，在研究金属文物的腐蚀时，非平衡电极电位有着重要的意义，它只能用实验的方法才可测到。表 3-2 列出一些文物组成金属常温下在三种介质中的自腐蚀电位。

表 3-2 一些金属在三种介质中的自腐蚀电位　　　　　　　　单位：V

金属	3%NaCl 溶液	0.05mol/L Na_2SO_4	0.05mol/L $Na_2SO_4 + H_2S$
锌	−0.83	−0.81	−0.84
铁	−0.50	−0.50	−0.50
镍	−0.02	+0.035	−0.21
铅	−0.26	−0.26	−0.29
锡	−0.25	−0.17	−0.14
铜	+0.05	+0.24	−0.51
银	+0.20	+0.31	−0.27

从表 3-2 可见，铁和铜在三种腐蚀介质中，铁的腐蚀电位均比铜的腐蚀电位负，因此铁比铜容易腐蚀得多。

实测含铜（73%）、锡（23%）、铅（4%）的青铜与其组成元素在除氧的 pH 值为 7.00 模拟海水（3.5%NaCl）中的自腐蚀电位比较，见表 3-3，可见，铜中添加了锡、铅后形成青铜的腐蚀倾向性变小。

表 3-3 青铜及其组成元素的实测腐蚀电位　　　　　　　　单位：V

金属	3.5%NaCl 溶液	金属	3.5%NaCl 溶液
铅	−0.52	铜	−0.146
锡	−0.40	青铜	−0.133

通过比较低锡、中锡和高锡青铜，组成见表 3-4，在 pH 值为 7.00 的含氧模拟海水（3.5%NaCl）中浸泡 129 天的腐蚀照片，见图 3-2，可以看出耐蚀性从高到低为高锡青铜、中锡青铜、低锡青铜。

表 3-4　试件成分组成　　　　　　　　　　%，wt

材料	Sn	Pb	Cu
高锡青铜	23	4	73
中锡青铜	13	4	83
低锡青铜	5	0	95

高锡青铜　　　　　　　　中锡青铜　　　　　　　　低锡青铜

图 3-2　青铜在模拟海水中浸泡后的腐蚀照片

小知识

电偶腐蚀　在出土文物中，例如河北平山战国中山王墓中出土的铁足铜鼎，北京刘家河商墓出土的铁刃铜钺等（见图 3-3 和图 3-4），当铜与铁连接在一起时，其铁质部分均比铜质部分腐蚀严重。是什么原因呢？这是由于铁的腐蚀电位比铜负，当文物处在同一腐蚀介质中时，两者构成铜-铁腐蚀电池，铜的存在促进了铁的腐蚀。这种由于异种金属在同一介质中接触，使电位较负的金属腐蚀速度增加，电位较正的金属腐蚀速度反而减小的腐蚀形态，称为电偶腐蚀，又称接触腐蚀或双金属腐蚀。

图 3-3　铁足铜鼎　　　　　　　　图 3-4　铁刃铜钺

为了说明这个问题，重复上面的实验，把一铁片放入稀硫酸溶液中，见图 3-5（a），再把另一铁片和一铜片铆接在一起，然后放入另一同样浓度的稀硫酸溶液中，见图 3-5（b）。对比这两个实验现象可知，与铜片连接在一起的铁片的溶解速度要快得多，在铜片上析出的氢气数量也较多。两容器中的铁片经历了一段相同时间的溶解后，发现与铜连接的铁片，其重量损失比单一的铁片大得多，但铜片的重量不改变。这表明铁因铜的存在而加快溶解。

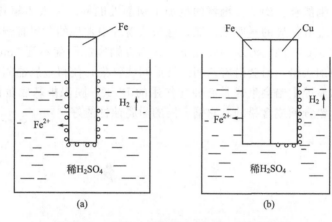

图 3-5　不均一金属铁在稀 H_2SO_4 中的溶解

3.2.1.2　金属化学成分的不均匀性（或杂质的存在）对腐蚀的影响

在金属表面上由于存在许多极微小的电极而形成的电池称为微电池。微电池是因金属表面的电化学不均匀性所引起的。电化学不均匀性是经常遇到的现象，最典型的就是金属化学成分的不均匀性，特别是金属中包含杂质时，当金属与电解质溶液接触时，这些杂质以微电极的形式与基体金属构成了许许多多短路了的微电池系统。倘若杂质作为微阴极存在，它将加速基体金属的腐蚀；反之，若杂质是微阳极，则基体金属或受到保护而减缓其腐蚀。

由于各种原因，文物铸造用金属常常含有各种杂质，或者化学成分不均匀。对室外大型铁质文物铁炮材质的分析发现，铁炮不同部位材质差异较大，它们均含有杂质渗碳体 Fe_3C 和石墨。Fe_3C 是在铁的冶炼过程中生成的：

$$3Fe(s) + 2CO \longrightarrow Fe_3C + CO_2$$

$$3Fe(l) + C \longrightarrow Fe_3C$$

所以生铁含碳高。在它们与电解质溶液接触时，这些杂质的电位比铁正，成为无数个微阴极，从而加速了基体金属铁的腐蚀。含硅高的铸铁具有较好的耐蚀性，是由于在其表面形成了含有 SiO_2 的保护膜。

又如，铜质地文物中除主要合金元素铜外，还有若干次要合金元素和多种杂质存在，如银、铝、砷、金、铋、钴、铬、铁、镁、锰、镍、锑、硅、锌和硫等。铸造铜合金中的合金元素或杂质元素有的可以改善金属液的流动性能、铸造组织或强度，而变形铜合金中某些合金或杂质元素，可能导致其加工性能变差。铸造铜合金中的杂质含量一般要比变形铜合金中高一些。

铅在黄铜和青铜合金中的溶解度极有限而形成游离的颗粒，见图 3-6 中的黑色颗粒。加入铅的主要目的是铅能填充在制造过程中形成的缝隙和孔穴中，使得含铅青铜和黄铜能够自润滑，铜器的机加工切削性能好。加入铅额外的收获是，高铅含量的合金有优异的耐腐蚀性能，这与从遗址中发现的含铅青铜的腐蚀现象是一致的，在 350 年汹涌海水的腐蚀下，含铅青铜腐蚀深度不到 1mm。Tylecoe 报道往黄铜中加入铅，铅会沿着两相的枝晶间线富集，使得金属晶间腐蚀敏感性下降。在海水腐蚀中铅会生成具有钝化作用的 $PbSO_4$ 膜保护基底黄铜不受均匀腐蚀，所以含铅青铜或含铅的其它铜合同的耐腐蚀性能好。

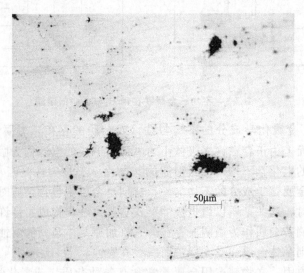

图 3-6　青铜中游离的黑色铅

铁在青铜和黄铜中溶解度有限（0.5‰wt），超过该限，就以分布于整个合金中分散的颗粒而存在。由于以该形式存在的铁容易受到海水的侵蚀，铁颗粒的腐蚀能够在金属表面上产生小孔穴并提供孔蚀位置而增加文物整个的腐蚀速率。例如来自于巴达维亚遗址的系列含有 2.1‰铁的青铜门钉，发现了铁和铜的腐蚀产物充填的深孔，虽然含有大量的砷和锑，也有很严重的点蚀和均匀腐蚀现象。通常，含有超过 0.5%（wt）的铁对青铜和黄铜的耐腐蚀性能有害。

在青铜和黄铜中还有其他合金或杂质元素。氧是冶炼过程中带入但必须尽量避免的杂质元素。砷的有意无意添加可提高铜的耐蚀性能，孙淑云等通过对古代青铜残片的测试发现了大量的砷青铜。黄铜添加 0.02%～0.08%（wt）砷可防止脱锌腐蚀。硫会引起铸造时的气孔而降低铸件的质量。加入碲（Te）的作用为提高切削性能，铅黄铜中加入 0.10%的锑可以提高其抗脱锌腐蚀的能力。杂质磷的含量必须严格控制，当磷含量大于 0.001%时，会造成热轧困难，且磷和铁的同时存在，使退火中难于控制晶粒长大而耐蚀性能下降。镍在黄铜中的含量小于 0.05%时，起细化晶粒作用，但如镍与铁、磷共存时，也会给合金的退火工艺带来问题。青铜中加入锰和硅后，可提高其耐腐蚀性能。

3.2.1.3　组织结构的差异、不均匀性及缺陷对腐蚀的影响

所谓组织结构，对于金属文物来说是指组成文物的微观粒子种类、含量和它们的排列方式的统称。在同一种金属文物内部一般存在着不同组织结构区域，因而有不同的电极电位值。例如金属中的晶界是原子排列较为疏松而紊乱的区域，在这个区域容易富集杂质原子，产生所谓晶界吸附和晶界沉淀。这种化学不均匀性一般会导致晶界比晶粒内更活泼，具有更负的电极电位值。晶界的优先腐蚀称为晶间腐蚀。在铸造过程中，会产生树枝晶偏析和晶内偏析，图 3-6 中粉红色区域是铜的偏析造成的，这种不同区域之间的成分梯度可以导致电化学电势梯度，从而加速合金中某个相或合金成分的腐蚀。

另外，物理状态的不均匀性也是导致金属腐蚀的内因。金属文物在制作、修复过程中常常造成金属各部分变形和受应力的不均匀性，一般的情况是变形较大和应力集中的部位成为阳极。例如铁板弯曲处及铆钉头的地方发生腐蚀即属于这个原因。

3.2.1.4　文物表面膜的不完整性及其对文物腐蚀的影响

为了保持文物的原貌，文物表面的腐蚀产物基本不予去除或者不全部去除，因此已有腐蚀状况对金属文物后续保存过程产生重要的影响。有些腐蚀产物能形成连续的表面膜而具有保护性，有些不能形成连续的保护膜。如果这种膜不完整、有孔隙或破损，则孔隙下或破损处的金属相对于表面来说，具有较负的电极电位，成为微电池的阳极，故腐蚀将从这里开始。

(1) 表面膜的形成过程

在金属文物的腐蚀过程中，靠近阳极和阴极区域的电解液组成是会发生变化的。因为在阳极区附近由于金属的溶解，金属离子的浓度增高了，而在阴极区附近由于 H^+ 离子的放电或水中溶解氧的还原均可使溶液的 pH 值升高。于是在电解质溶液中就出现了金属离子浓度和 pH 值不同的区域。显然，只要不同区域的溶液组成一有差别，扩散作用便会立即产生，以力求溶液中所有区域的组成趋向一致。在阳极过程和阴极过程的产物因扩散而相遇的地方可能导致腐蚀次生过程

的发生——难溶性产物的形成。例如海难沉船内的黄铜器，由黄铜中的锌、铜和海水组成的腐蚀微电池，当它工作时，就会出现锌离子向 pH 值足够高的地区迁移的情况，形成氢氧化锌沉积物，即锌优先腐蚀或叫黄铜脱锌，这种较活泼组分优先腐蚀称为选择性腐蚀。

$$Zn^{2+} + 2OH^- \longrightarrow Zn(OH)_2 \quad (如 pH>5.2)$$

在一般情况下，沉淀物的形成并不直接发生在金属表面上受腐蚀的阳极区，而是在溶液中——也即从阳极区扩散过来的金属离子和从阴极区迁移过来的氢氧离子相遇的地方形成 $Zn(OH)_2$ 淡白色的膜。阴、阳极直接交界的金属文物的腐蚀过程中，难溶性沉积物可直接在金属表面处形成紧密的、具有一定保护性氢氧化物膜并粘附在金属上。这种膜在一定程度上可阻滞腐蚀过程的进行。因此，倘若能变更腐蚀的次生过程产物组成，就能变更膜的性质，尤其是保护性质。腐蚀过程的许多特点与膜的性质变化有关，必须指出，因腐蚀次生过程而在金属上形成的难溶性产物膜，其保护性比起氧在金属表面上直接发生化学作用时生成的初生膜要差得多。

如果金属具有几种原子价，通常是低价的离子转入溶液中，所形成的氢氧化物也与这一原子价相当。例如铁质文物在中性水中腐蚀时，Fe^{2+} 转入溶液，遇到 OH^- 离子就生成 $Fe(OH)_2$。某些情况下，腐蚀次生产物会发生进一步变化，如上述的 $Fe(OH)_2$ 又可被溶液中的溶解氧氧化形成 $Fe(OH)_3$，即

$$4Fe(OH)_2 + O_2 + 2H_2O \longrightarrow Fe(OH)_3$$

随着条件的不同（如温度、介质的 pH 值及溶解氧含量等）也可得到更为复杂的腐蚀产物。例如铁锈的组成可表示如下。

$$mFe(OH)_2 + nFe(OH)_3 + pH_2O \text{ 或 } mFeO + nFe_2O_3 + pH_2O$$

这里的系数 m、n、p 的数值随条件的不同会有很大改变。根据腐蚀产物热力学数据可知，相对于铁来说，稳定顺序从小到大依次为 $Fe(OH)_2$、Fe_3O_4、γ-FeOOH 和 α-FeOOH。铁基体首先被腐蚀生成 Fe^{2+}、$Fe(OH)_2$、Fe^{3+} 和 Fe_3O_4，最终形成稳定的腐蚀产物 γ-FeOOH 和 α-FeOOH。

(2) 腐蚀产物对基体的保护性能

还是以铜器为例。首先应注意铜锈和铜腐蚀产物的区别，很多人对这两个概念没有予以特别的关注，因而有所混淆。铜锈用来描述一个光滑和连续的锈蚀层，此层保持了器物外形和表面细节；而腐蚀产物用来描述器物表面的矿物沉积，这种矿物沉积没有形成连续和光滑的锈蚀层。器物腐蚀后表面变化还有第三种情况，即土壤或海水中的矿物、纺织物、木材、木炭以及其他物质会与铜腐蚀产物在器物表面结合起来，甚至可以替代部分铜腐蚀产物。

最常见的有些随葬青铜器，表面锈蚀层最外层会形成富锡层，这是由于此层

形成了锡石 SnO_2，或者形成了结晶程度不同的锡的水合化合物，这些锡矿物起到了强化保护锈蚀层下面金属的作用，而且在很大程度上它们是形成光滑和有光泽古代青铜器表面的直接原因，这种青铜器表面的光泽锈蚀称为"水锈"，这种锈频繁出现。自然形成的含锡的锈与电镀锡层相比，对基体金属的保护性差。与青铜相比，含锌量大的黄铜可能不如青铜稳定，它们通过脱锌腐蚀而失去锌，导致黄铜器表面凹凸不平，锌的优先腐蚀不会形成均匀的锌氧化物保护膜，基体强度也极大地减弱。

> **要点提示**
>
> 铜质文物在空气中的锈蚀层厚度、物理特性、组成变化很大，并且从微观水平上观察是不连续的，绿色的铜锈层是趋向于开放的织构而不是致密的织构，并且聚集有来自空气中的颗粒物。这些物理特性意味着锈蚀层是多孔的并易于吸附湿气，促使形成电化学腐蚀的局部中心核。

$CuCl$、Cu_2O、碱式氯化铜、混合锈对裸青铜的保护作用研究结果表明，当外界施加的腐蚀电位不高（相对于自腐蚀电位）时，Cu_2O、$CuCl$ 对基体有一定的保护性，而且保护性能优于碱式氯化铜和混合锈，在施加的腐蚀电位较高时，Cu_2O 或 $CuCl$ 对青铜的保护性变差，而此时碱式氯化铜和混合锈对裸青铜的保护性优于 Cu_2O、$CuCl$。在含有氯或者酸性介质的潮湿环境下，$CuCl$、Cu_2O 都可以转化为粉状锈，粉状锈会不断蔓延，直至文物溃烂。

3.2.2 外因——与文物如影随形

每件文物是处于一定的环境条件下的，这个环境条件就是外因，文物的腐蚀损坏离不开外因，外因是通过内因而起作用的。对于埋藏在地下的文物，影响文物材质腐蚀状况的因素主要有土壤中的水分、氧气、酸碱度、盐类、温度和氧化还原电位等。而影响馆藏或室外文物的环境因素主要是温、湿度的变化、光辐射、空气污染物、害虫蛀蚀、霉菌繁殖等。沉船内金属文物在海水中腐蚀的主要影响因素有：溶解氧的含量、pH 值、温度、水流运动、盐度、硫酸盐还原菌、双金属接触、海洋生物等。

出土青铜文物至少经历土壤和大气两种环境，两种不同环境对青铜的腐蚀历程有深刻影响，锈蚀产物也会出现差别。通过分析比较腐蚀产物成分、大气环境影响因素及土壤环境影响因素，认为青铜腐蚀产物阴离子组成分别对应于环境中存在的微物质成分，说明青铜腐蚀体系与环境存在物质交换，这种交换发生在青铜文物与环境作用的过程中，这种物质交换的结果，表现为形成的腐蚀产物存在于青铜文物与环境接触的界面上。

小知识

　　秦始皇陵铜车马。1980 年,陕西秦始皇陵出土了两乘大型陪葬铜车马,见图 3-7。制作年代在公元前 210 年前。铜车马主体为青铜,秦代工匠成功地运用了铸造、焊接、镶嵌、销接、活铰连接、子母扣连接、转轴连接等工艺,是 20 世纪考古史上发现的结构最复杂、形体最庞大的青铜器,被誉为"青铜之冠"。铜车马出土时,破碎严重,为了便于更细致地清理和在清理过程中观察研究,同时也为了确保文物出土过程中不因为环境的改变而损坏,将铜车马连同一米厚的土层,全部移入实验室内进行清理修复。修复后的一号铜车马见图 3-8。

图 3-7　出土时的铜车马

图 3-8　修复展出时的铜车马

3.2.2.1 大气环境

金属置于大气环境中时,其表面通常会形成一层极薄的不易看见的水膜。这种电解液膜的形成,或者是由于接触水分(雨、雪)而形成,或者是大气的湿度或温度变化以及其他原因引起的凝聚作用而形成。在纯净的空气中,相对湿度的变化(一定范围内)对金属文物的影响并不十分显著,也不会观察到腐蚀速度的突变现象。在干燥的纯净大气中,污染气体对金属文物的腐蚀也不是很显著,但在一定湿度且含有腐蚀性气体的环境中,文物的临界相对湿度则会变得更低,腐蚀很容易发生。虽然大气中的污染气体含量很低,但是这些气体会溶入到文物表面的水膜中,浓度会变得很大,或破坏钝化膜或降低金属的临界相对湿度,使文物受到侵害。

大气污染物通常分为含硫化合物(如 SO_2、H_2S)、含氮化合物(主要指 NO_2),含碳化合物(CO_2)以及含氯物质(Cl_2、HCl)等。人类赖以生存的工业文明大大加剧了大气污染程度。其中对文物腐蚀影响最大的有 SO_2、NO_2 等。

(1) 温度

大气温度夏季高冬季低。金属的大气腐蚀是一个电化学过程,反应速度与温度有关。根据 Arrhenius 方程,$k_p = A\exp(-\triangle E/RT)$,温度每升高 10℃,反应速度增加 2~4 倍。通常文物在低温下保存是比较有利的,但是在实际应用中,必须具体情况具体分析。在绝对湿度一定时,温度突然显著降低会引起相对湿度的大幅度提高,使文物表面的水膜增厚,反而可能会促进电化学腐蚀的进行。另外,温度的急剧变化会引起文物的过分干燥或湿度过高,亦会造成文物的物理损坏。

(2) 湿度

影响金属文物大气腐蚀的实质是相对湿度。因为湿度直接关系到能否在金属文物表面形成水膜,以及所形成水膜的厚度。由于金属文物表面对水有一定的吸附性,可以形成一定厚度的水膜,在相对湿度达到一定程度时,文物表面的水膜能形成有效的离子传输系统,从而发生电化学腐蚀,导致腐蚀速度突然上升。决定是否能够形成有效水膜的湿度叫做临界相对湿度。不同的气雾,不同的大气成分,其临界相对湿度也有所不同。

小知识

克虏伯大炮 有 114 年历史的厦门胡里山炮台的克虏伯大炮,由于战争过程和海洋气候带来的各种侵蚀,全身已锈迹斑斑,1937 年修筑的钢筋水泥加盖掩体,把大炮沉降在半城垣式半地堡式的掩体中,使得原设计的依靠自然通风的大炮阵地被完全封闭,自然通风系统和风势流通力度受到掩体的填塞和阻挡,每当台风、海雾来袭和雨季到来时,饱含腐蚀物质的酸性雨水及空气中的灰尘、污物以及沿岸海雾气中所含高浓度的氯,都淤积于主炮位及其大炮的底部。同时由于掩体遮盖了阳光的直接照射，无法自行蒸发、烘干，因此就和钢质文物中的碳产生了作用，发生了电化学腐蚀，加速了大炮及其装置的腐烂，见图3-9、图3-10。

图3-9 掩体中锈迹斑斑的大炮

图3-10 阴暗掩体中的大炮

(3) 氧气对金属文物的影响

氧气是大气的主要成分之一，是人类及各种生物赖以生存的必要条件之一。作为一种化学性质极为活泼的气体，它能和许多物质发生反应。理论上，氧气的大量存在不利于金属文物的保护。没有氧和水分的存在，青铜文物的大气腐蚀很难发生。实验证明，在氧饱和的水溶液中，金属铜的腐蚀速度为在不含溶解氧的水溶液中的侵蚀速度的40倍。氧气很容易溶解到水膜中并且扩散至金属文物表面的阴极区，发生氧的去极化过程，从而促进文物的腐蚀。金属文物埋在地下或在深海沉船中，由于处于缺氧状态，腐蚀相对轻些，而出土或出水后腐蚀明显加重就是这个道理。

(4) 污染气体 SO_2 和 H_2S

SO_2 和 H_2S 是有毒且具有强烈刺激性和腐蚀性的气体，极易吸附在物体表面上。SO_2、H_2S 主要来自汽油以及煤的燃烧，有机物的腐烂等过程，SO_2 和大气中的水分结合在一起，首先生成亚硫酸：

$$SO_2 + H_2O \longrightarrow H_2SO_3$$

亚硫酸与 O_2 进一步作用生成硫酸：

$$H_2SO_3 + O_2 \longrightarrow H_2SO_4$$

硫酸是一种强酸，与雨水一起降落形成酸雨，与潮湿的水蒸气一起则形成酸雾。这些酸性物质会对金属文物造成严重的侵害。另外由于 SO_2 在水中的溶解度比氧的高1300倍左右，对阴极去极化过程有很大影响，故其对金属腐蚀的加速作用也十分显著。采用扫描电子显微镜（SEM）、X射线衍射仪（XRD）对明代大型铜"业镜"酥粉锈进行的分析测试，结果表明，酥粉锈的主要成分为块铜矾 $[Cu_3(SO_4)(OH_4)]$，未见通常的孔雀石、蓝铜矿、绿铜矿等锈蚀产物，因此推测重庆地区铜质文物（非出土）主要受酸性大气中有害气体 SO_2 的侵蚀。

(5) 污染气体 NO_2

在工业大气中另一主要污染物是 NO_x，氮的污染物是以 NO 的形式被排放到大气中，在大气的传输过程中，NO 很容易氧化为 NO_2，NO_2 可进一步被氧化为 HNO_3。其变化过程是：

$$2NO_2 + H_2O \longrightarrow HNO_2 + HNO_3$$
$$2HNO_2 + O_2 \longrightarrow 2HNO_3$$

氮氧化合物中对文物构成危害的主要是 NO_2。NO_2 与 SO_2 类似，首先形成 HNO_3 进而侵蚀金属文物，其对金属文物的作用机理也与 SO_2 基本相同。由于硝酸易挥发，在污染气体浓度下很难凝聚在干燥物体表面，因此 NO_2 对金属文物造成的威胁要比 SO_2 小些。关于 NO_2 对金属文物大气腐蚀的影响，目前还缺乏数据。

(6) 污染气体——含氯物质

含氯物质主要指氯气和氯化物，它们对金属文物的腐蚀主要是通过溶入电解液中的 Cl^- 进行的，氯的存在是金属文物发生孔蚀的主要原因。氯盐首先从空气中吸收水分，然后发生氧的去极化反应，金属文物表面则有相应金属的氯化物生成。

我们先来看含氯物质对青铜器的影响。氯离子的存在是青铜病产生的根本原因。由于青铜器本身的缺陷，如小孔、缝隙等，使氯离子更容易进入器物内部，引发孔蚀。首先，孔内的铜溶解生成 Cu^+ 和 Cu^{2+}，孔外大面积的阴极区发生氧去极化反应：

孔内发生阳极反应 $\quad 3Cu - 3e \longrightarrow Cu^+ + Cu^{2+}$

孔外发生阴极反应 $\quad O_2 + 2H_2O + 4e \longrightarrow 4OH^-$

由于孔内正电荷过剩，一方面 Cu^{2+} 由于扩散作用向青铜器表面移动，另一方面为了维持电中性，Cl^- 通过扩散作用向孔的内部迁移，这样孔内的 Cl^- 浓度不断增加；其中 Cu^+ 与 Cl^- 生成氯化亚铜，同时 CuCl 在中性的介质中迅速水解生成 Cu_2O 和 HCl：

$$Cu^+ + Cl^- \longrightarrow CuCl$$
$$CuCl + H_2O \longrightarrow Cu_2O + H^+ + Cl^-$$

生成的 HCl 在孔内又进一步促进了铜的溶解，形成了自催化效应。

低锡仿古青铜试样，化学成分（wt）为 Cu 94.71%，Sn 5.12%，Pb 0.17%。在模拟缺氧的大气腐蚀环境（0.028mol/L NaCl + 0.01mol/L Na_2SO_4 + 0.016mol/L $NaHCO_3$）中浸泡 10min 时，表面生成灰白色锈的 XRD 图谱解析结果表明为 CuCl，见图 3-11。其原子力显微镜照片表明 CuCl 面心立方晶粒析出时形核较多且较均匀地分布于基体上各个部位，晶体形状、尺寸均匀一致，去掉部分 CuCl 后青铜基底表面有许多点蚀坑，见图 3-12、图 3-13。

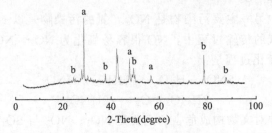

◉ 图 3-11　青铜表面生成的 CuCl 的 XRD 图谱

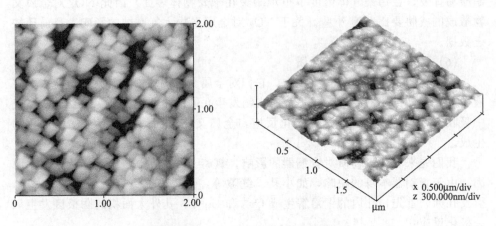

◉ 图 3-12　CuCl 的原子力显微镜照片

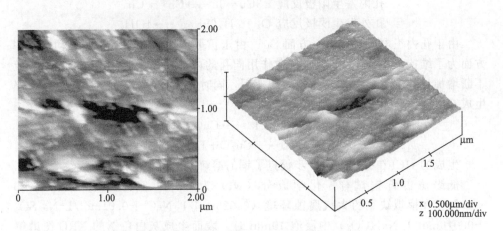

◉ 图 3-13　表面点蚀坑的原子力显微镜照片

再看看含氯物质对铁质文物的影响。大气中的氯气遇水生成盐酸和次氯酸，两者的酸性都比较强，能和铁发生反应，从而使铁质文物遭到侵蚀。氯化物则吸附在铁质文物表面,其中的氯离子一方面具有吸湿作用,另一方面具有破坏表面锈层致密性的作用。潮湿环境下,氯化物的存在增强了文物表面水膜的导电性,促进了阳极反应和微电池的作用。

$$2Cl^- + Fe^{2+} \longrightarrow FeCl_2$$
$$2FeCl_2 + 1/2O_2 + 3H_2O \longrightarrow 2FeOOH + 4HCl$$

> **要点提示**
>
> 一般来讲,空气中的含氯物质对腐蚀程度比较轻的铁质文物的腐蚀影响比较明显。对锈层比较厚的铁质文物来讲,锈层阻碍了氯离子向铁锈层界面的迁移,阻碍了电化学循环机制的作用,使氯离子的破坏作用减弱。

(7) 灰尘

灰尘容易吸收空气中的水分,在金属文物表面形成一层相对湿度比空气还高的灰尘层,为有害气体的渗入提供基础。灰尘本身也能吸收空气中的化学物质而偏离中性。灰尘中的土在吸收空气中的水分后会水解出胶状的 Al(OH)$_3$,这些胶状的 Al(OH)$_3$ 给金属文物蒙上一层膜,很难去除,一方面影响文物的质感,另一方面容易滋生微生物,给金属文物造成损害。

(8) 协同效应——使得腐蚀灾难更加深重

文物的腐蚀往往是多种环境因素共同作用的结果,它们之间相互增效,称为协同效应。研究发现氯化物与硫污染物有协同作用。在腐蚀初期它们有明显的协同效应,随着腐蚀的进行这种效应明显减弱。当 SO_2 和 NO_2 共同存在时,情况比较复杂,在较低的相对湿度下,金属表面会生成一层含有硝酸根离子的电解质,这种电解质的生成又会促进随后对二氧化硫的吸收,两种气体之间产生强烈的协同效应;相对湿度稍微升高时,不仅观察不到这种协同作用,而且氮氧化合物的存在还会在一定程度上抵消二氧化硫对金属的腐蚀作用。

3.2.2.2 土壤环境

金属在土壤中的腐蚀与在电解液中的腐蚀本质是一样的,都具有电化学特性,即土壤腐蚀过程是电化学反应过程。当埋地金属与性质不同的土壤相接触,其表面的不同部位上会形成不同的电极电位,是引起金属土壤腐蚀的根本原因。它通过土壤介质构成回路,形成腐蚀电池。

大多数金属在土壤中的腐蚀属于氧去极化腐蚀,只有在少数情况下才发生氢去极化腐蚀。阴极反应如下:

$$1/2O_2 + H_2O + 2e^- = 2OH^- \quad \text{(碱性介质)}$$
$$1/2O_2 + 2H^+ + 2e^- = H_2O \quad \text{(酸性介质)}$$

阳极进行的是金属原子转化成金属阳离子的过程:

$$M-ne^- \rightleftharpoons M^{n+}$$

总的反应为：$M+O_2+H_2O \longrightarrow M(OH)_n$

(1) 土壤的理化特性及其腐蚀性评价

土壤是由固、液、气共同组成的复杂混合体系，土壤结构对金属的腐蚀影响就在于其本身是一种充满空气、水和不同盐类的空间网络。它的理化性质影响金属腐蚀的途径，作用机理相当复杂，它的含水量、含盐量、电阻率、细菌、透气性等因素在任何地区都相互依存，相互作用。因而对土壤腐蚀特性的判定应该是综合性的，只以其中任一因素作指标都有局限。实际上，目前已认识到的影响土壤腐蚀性的理化因素有几十个，重要因素如表 3-5。

表 3-5 土壤对金属腐蚀影响因素评价指数

特性 \ 评价指数	+2	+1	0	-1	-2	-3	-4
土质	石灰质土 石灰质泥灰土 黄土、沙土		盐土、盐质砂土 盐质泥灰土 黏质砂土		黏土 黏质泥灰土 腐质土		泥炭土 淤泥土 沼泽土
土壤状态			自然土壤 土质同		堆填土	土质不同	
地下水			无	时有时无	有		
土壤含水量/%			<20	>20			
pH 值			>6	<6			
总酸度(pH)			<2.5	2.5~5	>5		
氯离子/(mg/kg)			<100	>100			
硫酸盐含量/(mg/kg)			<200	200~500	500~1000	>1000	
氧化还原电位/mV	>400		200~400		0~200		<0

表 3-6 土壤腐蚀性的评价

评价指数总和	腐蚀性	评价指数总和	腐蚀性
>0	实际不腐蚀	-5~-10	中等腐蚀
-4~0	弱腐蚀	<-10	强腐蚀

根据每个因素对金属腐蚀的影响，得出其综合评价指数，可对金属文物出土地域的土壤腐蚀性作出评价，如表 3-6。下面分别讨论各个因素的具体作用。

(2) 土壤酸碱性对金属腐蚀的影响

土壤酸碱性是指土壤介质的酸碱性。土壤中 H^+ 的主要来源是二氧化碳溶于水生成的活性碳酸，有机质分解产生的有机酸，硫化物氧化产生硫酸，以及氧化作用产生的无机酸。土壤中的 OH^- 主要来源于碳酸钠、碳酸氢钠和碳酸钙等的水解。当土壤 pH 值在 6.5~7.5 范围内时为中性土壤，pH 值小于 6.5 为酸性土壤，pH 值大于 7.5 为碱性土壤。

大多数金属在中性和碱性溶液中以及一些正电性金属在弱酸性溶液中的腐蚀都属于氧去极化腐蚀。研究表明，溶液 pH 值对金属腐蚀的影响主要表现在腐蚀次生产物的不同，可溶性的次生产物对金属没有保护作用，沉积在金属表面的次生产物可以阻止金属的进一步腐蚀。研究发现铜在碱性溶液中的腐蚀机理是先生成 CuOH 和 Cu(OH)$_2$，再分解成 Cu$_2$O 和 CuO，反应的主产物是 CuO，生成 CuO 的反应为速度控制步骤，该腐蚀反应为部分可逆反应，改变电极电位对生成 CuO 的反应活化能影响较大，这为控制铜在碱性溶液中的腐蚀提供了重要依据。土壤埋藏青铜实验研究得出金属在酸性土壤中的腐蚀比在碱性中大。

(3) 土壤湿度对青铜腐蚀的影响

土壤湿度即土壤的含水量。水分是土壤物质迁移和运动的载体，也是土壤能量转化的重要物质基础。通常按在土壤中的存在状态，将土壤水划分为土壤固态水、土壤液态水和土壤气态水三大类，如表 3-7 所示。

表 3-7 土壤水的分类

土壤水	固态水	化合结合水	结构水	
			结晶水	
		冰		
	液态水	束缚水	紧束缚水	
			松束缚水	
		自由水	毛管水（部分自由水）	悬着毛管水
				支持毛管水
			重力水	渗透重力水
				停滞重力水
			地下水	
	气态水	水汽		

其中束缚水只能化为水汽而扩散，不能迁移营养物质和盐类，故属于无效水。毛管水是指在土壤毛管力作用下保持和移动的液态水，它是土壤中移动较快的水分，土壤中的各种理化、生化过程几乎都离不开它。借助重力作用能在土壤的非毛管孔隙中移动或沿坡向两侧渗的水称为重力水。重力水具有很强的淋溶作用，能够以溶液状态使盐分和胶体随之迁移。它的出现标志着土壤孔隙全部为水所充满，土壤通气状况变差，属于土壤不良特征。

土壤中的离子主要在土壤颗粒表面及水介质中迁移，因此土壤湿度对金属的腐蚀性有很大影响。目前土壤湿度与金属文物土壤腐蚀的关系研究甚少。

(4) 土壤透气性对金属腐蚀的影响

由于金属土壤腐蚀主要是氧去极化腐蚀，因而金属的腐蚀速度在一定程度上受土壤中氧浓度控制。一般认为，较大的孔隙度有利于氧的渗透和水分的保存。疏松、透气性好的土壤，有利于反应的进行，例如在考古发掘时发现埋在透气不良的土壤中的铁质文物历久无损。但另一些例子说明在密不透气的黏土中金属常发生更严重的腐蚀，氧浓差电池、微生物腐蚀等因素造成了这些复杂情况。在氧浓差电池作用下，透气性差的区域将成为阳极而发生严重腐蚀。

(5) 土壤中主要阴离子对金属腐蚀的影响

一方面,从电化学角度讲,除了对土壤腐蚀介质的电导过程起作用外,一部分离子会直接参与电化学反应。土壤中可溶性盐的含量一般在2%以内,很少超过5%,由于它是电解液的主要成分,所以土壤介质中的含盐量与土壤电阻率有明显的反相关系,即土壤含盐量越高,土壤电阻率越低,土壤腐蚀性越强。含盐量还影响到土壤溶液中氧的溶解度,含盐量高,氧气的溶解度就会下降,于是削弱了土壤腐蚀电化学阴极过程,同时还会影响土壤中金属电极电位。另一方面,一部分离子会参与金属文物次生腐蚀产物的形成过程,影响最终的锈蚀产物类型。

对金属腐蚀影响最大的阴离子包括 Cl^-、SO_4^{2-}、HCO_3^-、CO_3^{2-} 等。对青铜的腐蚀研究结果表明氯离子可以促进青铜的腐蚀,在其它条件相同的情况下,氯离子浓度越高,青铜的腐蚀速度也越大。已有研究表明,Cl^- 在"粉状锈"的产生和传播过程中扮演极其重要的角色,是这个过程的基本条件。当腐蚀环境中存在高含量的 Cl^-、SO_4^{2-}、CO_3^{2-} 时,青铜器腐蚀生成孔雀石、碱式硫酸铜和碱式氯化铜等的混杂锈体。

> **要点提示**
>
> 金属文物土壤腐蚀是一个复杂过程,受本身合金成分及其组织结构与土壤环境中各种因素的影响。因此在分析金属腐蚀发生过程中,需要将这些因素综合考虑,以期得到准确的结果。

3.2.2.3 海水环境

现存金属文物中有一定比例是打捞出水的,这些文物在海水环境中浸泡了几百上千年以上,发生了严重的腐蚀,究竟海水环境中哪些因素对金属文物的腐蚀起作用呢?金属文物在海水中的腐蚀又有何特点?这在第6章将有比较详细的描述,这里做简单的归纳。

(1) 海水的特征及影响海水腐蚀的因素

海水是含有多种盐类的溶液且又含有生物、悬浮状砂、腐败的有机物等,金属的腐蚀速度与海水的化学、物理、生物等因素有关,比单纯的盐溶液腐蚀强很多。

① 盐的浓度:海水含盐量相当大,表层海水含盐量一般在3.20%~3.75%之间,随水深的增加,海水含盐量略有增加。盐分中主要为氯化物,占总盐量的88.7%,氯化物中主要是NaCl。因此海水腐蚀的特点与氯离子的存在密切相关。海水中由于含有大量的 Cl^- 离子,其导电率很高,使得金属文物在海水腐蚀中的阳极阻滞和电阻性阻滞程度都很小,在金属表面形成的微电池和宏观电池都有较大的活性。

② 含氧量:海水中氧含量是影响海水腐蚀的重要因素,因金属在海水中的

腐蚀主要是氧去极化过程，因此海水中含氧量增加可使金属腐蚀速度增加，海水表面与大气接触，含氧量最高可达12ppm，随海水深度增加氧含量降低，随海水中盐浓度增加和温度上升，含氧量也降低。

③ 温度：和其他反应一样，温度升高，海难金属文物腐蚀速度加快，而海水温度随纬度、季节和海水盐度不同而变化。

④ 海生物：海生物为了维持其生命活动要吸收氧气，放出CO_2，在其死亡后，尸体分解放出H_2S。CO_2和H_2S会加速海难沉船中金属的海水腐蚀速度。

⑤ 海水流速：因海水的腐蚀过程是氧去极化过程，海水流速大使海难金属腐蚀速度加快。

(2) 海水腐蚀的电化学过程与特点

① 海水腐蚀是氧去极化过程。金属在海水中的腐蚀速度主要受氧到达阴极表面的扩散过程控制。

② 金属及合金浸入海水中，其表面层物理化学性质的微观不均匀性，如成分不均匀性、相分布的不均匀性、表面应力应变的不均匀，以及界面处海水物理化学性质的微观不均匀性，导致金属-海水界面上电极电位分布的微观不均匀性，形成了无数腐蚀微电池。

③ 海水中由于含有大量的Cl^-，海难沉船中金属除发生全面腐蚀外，还易发生局部腐蚀，Cl^-的半径很小，极易穿透金属表面的钝化膜。由于钝化膜的破坏，容易发生孔蚀和缝隙腐蚀，腐蚀形成的蚀坑浅而密集，呈溃疡状。在高流速情况下，还易产生空泡腐蚀和冲刷腐蚀。

④ 脱成分腐蚀：灰口铸铁在海水中浸泡一段时间后，表面会出现一层松软的石墨和腐蚀产物，称铸铁在海水中的石墨化现象，其实质是灰口铸铁中铁素体相的选择性腐蚀，即脱成分腐蚀。

3.2.2.4 出土和出水后环境变化引发的腐蚀

金属文物在土壤中或者海水中处在一个相对稳定的状态，出土或打捞出水后，根据所含电解质种类和浓度，可能会以更快的速度损坏，而且在有盐类的影响下，能够在比人们普遍认为更低的湿度下锈蚀，在贴近残留金属腐蚀产物和周围凝结物中，特别是出土铁质文物上的氯化物在有氧气存在下还能和潮气中的水继续反应。铁质文物出土后会出现所谓氯化铁的黄色液珠，是最终导致铁质文物分解、损坏的元凶，见图3-14。为了预防该劣化，必须在出土后立即对文物进行处理或保存在合适的条件下。

在海水中许多年以后，金属文物通常有非常厚的腐蚀层，比如青铜、铸铁、银上的腐蚀层有的能够非常好地保持原始文物的形状、表面细节。当具有这些性质的文物被发现，必须既稳定金属芯，也要对腐蚀产物进行稳定化处理。

在金属文物保护中另外一个主要难题是腐蚀产物中和金属芯中存在的氯化

图 3-14　铁质文物残片出土后出现的黄色液珠

物,对于大多数金属文物,出土或出水后,含氯盐的存在会加速腐蚀过程。该加速过程的净结果可以在几天内产生与不含氯化物时几个月或几年产生一样量的腐蚀。因此,必须把氯化物从文物中去除掉。沿海地区海水打捞铁炮锈层中发现有害锈 β-FeOOH,铁质文物锈层稳定性较差,需要及早进行保护处理。如从天津大沽口、厦门胡里山处海水打捞铁炮样品锈层中也存在较多 β-FeOOH。

对宝鸡眉县 27 件国宝级西周窖藏青铜文物出土前后锈蚀类型、特征、产物组成的系统检测表明,腐蚀类型主要为封闭环境中的大气腐蚀,主要产物为碳酸盐和氧化物。但在其中一个器物上发现了氯化物类有害锈成分,认为出土前后环境的变化是有害锈得以产生和发展的根本原因。我国大量的青铜器由于考古发掘出土前后腐蚀环境的变化、大气污染的加剧、馆藏保存环境因素的变化等,劣化变质严重,濒临损坏。

3.3　铜质文物的腐蚀

现有考古资料表明,中国在距今 4200～4500 年前进入青铜时代。中国青铜器在商代和西周达到了鼎盛时期,历史学家称这一时期为青铜时代。铜的密度为 $8.9g/cm^3$(20℃),熔点为 1083℃,纯铜柔软、硬度小,在其中加入一定量的锡,既可以降低铜的熔点,便于铸造成器,又可以增加其硬度,使制成的青铜器物更实用,如食用器、礼器及兵器等。保存下来的古代铜器大多为青铜所铸。春秋时期由于青铜器冶铸工艺的高度发展,已能人工控制青铜器制造中的铜锡成分配比,并总结出"六齐"规律,不同器物有不同的合金比。

小知识

宝鸡青铜器博物馆是目前国内唯一的青铜器专题博物馆,宝鸡市是我国出土周秦时期青铜器最多的地区,被誉为"青铜器之乡"。其中有全国著名的何尊、折觥、墙盘、卫鼎、秦公钟等国宝级青铜器,充分体现了中国青铜时代的灿烂文化,见图 3-15、图 3-16。最著名的是何尊,上有铭文 122 字,记载周初武王、成王规划治理天下、营造成周的事。

图 3-15　1963 年出土的西周何尊

图 3-16　宝鸡市出土的秦公钟

商代青铜容器在前期为锡青铜，含锡量中等；后期时同样多为锡青铜，含锡量高、中等偏高；西周时则多为三元青铜，含锡量高、中等偏高。对先秦古青铜礼器、酒器、兵器、镜和杂器等进行的分析结果表明，先秦青铜合金经历了从低合金青铜到高合金青铜的变化，铅含量在 0～8%，锡含量在 6%～20%。通过测定不同时期青铜中合金元素的含量可以为青铜断代及辨伪提供依据。

3.3.1　青铜的组织结构

在冶炼青铜的冷却过程中发生了什么变化？青铜中加入的锡与铜原子之间是怎么连接的？锡青铜中的 Sn 在铜中可形成固溶体，也可与铜形成金属化合物，Sn 的含量不同，锡青铜的组织和性能也不同，图 3-17 是 Cu-Sn 二元合金局部相图。铜锡二元合金中加入的铅含量大于 2% 时，由于铅在铜锡合金中不溶，以独立相存在，以软质点分布于组织中可弥补青铜的缩孔。

α 相与偏析。当锡含量在 5%～6% 以下时，α 相是铜锡合金的最基本相，它是锡溶于铜中所形成的固溶体。因为锡是低熔点金属，铜是高熔点金属，且冶炼时各部位化学成分不一致，因此铜锡合金凝固时就有一定温度范围。铸造

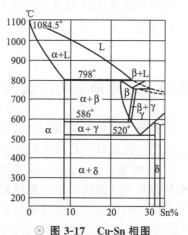
图 3-17　Cu-Sn 相图

时，在合金凝固过程中如果原子扩散速度小于结晶生长速度，显微组织中会显示出晶内铜偏析。低合金青铜铸造时冷却较快，锡扩散困难，会产生严重树枝状铜偏析。

δ相与反偏析。当含锡量超过5%～6%小于36%时，首先形成α相，然后经过复杂的变化，最后剩余的溶液形成了（α+δ）共析体，此时合金组织中出现硬而脆以电子化合物$Cu_{31}Sn_8$为基的δ相固溶体。合金液在凝固过程中，富锡的液体最后固化，富铜的液体首先凝固形成树脂晶结构，由于毛细管作用促使富锡的液体渗向铸锭表面，谓之"反偏析"。在铸锭表面形成很脆的灰色的δ相。由于反偏析而使铸锭芯部的锡含量偏低。对于锡含量大于5%的合金，反偏析现象极为普遍。

如果对青铜合金进行退火处理，则可形成单一均匀的等轴晶，使得化学成分、组织均匀，不易形成腐蚀原电池，所以比较耐腐蚀。出土的青铜残片中，呈现退火组织的均非常薄，但经过两千年的自然腐蚀过程仍保留有金属基体，就是一个很好的证明。

小知识

铜的电位正于锡，为什么青铜比铜耐腐蚀？青铜铸态下的室温组织为α固溶体及（α+δ）共析体。常温下的空气中，青铜表面α相中溶解的锡容易形成比较致密的氧化膜，能阻止基体继续被氧化，由于锡的+2价化合物比+4价的稳定性小，所以生成的氧化物是SnO_2。常温下，锡与水、水蒸气和二氧化碳等环境介质不发生反应，因此常温下空气中锡不易发生电化学反应，而铜容易发生电化学反应生成易溶解的铜离子，不具有保护作用。加入的锡含量高后形成耐腐蚀的δ相固溶体，因此铜中加锡形成青铜后的耐腐蚀性能增强。在食物的准备、烹饪和储存中，将锡镀在青铜容器上，以防止铜被酸性物质腐蚀-这是古人不知不觉中利用锡容易形成保护性能好的氧化膜的原理。

3.3.2 铜质文物的腐蚀形态

把所观察到的铜质文物腐蚀形态进行归类，有如下几种。某件铜质文物的腐蚀状况往往是以下几种腐蚀形态的综合。

① 减薄和失重腐蚀，是铜质文物在介质中全面受到均匀腐蚀的结果。在没有局部性侵蚀的情况下，整体减薄是一种破坏性最小的腐蚀现象。用被腐蚀件的失重随时间的变化数据可以比较准确地表征其受侵蚀的程度。

② 点蚀，点蚀形貌见图3-18、图3-19。造成青铜"粉状锈"是点蚀的结果，

产生这种腐蚀的外在因素为潮湿、含氯离子的环境，使锈蚀蔓延。

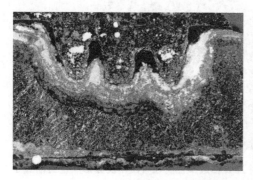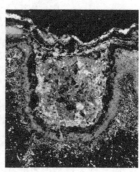

◎ 图 3-18　典型的点蚀形貌

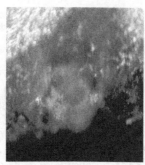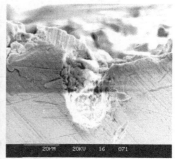

◎ 图 3-19　凉山州博物馆摇钱树孔蚀状况

③ 选择性腐蚀。实验表明，在缺氧的环境中，认为青铜组织结构中的 α 相（富铜相）优先腐蚀，见图 3-20、图 3-21。进一步实验表明 α 相及 δ 相（富锡相）中究竟哪一相优先腐蚀取决于氧的含量。许多研究表明青铜表面腐蚀产物中富锡，由此推出青铜中锡优先于铜腐蚀形成腐蚀产物，或者铜优先于锡腐蚀并且铜流失造成锡富集，可见，哪一组分优先腐蚀，与文物所处环境不同而异。事实上所观察到的腐蚀层是由于溶解的金属离子从基体向外迁移、沉积、流失；环境介质元素向内迁移，两者相结合所形成的。

④ 晶间腐蚀。青铜的金相组织为单相的 α 固溶体及多相的 α、（α＋δ）共析体，铅常以游离态存在于单相和多相体系中，因此存在大量的晶间和相界。腐蚀通常是沿着 α 相与 δ 相的相界或晶间开始。见图 3-20、图 3-21。

⑤ 应力腐蚀开裂。存在宏观残余应力的铜质文物，在特定的腐蚀条件下，由于腐蚀和静态应力共同作用，促使文物开裂，见图 3-22。其特征是裂纹的发展方向平行于构件成型时的加工方向，裂纹呈锯齿形，显微镜检验结果是，裂纹

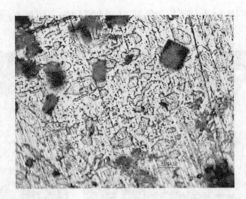

◉ 图3-20　青铜沿着晶界并且α相选择性腐蚀（图中类圆形黑色封闭线是腐蚀了的晶界以及浅红色封闭区域是α相被腐蚀成了Cu_2O）

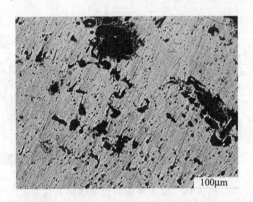

◉ 图3-21　青铜沿着α与（α+δ）共析体相界腐蚀并且α相选择性腐蚀（图中黑色部分是被腐蚀掉的α相）

大部分是沿晶界扩展，但有时亦有穿晶断裂的情况。

◉ 图3-22　应力腐蚀发生在器物应力集中部位

3.3.3 青铜器腐蚀产物的形态和成分

博物馆青铜器藏品的锈蚀产物一般是薄薄的锈层,陆地或海洋出土、出水的一般有很厚锈蚀层,即通常见到的"铜斑绿锈"。

青铜器腐蚀产物种类较多,主要为无机和有机铜盐,无机腐蚀产物分为氧化物、硫化物、硫酸盐、碳酸盐、磷酸盐、硝酸盐、氯盐、氟盐。露置于空气中的铜器最初的表面产物是赤铜矿 Cu_2O、辉铜矿 Cu_2S,最常见的绿锈成分是水胆矾 $Cu_4(SO_4)(OH)_6$,尽管有时也能发现氯铜矿 $Cu_2Cl(OH)_3$,很少发现块铜矾或羟铜矾 $Cu_3(SO_4)(OH)_4$,蓝铜矾 $Cu_4(SO_4)(OH)_6 \cdot 2H_2O$,也报导有铜硝石 $Cu_2NO_3(OH)_3$,及孔雀石 $Cu_2(CO_3)(OH)_2$、$Cu_3(CO_3)_2(OH)_2$。有机铜盐包括铜的甲酸酯、醋酸盐和草酸盐,还包括一系列的大气颗粒如油烟、铝土、铁的氧化物和硅。腐蚀产物呈双层结构,氧化亚铜上面有一层绿色腐蚀产物。通常,这层绿色产物的组成反应了文物所处的位置,海洋环境中由于含较高浓度的氯化物,腐蚀产物含氯铜矿和孔雀石。远离空气污染的大陆器物含水羟铜矾 $Cu_4(SO_4)(OH)_6 \cdot H_2O$、氯铜矿和水胆矾。在城区和其他工业污染环境中,主要是水胆矾、块铜矾、孔雀石和水羟铜矾,并且含有大量有机和无机颗粒物质,腐蚀产物的稳定性和保护性与空气的污染程度有很大关系,埋藏环境中的金属文物由于化学物质的多样性,浓度变化的宽泛性及酸度的变化,腐蚀产物类型与在空气中相似,所不同的是腐蚀程度,有时会整个矿化,形成致密的像石头似的表面。在埋藏环境下的高锡青铜往往高锡相转化成 SnO_2,体积不膨胀,保持原器物形状,有致密和坚固的表面,1mm 厚,含少量铜矾,有漂亮的外观。有时还含有铅的化合物。

从外观看,同为腐蚀产物,青铜器的与铁器的有很大不同,对于铁器,腐蚀矿化产物从根本上改变了金属文物的外观,也不起保护作用。而青铜器则不同,有的表面形成蓝、绿色覆盖层,它们古色古香,往往被看作青铜器年代久远的象征,深受文物工作者和广大群众的喜爱。但有的腐蚀产物覆盖在器物表面,掩盖了青铜器原有的纹饰、镶嵌、铭文等具有重要历史、科学、艺术价值的信息。而且,被称为有害锈的绿色粉状锈斑,会使青铜器的腐蚀不断地扩展、深入、甚至穿孔。有的青铜器表面有一层光洁、色泽和谐的腐蚀产物,也保持了器物原有的造型、纹饰,但是光洁面掩盖下的铜质已经高度矿化,失去了青铜器应有的延展性等,十分脆弱,一碰就碎。上述这些青铜器的锈蚀现象,有的处于相对稳定状态,有的腐蚀相当活跃,仍在不断发展着。

利用 X 射线衍射、X 射线电子能谱等多种现代测试手段,对四川省 7 家博物馆所藏青铜器上的腐蚀产物进行检测,发现较多出现的腐蚀产物有碱式碳酸铜、碱式氯化铜、Cu_2O、SnO_2、Pb_3O_4、$Cu(OH)_2$、$CuCO_3$ 等。对采自 98 件陕西青铜文物 120 个样品的检测发现腐蚀产物颜色主要有红色、黑色、绿色、蓝色、灰色等。见图 3-23～图 3-28。

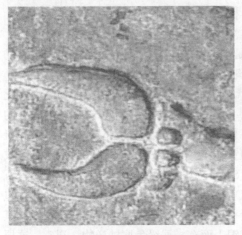
图 3-23　棕红色的氧化亚铜 Cu_2O

图 3-24　黑色锈蚀

图 3-25　表面绿色锈蚀

图 3-26　表面蓝色锈蚀

图 3-27　表面灰色锈蚀

图 3-28　表面浅绿色粉状锈

3.3.4 青铜器的地子

中国古代青铜器锈色中有许多漂亮的地子、漆古、水银沁等锈色。地子是指青铜器的表皮，真器由于年代久远，其地子一般都平滑、平整、锈色丰富地紧贴在青铜器基体上，呈现出自然光泽。有两种表现形式，一是整个青铜器上都是这种光亮的地子，另一种是在青铜器上既有光亮的地子，还在地子上覆盖腐蚀产物。所谓"黑漆古"或"绿漆古"，是指古铜器埋藏很久，器表和底子受到土壤锈蚀的影响，表面和底子呈现黑漆色或绿漆色、亮晶晶，也是仿古铜器作旧的一种装饰风格。见图3-29～图3-31。"水银沁"，器物表面地子呈水银样颜色，银白、光亮，格外耀目，如同浸上水银似的。枣皮红是指器表和底子呈现枣皮红颜色。不同的颜色应当是自然腐蚀形成的，主要是由于腐蚀形成的锈蚀产物中二氧化锡、孔雀石、氧化亚铜、硫化铅等矿物晶体大小不同、混合比例有差别而表现出不同的颜色。过去人们认为这层光亮平滑得象镜子一样的地子等，是一种稳定的保护膜，具有很强的抗腐蚀能力，在自然环境下不需要特殊保护即可长久保存，不会继续腐蚀形成有害锈。但随着用大量科学仪器如X射线衍射仪（XRD）、扫描电子显微镜（SEM）、能谱仪（EDS）等对一些具有光亮地子的青

◎ 图3-29 绿漆古

◎ 图3-30 绿漆古与粉状锈

◎ 图3-31 青铜镜与黑漆古

铜文物进行检测，虽然表面是一层质地较为致密的保护膜，但是从器物的剖面观察，由三层组成，从外到内是表面光滑的漆古层，比漆古层厚、呈疏松粉末状的过渡层，最里面是基体层，说明青铜并不是安全稳定的而是已经形成了腐蚀。

大量实验研究了土壤中腐植酸对青铜文物的作用，例如古铜镜表面"黑漆古"的形成，结果表明铜镜表面铜、锡、铅等金属均能被腐植酸分子中的酰基氧化，生成CuO、SnO_2和PbO。由于在相同条件下铜与腐植酸形成的化合物较稳定，故优先与腐植酸发生螯合作用而自氧化物表层中流失，造成SnO_2在青铜表面富集，这是产生"黑漆古"的原因。实验还发现，形成"黑漆古"的适宜环境为$5<pH\leqslant 8$，青铜的锡含量至少要高于17%。

小知识

铜器地子或锈的辨别。铜地子与铜锈的颜色与制作时代、地区、合金比例、土质、水质等有着很重要的关系。真器由于制作时间久远，所形成的地子一般都有自然光泽，那些呈黑漆古、绿漆古、水银沁的地子，在青铜文物中更是独树一帜，例如内蒙古、新疆等沙漠中出土的铜器多数都有"水银沁"或"黑漆古"等漂亮的皮壳。即使保存条件不好的铜器，常常在地子上也总有平滑光亮之处，显示出历史的悠久。伪造铜器的假地子，一般多发乌发暗而无光泽，颜色也不自然，走色，与真地子比较相形见拙，为了光亮，伪造者又将其打磨加工，现代又利用激光等科技方法作伪地子，也难以达到预期效果。假铜器与真铜器在铜锈上也有不同。真器由于时间久远，锈蚀坚硬结实，锈不是浮在器表，而是渗透到铜器内里了，硬取下来的锈，也呈块状，不易碾碎。伪锈则不然，多为浮锈，取下来后为软锈，易搓成粉末。伪作铜器假锈一去掉，新铜就完全暴露出来了。

3.3.5 青铜器腐蚀产物的结构

青铜器的锈蚀产物呈现着明显的层状结构。在显微镜下观察青铜及其锈的横截面，往往可以看到绿色、红棕色、蓝色、浅绿色、白色、黑色的分层结构。有些层次相当复杂，如广州市象岗山西汉南越王墓出土的青铜提桶，其锈层的横断面有7个层带，分别为：绿色带-孔雀石；红色带-赤铜矿；绿色包裹的红色带-孔雀石和赤铜矿共生；蓝色带-胆矾；黑色带-黑铜矿；红色带-赤铜矿；绿色带-孔雀石。又如茂县羌族博物馆藏、凉山州博物馆藏青铜残片腐蚀产物呈分层、锯齿状、夹杂状分布，见图3-32～图3-35。

图 3-32　战国铜饰件锈蚀产物层状分布

图 3-33　铜铠甲锈蚀产物锯齿状分布

图 3-34　摇钱树锈蚀产物夹杂（1）

图 3-35　摇钱树锈蚀产物夹杂（2）

知识链接

青铜病、粉状锈和有害锈的区别

在青铜器的各种腐蚀现象中，最严重的、破坏性最大的是被人们称之为"青铜病"的腐蚀。青铜病是个过程，是指青铜器上含氯的腐蚀产物在一定条件下与青铜器基体发生循环腐蚀致使青铜器逐步粉化损坏的现象。在患有青铜病的青铜器表面，往往可以发现鲜艳的绿色粉状锈。见图 3-36。

青铜文物发生腐蚀产生氯化亚铜，它与水和氧气反应转化为碱式氯化铜，因其是粉状的，因此被称作粉状锈。

$$4CuCl + O_2 + 4H_2O \longrightarrow CuCl_2 \cdot 3Cu(OH)_2 + 2HCl$$

而这个反应生成的盐酸又与铜发生反应使其转化为氯化亚铜：

$$4Cu + 4HCl + O_2 \longrightarrow 4CuCl + 2H_2O$$

◎ 图 3-36　粉状锈

从而又为水、氧气与氯化亚铜反应生成碱式氯化铜的反应提供了条件。上述过程为自催化效应（作用）。该反应如此周而复始，使内层的青铜器继续锈蚀并不断向深层扩大，直到铜器溃烂、穿孔。

所谓有害锈，在青铜器的腐蚀产物中专指在锈层底下的氯化亚铜和表面上的碱式氯化铜，它的特征是呈绿色粉末状、结构疏松。氯离子是产生有害锈的根源，氯化亚铜是有害锈形成的初始产物。因此，在青铜器的保护中，彻底去除氯化物或严格控制保存环境，使氯化物无滋生、蔓延的条件是最关键的因素。青铜器上的主要氯化物见表3-8。

◎ 表 3-8　铜的氯化物矿石的特点

矿石名称	分子式	晶系	颜色	莫氏硬度
Nantakite（铜盐）	$CuCl$	立方	白绿	2.5
Atacamite（氯铜矿）	$Cu_2(OH)_3Cl$	正交斜方	玻璃状绿色	3～3.5
Botallackite（羟氯铜矿）	$Cu_2(OH)_3Cl$	单斜晶	蓝绿	3
Paratacamite（副氯铜矿）	$Cu_2(OH)_3Cl$	菱形六面体	白绿	3
Clinoatacamite（单斜氯铜矿）	$Cu_2(OH)_3Cl$	单斜晶	白绿	3
Anarakite（锌三方氯铜矿或副氯铜矿）	$(Cu,Zn)_2(OH)_3Cl$	菱形六面体	浅绿	3

3.4　铁质文物的腐蚀

铁质文物是用铁矿石冶炼加工或用陨铁制作而成的器物。它的发明使人类历史发生了划时代的进步。在我国很多省区室外均保存有古代的大型铁质文物，种类有铁钟、铁炮、铁塔、铁香炉、铁牛、铁狮子和铁旗杆等，时代多在唐宋以后，以明清时期为多。

铁的密度是 7.869g/cm³（20℃），熔点是 1529℃，一般具有实用价值的都是铁合金。文物中常用的铁制品根据其含碳量的多少，分为生铁（铸铁）、熟铁（块炼铁、锻铁）、钢。生铁是含碳 2.0% 以上和非金属杂质较高的铁基合金，不能进行塑性加工，只能铸造成型。熟铁是含碳量 0.1% 以下的铁，又称软铁、锻铁、块炼铁，内部一般夹杂有少量细长的残留渣，延展性、韧性好。钢是指含碳量在 2% 以下并含有某些其他元素的可变形的铁碳合金。

传说中吴国的欧冶子大师用铁含量高、杂质低的矿石冶铸出"干将"与"莫邪"两柄名宝剑。在关于沉香救母斧劈华山的神话故事里，也有"铁精"的形象出现。

小知识

沧州铁狮子。 河北沧州铁狮子，又称作"镇海吼"，铸于后周广顺三年，距今已有一千多年的历史，具有较高的历史、科学和艺术价值。公元 19 世纪前，铁狮子历经了八百多年的风吹雨打，始终安然无恙。清嘉庆八年，铁狮子被大风吹倒，到光绪十九年方被扶起，其下颌、腹部和尾部都已被严重损毁。1956 年建造了遮风挡雨的建筑保护铁狮，后来发觉在半封闭环境下锈蚀反而更严重，这是由于铁狮子表面的水膜不被蒸发而加速电化学腐蚀之故。于是在 1972 年拆除了建筑，恢复为露天状态。1984 年，因狮足长期陷于土中，将铁狮挪置 2 米高的台座上，同时往其腿内灌注水泥加固，这次修补使水分进入了铁狮的体内，经过冬夏季节不断的热胀冷缩，最终导致了数年后的狮腿酥裂。从 1995 年起在铁狮的体外安装了钢管支架用于支撑濒临倾倒的铁狮，并修补了残缺的四足。由于许多水泥块难以取出，而使得目前铁狮的表面又出现了数十处裂缝和残洞。见图 3-37、图 3-38。可见，若采用不科学的"保护"方法，反而会加速文物的腐蚀破坏。

图 3-37 沧州铁狮子昔日雄风

图 3-38 靠钢管支撑着的铁狮子现状

虽同为铁器，但不同类型铁器材质不同，与功用或使用情况有关。其材质有六类：灰口铁、白口铁、麻口铁、脱碳铸铁、铸铁脱碳钢、熟铁，且不同部位材质差异较大。铁钟多为亚共晶白口铁，铁锚材质为熟铁；沧州铁狮、南诏铁柱、广州光孝寺铁塔等材质不均匀，沧州铁狮、南诏铁柱以灰口铁和麻口铁为主，广州光孝寺铁塔塔身为白口铁或麻口铁，浦津渡遗址铁牛和铁人为灰口铁。这些室外大型铁质文物大部分都受到了不同程度的腐蚀。

3.4.1 铁质文物的组织结构

我国古代铁质文物的金相组织大致分为三种。

① 只含铁素体，铁素体是指碳与铁形成共晶组织的共融体，碳含量小于0.05%，即标准的熟铁，又称块炼铁，由于冶炼的时候没达到烧融温度，不能成为铁水，铁碳合金组织无法重新排列，而形成海绵状带气孔的结构，其抗腐蚀能力较差。

② 由铁素体+渗碳体组成。渗碳体的碳含量为0.05%~6.67%。分布于铁素体的金相组织中。普通钢、白口铁便是这种结构。渗碳体一般分布不均匀。渗碳体与铁素体之间有严重的扭曲现象，形成微裂间隙，故其抗腐蚀能力差，白口铁中先析出的珠光体和莱氏体中颗粒状珠光体优先腐蚀。我国古代的块炼渗碳钢、铸铁脱碳钢、生铁炒钢、百炼钢及灌钢均属此类结构。公元1世纪前后，发明了搅拌炼钢，这种钢经过反复锻打、细化硅酸盐夹杂物和晶粒，便得到优质钢材，又称炒钢。在山东苍山县出土的于公元112年制造的"三十炼"环首钢刀即系"搅拌钢"或"炒钢"制成。此外还有由高碳钢及低碳钢复合锻打50~60层的"五十炼"剑。兵器和工具的刃部经锻打，宏观上使刃部厚度减小，微观上可以细化晶粒，均匀组织，改变组织微观缺陷的分布，从而提高耐蚀性。

③ 铁素体+石墨体+渗碳体。如战国早期的可锻铸铁及西汉中期的灰口铁等。渗碳体（Fe_3C）在高温下，或长时间加热条件下，会逐渐分解为铁素体与石墨体（石墨是单质碳的一种），因此，它不同于铁素体+渗碳体的组织结构。无论是片状石墨还是团絮状石墨，见图3-39，它们的结构都是层状的。层与层之间的间距是有害分子进入铁器内部的通道，所以，具有这种结构的铁器在抗腐蚀方面也有缺陷。

图3-39 灰口铸铁的金相组织由石墨和铁素体组成

> **要点提示**
>
> 由铁质文物的三种结构可以看出：古代的熟铁、生铁都带有微孔；白口生铁虽有渗碳体膜，但疏松微孔可使腐蚀介质进入铁器内部。古代的各种钢，由于锻打次数多，微孔较少，且有渗碳体保护，故抗腐蚀能力较好。但也不是绝对安全，渗碳体与铁素体之间电极电位不同，就像青铜一样会引起电化学腐蚀。铁中这些相的腐蚀敏感性是非常不一样的，从高到低的次序是：铁素体、珠光体、渗碳体、石墨，这也是碳含量增高的次序，也是还原电位增高的次序。对于现有的文物，其组成和微观组织已经确定，可以通过分析其组成和结构从而判断和比较发生腐蚀的难易，以此制定保护方案。

3.4.2 铁质文物的腐蚀历程

出土铁质文物表面附着大量腐蚀产物，是铁质文物及其腐蚀的主要特征。由于铁的化学性质比较活泼而易被腐蚀，其所生成的产物结构疏松，因而出土的铁质文物常酥粉、断裂、鳞片状脱落，甚至全部矿化。铁质文物腐蚀机理复杂，是化学、电化学和细菌腐蚀交错作用的结果。出土铁函与铁器残片的腐蚀状况见图3-40、图3-41。

◎ 图 3-40　出土铁函

◎ 图 3-41　铁器残片棕色脓包

铁器在土壤中受酸、碱和盐的影响，特别是受潮湿环境中水及氧的水合和氧化作用，表面产生化学变化而锈蚀，其反应为：

$$2Fe + O_2 + H_2O \longrightarrow 2Fe(OH)_2$$

这种腐蚀产物会随所处环境和腐蚀时间的延续而形成不同的铁的氧化物。

地下埋藏环境中的氯化物与铁器作用，其化学反应式为：
$$Fe+3Cl^- \longrightarrow FeCl_3+3e（在水的作用下）$$
三氯化铁在地下水的作用下，则形成氢氧化铁和盐酸。
$$FeCl_3+3H_2O \longrightarrow Fe(OH)_3+3HCl$$
而盐酸又继续与铁反应，生成新的三氯化铁。
$$2Fe+6HCl \longrightarrow 2FeCl_3+3H_2$$
在潮湿环境中，上述反应会继续下去，由于盐酸的产生，不仅反应速度加快，且使腐蚀循环进行，导致铁器彻底损坏。

铁器在地下潮湿环境中，若存在硫酸盐、硫化物，其腐蚀作用更为严重，形成黑色的硫化铁、硫酸铁等腐蚀物。即使在硫化物浓度极低的条件下，也会加速腐蚀过程。若铁器埋藏环境中存在含磷化合物或鞣酸盐，则在铁器表面形成相当致密的铁的磷酸盐或鞣酸盐薄膜，该腐蚀层不仅对铁器无损，反而对铁基本起保护作用。

小知识

细菌腐蚀 细菌对铁器的危害也不可低估，凡参与或促进金属腐蚀的微生物称为腐蚀微生物。腐蚀微生物主要是自然界中参与硫、铁元素循环的菌类，包括好氧菌和厌氧菌。好氧菌有氧化硫杆菌、氧化亚铁硫杆菌等，它们分布于含硫的酸性地下水、土壤和海洋淤泥中。厌氧菌主要是硫酸盐还原菌，广泛分布于pH值为6～9的土壤、淡水、海水及淤泥中。它们的存在，通过氧化元素硫和还原性硫化物，最终生成硫酸而腐蚀金属。硫酸盐还原菌与硫酸盐作用生成硫化氢，在一定条件下与铁进一步生成FeS或FeS_2，还可与$Fe(OH)_3$作用生成FeS或FeS_2。还有一种在含铁的淡水中广泛分布的铁细菌，能氧化水中亚铁成高铁氧化物而沉积于菌体周围黏液层中，在铁器表面生成黄褐色结瘤，并从这一过程中获取它生命过程所需能量。

对高句丽丸都山城宫殿遗址出土的8件铁器的基体及锈层进行分析表明褐色腐蚀微滴在器型较大的三件器物中均观察到，腐蚀层中硫、氯含量呈不均匀性，但变化趋势相似。腐蚀产物尤其是外层含氧量更高。铁钉履腐蚀速率大大超过其余器物，按腐蚀面积计，表面存在黑亮表层的几件器物腐蚀速率明显较低；大型器物的腐蚀明显比小型者严重。

3.4.3 铁质文物的腐蚀产物

铁器的腐蚀产物有铁的氧化物、氯化物、硫化物、水合氧化物、碳酸盐、磷酸盐、鞣酸盐等。对不同类型铁器腐蚀层的检测结果表明，靠铁芯的内层锈以

Fe_2O_3 和 Fe_3O_4 为主，中层锈以 $Fe_2O_3 \cdot H_2O$ 为主，外层锈多为 $Fe_2O_3 \cdot nH_2O$。Fe_2O_3 和 Fe_3O_4 的结构紧密、质地坚硬、化学性质稳定，对铁基体有保护作用。$Fe_2O_3 \cdot H_2O$ 和 $Fe_2O_3 \cdot nH_2O$ 是水合式氧化铁，其质地疏松，具有充满毛细管的多孔性表层，能吸附大量水分、无机盐和污物，故使腐蚀加剧。

铁氧化物中，又以两种类型的羟基氧化铁 α-FeOOH、β-FeOOH 为多，γ-FeOOH 和 Fe_3O_4 仅少量存在。在潮湿的大气环境中，开始生成的腐蚀物为活性的 γ-FeOOH，称之为铁锈酸，是酸性的，其性质活泼，它不能形成附着力强且致密的保护膜，是铁锈中最有害的成分。但在一定条件下，随着时间的延长，活泼的 γ-FeOOH 向稳定非活性的 α-FeOOH 转变，或向稳定的 Fe_3O_4 转变，转变的速度随大气的湿度、污染程度的不同而异。由于水分和氧气的进一步渗入，新的 γ-FeOOH 又会不断生成，因而锈层厚度会不断增加。

3.4.4 铁质文物腐蚀活泼性的检测

可溶性、吸湿性盐类是使铁器腐蚀的活跃因素，并影响出土铁器的长期保存，须严格检查铁器中是否有这些盐类存在，并设法消除掉。氯化物又是盐类中特别活泼的成分，它们用简单的物理和化学方法就可检验出来。

① 湿润室法。出土铁器上如果附着可溶性、吸湿性盐类，当它们处于潮湿环境中时，这些盐会从周围环境中吸收水分而在铁器表面潮解。方法是将出土的铁器放置在一个相对湿度 95%~100% 的容器内，或放在盛有蒸馏水的密闭容器中 24~48h，观察铁器表面是否产生水珠，判断铁器上有或无可溶性、吸湿性盐类存在。

② 氯离子检出法。将出土铁器放入热蒸馏水中浸泡一段时间后，取少量浸泡液，经硝酸酸化，滴入几滴 0.1mol/L 的硝酸银溶液，摇匀，如果溶液中出现乳白色浑浊，说明在铁器中有氯化物存在。

3.5 金器、银器的腐蚀

金、银是人类最早发现并利用的金属，其特有的魅力与价值在人们的心目中占有不可替代的位置。

3.5.1 古代和现代金银器制作工艺的区别

金器在文物中分为纯金器和鎏金器。我国制作金银器的历史最早可追溯到商代。第一阶段，商代以后金器的制作工艺，一部分来自青铜器铸造工艺，另一部分来自金器本身加工过程，银器加工工艺基本来源于金器。这些工艺主要指熔炼、范铸、焊接、镶嵌、鎏金等；第二阶段为汉代以后，金银器制作工艺摆脱了青铜器工艺的窠臼，走上了自身发展的道路，有锤揲、炸珠、掐丝、编垒、灰吹、錾刻等。随着社会的进步和生产力的发展，细金工艺制作流程等也有了一定的改进。建立了原材料、制作过程中、成品的定量分析方法、仪器检测和标准。金银的熔化方法由焦炭土炉变为高中频电炉，拔丝机代替了手工拔丝，铣床替代了手工镟活，手工锤制变为半机械化模具冲压等。所以其含有的杂质种类和含量大大减少，提高了耐蚀性。

鎏金是中国古老的传统工艺，古称火镀金、汞镀金、混汞法等，始于春秋末期，汉代鎏金技术发展到了很高水平。汞对金润湿能力优于许多贱金属，能选择性地润湿金并向其内部扩散。金汞齐化时随着温度的增高，汞的流动性、金的溶解度同时增高，当汞向金粒（片）中扩散时，首先在金的表面生成 $AuHg_2$，而后向深部扩散生成 Au_2Hg，直至最终生成 Au_3Hg 固体。整个齐化大约需要 2h。金汞齐是银白色糊状混合物，当金汞齐中金的比例小于 10% 时为液体，12.5% 为致密的膏体。根据鎏金工艺的要求通常金汞齐比例为 1:7 或 1:8。在金属器物上鎏金时，涂抹、赶压后，要把金汞齐加热至 400℃ 左右，汞即升华呈单质状态从金汞齐中分离出来，鎏金表面发生从白色-淡黄色-黄色的变化。

3.5.2　金器的耐蚀性

金，性质柔软，延展性强，在空气中极稳定，不易腐蚀，在自然界总是以游离单质状态存在，闪亮发黄，只有与卤素和王水反应才能被溶解。因此对于纯金艺术品和文物来说，一般不需要特别加以保护。如果是金的合金制成的器物就不同了，金的合金一般是指在金中掺入银、铜或铁，使金变得坚硬，同时使颜色更加丰富并降低其昂贵的成本，当金中含银量超过 20% 时合金就呈白色，如果向金中掺入铜便可使它恢复金黄的颜色，而且可以增加硬度和耐磨性。对于这些金的合金器物来说，腐蚀现象便会产生。掺铜时出现绿色的薄锈，掺铁则为红锈。

Au^{3+}/Au 体系的标准电极电位具有较高的正值（+1.5V），这是金在大多数酸中难以溶解以及从金化合物中容易还原为金属的原因。金很耐腐蚀和抗晦暗，并把这种特性赋予了大多数的金合金，尤其是含金量为 50%（原子）的金合金。虽然金耐有机酸的腐蚀，但用于首饰中的金合金却能由于汗渍而引起晦暗并失去光泽。元素硫和硫化氢能引起金合金制成的首饰晦暗，此现象对含金量低的合金尤为明显。环境温度和湿度的升高，会使金银和金铜合金的抗晦暗能力明显地降低。现今多用 Au-Ag-Cu 合金制作首饰。合金中的金含量决定首饰的耐蚀性，银和铜的比例决定颜色深浅和机械性能。当金含量为 58.3%（14K）时足以抗晦暗。

对于鎏金器物,它的腐蚀来自作为胎基的金属。如青铜胎鎏金文物,由于铜锈的产生,使鎏金层被顶浮在表面,或者铜的锈蚀产物出现在鎏金层的上面或夹杂在其中。在这种情况下,人们只要接触、碰撞或不谨慎,都会使鎏金层脱落。

小知识

南京长干寺出土的阿育王塔。2007年在位于南京古长干里地区的大报恩寺遗址中发现了建于北宋时期的地宫,出土了七宝阿育王塔、金棺银椁、佛骨舍利,以及丝绸制品、玻璃、香料等170余件套珍贵文物。其中金器、银器、鎏金银器二十余件,以阿育王塔为其代表,反映了宋代银作工艺的最高水平,器物内胎为檀木,外覆鎏金银板,银板采用捶碟工艺等制作佛像和题记,并镶有宝石等,文物价值极高。见图3-42、图3-43。

◎ 图3-42　南京长干寺出土阿育王塔

◎ 图3-43　南京长干寺出土熏香

3.5.3　银器的腐蚀

银是一种柔软、洁白而有光泽的金属,有很好的延展性,易拉成细丝。我国在春秋时期已有镶金错银工艺出现。银和金一样最初用来加工成装饰品和工艺品,其后又用于铸造钱币。银饰品在中国少数民族中很盛行,需求量很大,最常使用的饰品银合金为Ag-Cu合金。银质文物来自于埋藏品和传世品。虽然银质文物腐蚀不像铜、铁等那样明显,有比较稳定的化学性质,但仍存在程度不同的腐蚀现象。除少数银质文物因腐蚀而无金属芯外,大多数银器处在表面腐蚀与变色阶段。

银器腐蚀原因主要有以下几点：

① 银本身的性质。银由于冶炼、加工等原因使银器含有杂质如Cu、Hg、Cl、Si等，这种银与银的化合物或杂质之间产生的微电池作用，会加速银的离子化而变色。

② 环境温湿度的变化。温度升高可加速银器表面的氧化，相对湿度较高使银器表面易形成凝露水膜，增加了腐蚀物在银器表面滞留并参与反应的机会。因此博物馆展厅和库房要保持一定的温、湿度，参观人数也要控制。

③ 光对银的作用。光线照射到银器表面时，银可吸收其中的紫外线产生Ag^+，同时紫外线可分解氧分子产生活化态的氧，为硫的侵蚀提供了条件。限制参观人员拍照就是因为光线会对藏品带来危害。

④ 空气中的微生物和污染物的作用。空气尘埃中的杂质、有机物和微生物等，有的直接对银器产生有机酸腐蚀，一些硫细菌能氧化、还原硫化物产生硫、硫化氢。大气中羰基硫（OCS）也是一种空气中的主要含硫化合物。这些都对银产生很大腐蚀。埋藏于地下的银器长期受土壤中盐分及其它氯化物的侵蚀，首先在表面形成氯化银，会使器物表面染上各种颜色，呈现出一种悦目的古斑，增加了器物的艺术魅力，严重时可向内部渗透，在腐蚀过程中有体积膨胀现象，使器物的外形发生变化。变黑的银器见图3-44、图3-45。

图3-44 银像表面受到腐蚀

图3-45 "万历年造"银钱受到腐蚀

3.5.4 银器的变色研究

世界铸币、展览、收藏等领域的银及其合金器件存在变色问题。目前，人们对银在氧化物、硫化物、氯化物等腐蚀介质中变色历程以及湿度、温度、光照、表面状态等因素对银变色的影响进行了研究，早期研究主要集中在腐蚀产物和溶液中的腐蚀反应过程。随着表面分析和定量分析技术的发展，银变色的原因已取得一定共识，如银表面变色是由银的硫化引起，氧的存在导致了硫化过程的发生等，但采用 SIMS、XPS 对银在大英博物馆展览馆内和周围大气环境中的变色状况研究表明，银的变色并非完全由 Ag_2S 引起，涉及表面气体的吸附、解离以及众多的化学和电化学反应，其机理甚为复杂。

因此，进一步研究银在腐蚀气体中的变色动力学，尤其是在多种气体中的变色行为，对于理解和抑制银的变色具有重要意义。近年来抗变色银合金的研究活跃，出现了一些抗晦暗性能较好的饰品银合金。

3.6 铅器、锡器的腐蚀

3.6.1 锡器的腐蚀

锡器实际是锡、铅合金或者是锡、铜合金。在通常的大气环境中，锡器一般是稳定的。埋藏于地下或置于潮湿环境中，表面会生成一层极薄的氧化亚锡膜而失去光泽，这层氧化膜会因为不同锡料中其它金属含量的不同呈现出黄褐、紫灰、紫黑、银灰、黑褐等不同色彩，并与金属锡的质感、光泽混合在一起，形成不同的皮壳，成为锡器鉴定的重要依据。

锡疫通常被认为是馆藏锡器的主要劣化现象。它是一种物理现象，即在低于 13.2℃ 时会发生白色的 β 锡向灰色的同位素 α 锡转变。具有金属光泽的白色锡具有很好的延展性，而灰色的锡是脆的，两者有不同的结晶度和密度，白锡的密度是 $7.29g/cm^3$，灰锡是 $5.77g/cm^3$，因此当锡疫发生一段时间后，器物会完全变成粉末。当温度超过 160℃ 时，锡会变成第三种更为脆弱的状态，器物会剥落成粉末或变成碟状。锡的另一种腐蚀现象是电化学腐蚀，正因为人们都认为锡疫是馆藏锡器主要劣化形式，忽略了锡器的电化学腐蚀现象，对馆藏锡器的检测发现没染锡疫的锡器正在遭受着腐蚀，其中合金元素和腐蚀介质对锡器的腐蚀产生着巨大的影响。锡也会遭受空气中矿物酸和有机酸的腐蚀。

3.6.2 铅器的腐蚀

在博物馆藏品中，铅器主要是雕刻品、装潢艺术品、印章、子弹、货币等，图 3-46 为中国国家博物馆藏古希腊文铅饼。铅的化学性质不如锡稳定，因此它的腐蚀情况要比锡复杂一些。铅器

图 3-46 古希腊文铅饼

在空气中，表面很快氧化，一般都有一层氧化膜覆盖，显示出一种古朴色调。铅的氧化物与铁和银的氧化物不同，它所形成的膜是致密的，可以防止铅器继续氧化，有一定的保护作用。但在潮湿环境中有过量 CO_2 存在，会使铅器氧化，而且在其表面形成一层白色的、灰色的或棕色的碳酸盐 $2PbCO_3 \cdot Pb(OH)_2$ 薄层，这种盐结构疏松，会使体积膨胀，应设法阻止进一步腐蚀。另外它易受有机酸（单宁酸、醋酸、鞣酸）及油、脂等物质污染和作用。埋藏在地下的铅器，会受到各种盐类、地下水中的氧气及二氧化碳的腐蚀，形成外貌很不好看的白色锈壳，应当除去。

3.7 金属文物腐蚀图的绘制

对金属文物腐蚀进行定义与图例标示，以及对金属文物的铸造信息和修复痕迹的图示进行规范，提高金属文物保护研究修复过程中技术行为的规范性和科学性，是对文物腐蚀及控制研究中的重要内容。

3.7.1 术语解释和基本要求

3.7.1.1 术语解释

腐蚀图示：以图形为主要特征表示金属文物腐蚀类型，主要用于金属腐蚀图的绘制。图示应随器物腐蚀实际区域绘制，对腐蚀区域应勾勒出边缘线。

金属文物的腐蚀与损坏形态：包含残缺、裂隙、变形、层状堆积、孔洞、瘤状物、表面硬结物、通体矿化、局部腐蚀、全面腐蚀。其中残缺、裂缝、变形、层状堆积、孔洞、瘤状物、表面硬结物、通体矿化八种物理损坏表象属于"物理腐蚀"。

局部腐蚀包含：点蚀、缝隙腐蚀、晶间腐蚀、丝状腐蚀、应力腐蚀、电偶腐蚀和选择性腐蚀 7 种腐蚀类型。

残缺是指金属文物受物理和化学作用导致的基体缺失。

裂隙是指金属文物表面或内部发生应力腐蚀开裂或外力作用（如飓风、地震致使文物倾倒）所形成的裂隙。

变形是指金属文物因受外力作用导致形状发生的改变。

层状堆积指金属文物因发生层状腐蚀而导致其腐蚀产物分层堆积的现象。

孔洞是指金属文物腐蚀形成的穿孔现象。

瘤状物是指金属文物表面的瘤状凸起物。

表面硬结物是指金属文物表面覆盖铭文和花纹的硬质覆盖层。

通体矿化是指金属文物因腐蚀程度过重而导致器物整体矿化呈酥松发脆

状态。

点腐蚀：发生的点或孔穴类小面积腐蚀。这是一种高度局部的腐蚀形态，孔有大有小，一般孔表面直径等于或小于它的深度，小而深的孔可能发生电化学自催化作用而使金属穿孔。

缝隙腐蚀：金属表面由于存在异物或结构上的原因（如铆缝、垫片或沉积物等）而形成缝隙，缝隙的存在使得缝隙内溶液酸化，由此引起的缝隙内金属的加速腐蚀。

全面腐蚀：腐蚀分布在整个金属表面上（包括较均匀的和不均匀的）。在全面腐蚀过程中，进行金属阳极溶解反应和物质还原反应的区域都很小（甚至是超显微的），阴、阳极区域的位置不固定，在腐蚀过程中随机变化，结果使腐蚀分布非常均匀，危害也相对小些。

3.7.1.2 腐蚀图绘制的基本要求

(1) 腐蚀图示的尺寸

腐蚀图示的尺寸可按使用时的比例适当扩大或缩小，符号或线条之间的距离间隔应适度。符号的疏密程度可以间接反映腐蚀程度。

(2) 腐蚀图示的颜色

腐蚀图示的颜色一般为黑色，腐蚀叠加区域，可考虑采用容易区分的其他颜色。

(3) 腐蚀的图示

在对金属文物腐蚀定义的基础上，确定了对应的腐蚀图示符号，用于金属文物腐蚀区域对腐蚀的记录和图示。馆藏金属腐蚀图示如表3-9所示，室外金属文物的腐蚀描述借鉴馆藏金属文物。其中辅助图示用以反映整件器物的通体腐蚀状况，一般绘制在腐蚀图的右上角或左下角。为全面反映腐蚀状况，应依据器物的形状特征分别绘制各个视角的腐蚀图。

◎ 表3-9　金属文物腐蚀图示

编号	图示符号	名称	说　　明
1		残缺 (incomplete)	表示馆藏金属文物残缺的符号。 平行线间隔以3～5mm为宜，外形随残缺形状，无法用图示表示时应文字说明

续表

编号	图示符号	名称	说　　明
2	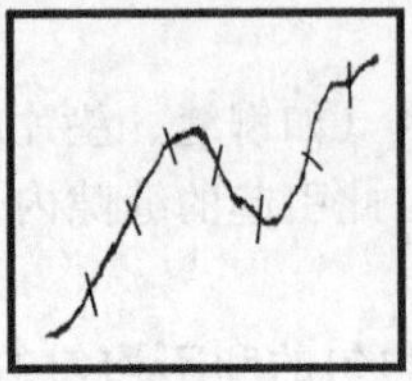	裂隙 (crack)	表示馆藏金属文物裂隙的符号。 长线随裂隙走向标示。短线以长2mm、相隔5mm为宜
3	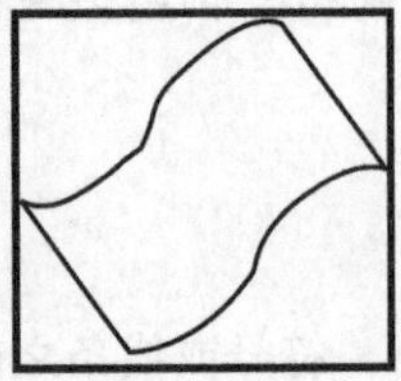	变形 (deformity)	表示馆藏金属文物变形的符号。 直线线段长以5mm,曲线长5~10mm为宜
4	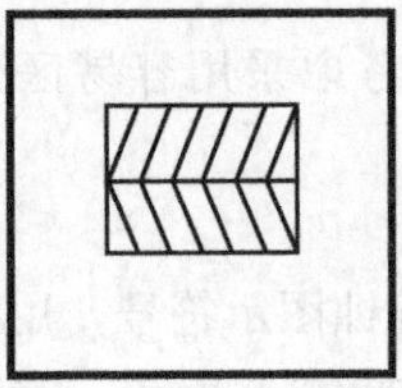	层状堆积 (laminar deposit)	表示馆藏金属文物层状堆积的符号。 长线段以层状堆积的区域边界线为限,间隔5~6mm,斜向平行短线段间隔2~3mm为宜
5	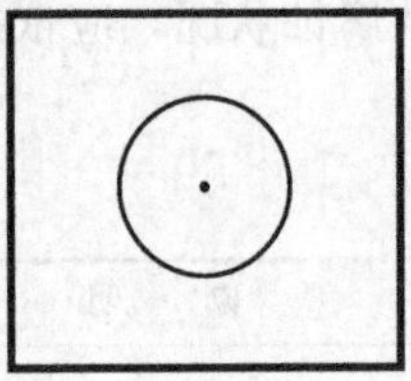	孔洞 (perforation)	表示馆藏金属文物孔洞的符号。 圆形直径不大于5mm,间隔不小于3mm
6	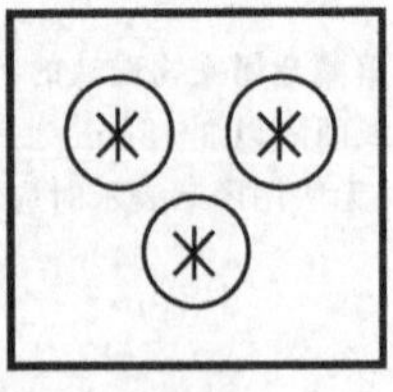	瘤状物 (strumae projecture)	表示馆藏金属文物表面瘤状物的符号。 圆形直径不大于5mm,间隔不小于3mm

续表

编号	图示符号	名称	说　明
7	 (四个菱形图案)	表面硬结物 (surface incrustation)	表示馆藏金属文物表面硬结物的符号。 菱形边线 3~4mm，间隔不小于 3mm
8	 通体矿化	通体矿化 (integer crisp)	表示馆藏金属文物通体矿化的符号。 辅助图标，标注于腐蚀图右上角或左下角，图标长 3cm，高 1.5cm 左右
9	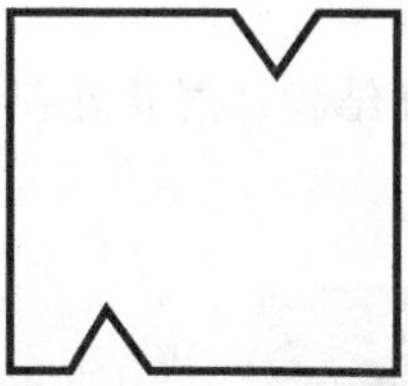 (V型线段图案)	点腐蚀 (pitting corrosion)	表示馆藏金属文物点腐蚀的符号。 V 型线段 3~4mm，间隔不小于 3mm
10	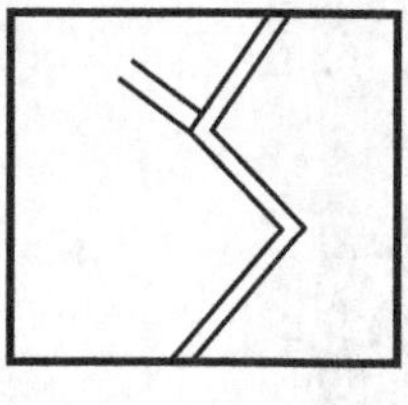 (平行线图案)	缝隙腐蚀 (crevice corrosion)	表示馆藏金属文物缝隙腐蚀的符号。 平行线间隔 2~3mm，走向随缝隙形状
11	 全面腐蚀	全面腐蚀 (general corrosion)	表示馆藏金属文物全面腐蚀的符号。 辅助图标，标注于腐蚀图右上角或左下角，图标长 3cm，高 1.5cm 左右

3.7.2 金属文物腐蚀图绘制范例

① 青铜编钟腐蚀图,见图 3-47。

◉ 图 3-47 青铜编钟及腐蚀图(正视图)

从图可见,该青铜编钟的主要腐蚀为孔洞、表面硬结物、层状堆积和残缺。

② 出水铁质文物腐蚀图,见图 3-48。

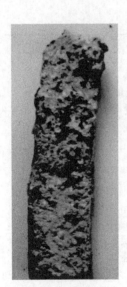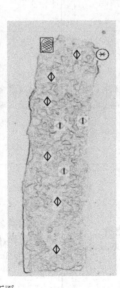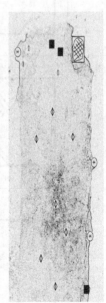

正面　　　　　　　　　　　　　反面

◉ 图 3-48

端面

图 3-48　华光礁Ⅰ号中出水铁器（HTQ5）各面腐蚀图例

从上述图示及实物观察可知，华光礁Ⅰ号中出水铁器（HTQ5）为2个刀状物腐蚀粘结到一起或者是一个刀鞘腐蚀的结果，中间有空气夹层并有黄棕色锈。矿化很严重，表面主要为较致密坚硬的白色凝结物，覆盖着少量黄棕色锈，总体以黑色锈蚀产物为主，锈蚀产物呈层状分布。

3.8　金属文物及其腐蚀产物的分析方法

3.8.1　分析检测在方案制订中的重要性及在文物保护中的应用

与任何一门科学的诞生与发展一样，在研究和防止金属文物腐蚀的过程中必须依靠测试方法和仪器，没有它们就不可能分析归纳导致金属腐蚀的原因和规律，不可能为建立科学的腐蚀理论提供可靠的依据，不可能探究防止腐蚀和减少腐蚀途径并给出有效的措施，也不可能为开发新保护材料和改进生产工艺提供指导性的科学依据。所测试的宏观信息反映腐蚀行为的统计平均结果，代表性和直观性较强，也易为广大研究者理解和接受，微观信息能揭示过程的细节并可联系到过程的本质。所以在研究金属文物腐蚀行为时，两者必须互相印证，不可偏废。

20世纪40年代后期，自然科学和技术在文物研究领域逐渐得到应用。如用

X射线荧光分析法、电子探针法、中子活化法等分析古代遗物成分，用放射性碳素测定法、钾氩法、热释光测定法等断定古代遗迹和遗物的年代，使文物研究、鉴定、保护取得了很大的进展，获得了重大成果。在文物保护研究中，主要是对文物的本体、带锈基体、锈蚀产物、土样等结构、成分、形貌等进行分析，究明它们的质地、工艺、材料来源，鉴别真伪，研究各种影响因素和相应治理对策。实践证明，文物的分析检测是一项既综合繁杂，又在不断发展创新、逐步完善的科学技术和系统工程。

3.8.2 检测的目的和内容

文物在保护处理前的检测，要根据文物本身的特点及处理的需要具体制定相应的检测项目。检测内容大致可以归纳为以下几个方面。

① 金属文物的化学成分、腐蚀产物的化学成分及其结构的分析。古代器物质地的成分复杂，以往是以直观观察作为依据进行区分，但不可能深入了解其构成成分。如古代的铜器，有纯铜、铜锡、铜铅或铜锡铅等合金，用分析鉴定技术，则可以进行确切地区分。

② 探明古器物质地材料来源。出土古器物是本地制造，还是贸易往来输入的，仅凭对古器物的直观观察很难得出科学的结论。通过对古器物质地成分分析，尤其是对照特征元素谱，可以为确定物质的材料来源提供重要线索。这对古代交通运输、贸易往来、生产水平、文化交流等，无疑都是十分重要的科学资料。

③ 究明古器物的冶炼、加工工艺。古代器物的制造工艺，储存了大量的科技信息，但用直观的方法是无法获得的。

小知识

如中国古代铁器制造工艺，经过金相分析，确知在春秋晚期和战国早期已制造白口铁，并经过长时间柔化处理得到展性铸铁；战国后期燕国不仅掌握了将块炼铁增碳制造高碳钢工艺，而且掌握了淬火技术。在汉代以前，就已经掌握了炒钢、百炼钢和铸铁脱碳钢等制钢工艺。

④ 鉴别古器物的真伪。古代器物，特别是传世文物中存在一定的赝品，有些作假技术很高，造成真伪难辨。以往鉴别真伪都是凭鉴定者的经验，对古器物造型、质地、花纹、风格等进行观察，并结合文献记载加以判断。在这方面积累的经验已很丰富，但不可否认，单凭这一点是不够的，借助分析鉴定技术，使鉴别真伪有了可靠的科学依据。

小知识

故宫博物院用 X 射线技术对父丁盘青铜器进行了检测，见图 3-49。可看到盘子中间镶了一块刻有铭文的青铜器残片，残片四周与盘子衔接处的焊锡清晰可见，两部分器物本不是一体，应是后人在春秋的蟠螭纹盘上焊了一块商代带铭文的青铜残片后作伪而成的。

图 3-49　父丁盘顶部局部 X 射线透视照片

⑤ 检验古器物损坏的自然因素。不同质地的古器物，在不同的环境条件下，会由于自然因素造成损坏，但靠直观是无法究明损坏的因素与损害物质的。如青铜器的腐蚀产物有 10 多种，有无害和有害锈之分，检验确切腐蚀产物的成分，对采取相应措施进行保护至关重要。

⑥ 金属器物的修饰。例如金属或非金属材料的镶嵌、纹饰、镀层状况的检测。

⑦ 金属文物修复历史的检查。

小知识

西安文物保护修复中心采用 X 射线探伤仪对宝鸡青铜器博物馆西周青铜提梁卣进行检测，X 光照片显示该器物是由许多碎片拼接而成，拼接材料为胶类，破碎严重，见图 3-50、图 3-51，照片显示为纵横交错的黑色痕迹。器物各个部分纹饰风格不同，未发现范铸痕迹，铭文存疑。

图 3-50　提梁卣正面和顶部照片

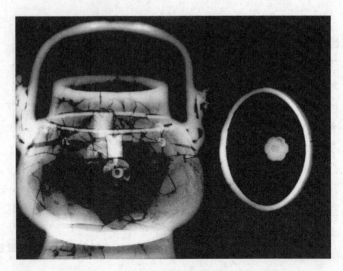

图 3-51 提梁卣正面和顶部 X 射线透射照片

3.8.3 宏观检查

(1) 形态观察

这是用肉眼或低倍放大镜（2~20倍）对金属在腐蚀前后及去除腐蚀产物前后的形态进行的观察和检查。该方法简捷，虽然粗略，但是一种有价值的定性方法，它不依靠任何精密仪器，就能初步确定金属的腐蚀形态、类型、程度和受腐蚀部位。观察时应注意以下几点：

① 观察与记录金属表面的颜色与状态。

② 观察和记录腐蚀产物的颜色、形态、类型、附着情况及分布。

③ 判别腐蚀类型。导致均匀减薄，应测量厚度。应确定部位，判明是全面腐蚀还是局部腐蚀并检测腐蚀程度和部位。

④ 观察重点部位，如加工变形及应力集中部位、焊缝及热影响区、气液交界部位、温度与浓度变化部位、流速或压力变化部位。

(2) 腐蚀程度测量

① 重量法（失重和增重）。用化学法和电化学法去除腐蚀产物，通过测定去除前后试样的重量就可以得出腐蚀程度。

② 厚度法。对断面用砂纸打磨露出新鲜断口，对断口进行厚度测量，可用一些计量工具和仪器装置直接测量试样厚度，如测量内外径的卡钳，测量平面厚度的卡尺、螺旋测微器、带标度的双筒显微镜。另外还有许多无损测厚的方法，如涡流法、超声波法、射线照射法和电阻法。

③ 掂重。根据密度，相同体积的器物，重量越大，锈蚀越轻。

④ 敲击。敲击有金属声时表明有金属芯，这是判断是否腐蚀的方法。

小知识

商周、两汉铜器，由于年代久远，其比重有所下降，其重量较铸成时要轻许多。而伪造的铜器一般是很晚才铸出的，由于时间短，比重下降不明显，因此新铸铜器比同样体积的古器要重许多，用古玩商的行话称之为压手感。此法可用于鉴别真伪。

3.8.4 微观检测

微观检测是宏观腐蚀的进一步检查。微观测试方法主要有扫描电镜测试、金相分析、光谱分析、中子活化分析、电子探针显微分析、X射线衍射分析、红外吸收谱分析、穆斯堡尔谱分析、热分析、同位素质谱分析等。

3.8.4.1 常用微观形貌观察方法

(1) 光学显微镜（OM）法

光学显微镜是用可见光作光源的显微镜分析方法，分为偏光显微镜（有偏光现象）、实体显微镜（透射光）和金相显微镜（反射光）。OM是研究古代金属遗物的基本方法之一，除用于检查金属腐蚀前后的金相组织（如组成相、夹杂物和析出相的形状、大小、数量和分布）外，更重要的是：

① 判断腐蚀类型，可确定晶间腐蚀或选择性腐蚀，并可确定应力腐蚀开裂是沿晶的还是穿晶的。

② 确定腐蚀程度，可准确测量点蚀的深度、缝隙腐蚀的宽度和晶间腐蚀的程度。

其中金相分析始于20世纪60年代，是指通过对金属文物显微组织的分析，研究金属文物中合金冶炼、浇注以及加工工艺等信息。

对一件西周青铜戈的金相显微镜测试表明，其组织为变形树枝晶，晶内偏析（冷加工处理痕迹），晶间腐蚀严重，晶间有弥散的Pb相和硫化物夹杂。该器物的Pb含量较高。见图3-52、图3-53。

(2) 三维视频显微镜

是视频技术与光学显微镜结合的一种便携式显微分析方法。它可以360°全方位、高分辨率的大景深和大工作距离观察样品各个侧面的实时动态图像，并以视频信号输出实时图像的显微系统。

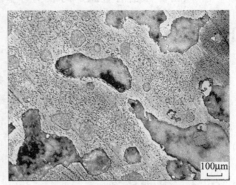

图 3-52　西周戈 50X　　　　　　　图 3-53　西周戈 500X

(3) X 射线照相法

X 射线照相技术是根据透射的 X 射线在胶片上的成像原理。可显现金属锈蚀层下的错金铭文、镶嵌材料、铸造缺陷、锈蚀程度及不同部位的连接方法等。各种文物的种类、密度、厚度和组成等都不同，对 X 射线的穿透和吸收也不一样。X 光技术在辨伪、文物修复、制作工艺研究、修复工艺研究上起到了比较重要的作用。

(4) 超声波无损探伤技术

根据超声波在不同介质中传播速度的差异，将接收到的反射波信号进行成像的原理。该方法通过分析产生的超声波图像，可以提供缺陷的完整二维图像或三维立体像，通过图像可以直观展示缺陷的空间状态。该方法检测的文物大小和厚度较大。

(5) 声波 CT 技术

根据声波在不同介质中传播速度的差异，将接收到的反射波信号用 CT 原理进行成像处理。它可提供缺陷的完整二维图像或三维立体像，通过图像可以直观展示缺陷的空间状态。它对被测物体可以进行断层扫描，可以更直观地观察到物体局部的缺陷。应用时被测文物体积大小和厚度不受限制。

(6) 扫描电子显微镜（SEM）

SEM 利用扫描线圈的作用，使电子束扫查试样表面，并与显像管电子束的扫描同步，用扫查过程中产生的各种信号来调制显像管的光点亮度，从而产生图像。因为锈层往往是疏松空洞结构，用光学显微镜观察景深不够，用透射电子显微镜（TEM）制样又极为困难，SEM 以较高的分辨率、大景深清晰地显示粗糙样品的表面形貌，观察断口表面微观形态。它不仅高低、倍数连续可调，可观察金相组织，显示诸如点蚀、应力腐蚀的主体构造以及氯化物、碳化物等的分布与形状。制作试样较容易。

小知识

辽金城垣遗址。该遗址是我国目前已发现的古代都城水关遗址中规模最大的一处,是确定金中都城址和研究我国古代建筑和水利设施的重要实物。该遗址还出土了青石530立方米,腰铁2500个,铁钉21个,水关遗址内的铁质已经生锈腐蚀。见图3-54、图3-55。

图3-54 辽金城垣遗址铁砖

图3-55 黄色锈蚀产物SEM照片

通常扫描电子显微镜附有X射线能谱和波谱分析装置,可在观察的同时快速得出该区域的化学成分。SEM-EDS可以将组织、断口形貌、平均成分、微区成分分析同时完成,已成为金属文物研究的重要手段之一。

(7) 透射电子显微镜(TEM)

单色、单向、均匀而高速的微电子束与薄试样相互作用时,电子束中部分电子激发出与试样相关的二次电子、背散射电子、特征X射线和俄歇电子等信息,经多级放大成像,它具有原子尺度的分辨能力,同时提供物理分析和化学分析。散射电子束和透射电子束会形成衬度完全相反的像(暗场像和明场像),特别是选区电子衍射技术的应用,使得分析微区形貌与微区晶体结构结合起来。

3.8.4.2 常用的元素、成分分析方法

目前常用的成分分析方法有X射线荧光(XRF)、X射线衍射(XRD)、能量色散荧光分析(EDAX)、原子发射光谱、原子吸收光谱、热分析法、岩相分析等方法。每种方法都有其适用对象和范围。这些对物理、化学结构进行分析的技术都具有取样少、灵敏度高、速度快、非破坏性等优点,同时也有其自身的局限性。工作中可以通过比对各种方法所取得的信息,考虑各种误差,实验因素,得出样品全面、完整的物理化学性质。

(1) X射线荧光(XRF)

根据样品经X射线照射后,样品原子会被激发,反射出的特征X射线的能量不同,以及特征X射线的数目正比于元素的浓度,以此来进行定性和定量分析的方法。XRF原则上可分析周期表上从硼到铀的元素。可进行微量元素分析

也可进行常量测定。XRF 是一种无损伤表面分析法,无需繁琐的样品制备,尺寸不大的固体样品和所有的液态样品可直接放在样品台上测量。同时,分析速度快,一般 5~10min 就可以测定出样品的主要和次要元素。缺点是定量过程复杂,仪器成本昂贵,灵敏度不高。XRF 目前已成为各国博物馆和古物研究室的主要分析手段之一。例如对西汉时期日光大明草叶纹镜范进行的 XRF 分析,推测出陶范型腔表面的黑色层是迅速浇铸时形成的。

小知识

  智化寺小佛像表面金层检测,见图 3-56、图 3-57。XRF 检测结果表明表面金层中含有大量的汞,说明木佛金层的施加方法是鎏金,但由于是在木胎上进行的鎏金工艺,所以鎏金后烘烤温度不能过高,而留下了大量的汞没有蒸发掉,余下的汞与金的质量百分比是 0.9,由于留下了大量的汞,使得鎏金层暗淡无光。

◉ 图 3-56 智化寺小佛像

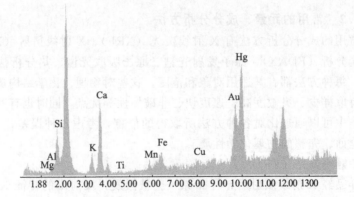

◉ 图 3-57 智化寺木佛金层成分

(2) X 射线衍射（XRD）

XRD 是通过记录 X 射线束照射晶体样品时得到物质的衍射花样或衍射线条谱图的测量方法，主要应用于未知物的定性和定量分析。XRD 是鉴定矿物成分最有效的方法之一，适用于文物中无机化合物（晶体）的分析，可用来辨别文物材料原子的排列、化合物的形态、结晶物物相的信息资料。但所需样品量相对较大，对所取样品需研磨、粉碎，定量分析的精度不高。例如峨眉地区文物管理所、自然科学史研究所用 XRD 和 OM 证实了某出土青铜样品曾经淬火、回火处理的铸造工艺。

(3) 光谱分析

这是对文物样品原子构造进行分析的常用方法，具有简便、快速、取样少、分析元素多、几乎不损坏样品等特点。用于分析样品中的元素种类和含量，鉴别真伪、产地、制作工艺等。

① 原子发射光谱。目前使用较多的是电感耦合等离子体发射光谱，须制备标样。目前考古学中用这种方法来分析金属器中的常量、微量、痕量成分，进而判定其产地、制作工艺等。

② 原子吸收光谱（AAS）。基于基态自由原子对辐射吸收的量与待测元素浓度呈正比的关系进行测量的方法。AAS 具有采、制样简单，取样少而灵敏度高，更适宜做痕量分析，测定元素种类多，分析速度快，抗干扰能力强，精度高，设备简单等优点。但不能做定性分析，不便于做单元素测定。

③ 中子活化分析法。使用中子作为照射粒子，根据元素被撞击放出特定能量的 γ 射线，确定元素种属的分析方法。可直接用固体文物为样品，主要应用于元素定性和定量分析。缺点是需要大型辐射设备，需要处理放射性物质，有时辐射和衰变时间较长，只能测量元素含量、不能测量化合物以及存在干扰反应等。

(4) X 射线光电子能谱（XPS）

一定能量的 X 射线照射到样品表面，与待测物质发生作用，利用结合能变化造成的化学位移值分析元素的化合价和存在形式的方法。它是一种表面分析方法，提供的是样品表面的元素含量与形态，其信息深度约为 3～5nm。再利用离子作为剥离手段，可对样品的深度分析。固体样品中除氢、氦之外的所有元素都可以进行 XPS 分析，能够准确测定极薄的表面膜的厚度及其组成。图 3-58 为元代铁钱币用缓蚀剂保护前后铁元素的 XPS 图谱。

由图可以看出，在其低结合能的一端，峰的形状和大小发生了变化。其中在谱线 1 中，铁的结合能为 710.6eV，在添加复合气相缓蚀剂后的谱线 2 中，铁的结合能为 710.1eV。根据参考文献可知，铁的结合能为 710.6eV 属于 FeOOH，铁的结合能为 710.1eV 属于铁的氧化物，参照氧的 XPS 和表面成分 XRD 图可以初步判断，复合气相缓蚀剂的加入，使得铁从 FeOOH 变为 Fe_3O_4。

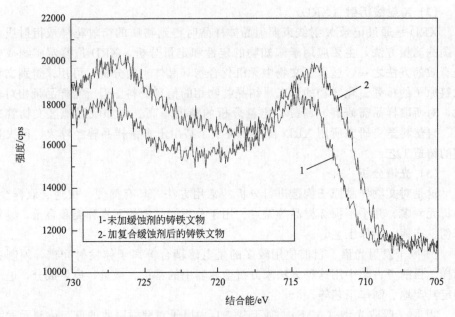

图 3-58 铸铁文物添加复合气相缓蚀剂前后铁元素的 XPS 图谱

3.8.4.3 腐蚀产物结构分析方法

(1) X 射线衍射（XRD）

XRD 也可以对结构测试，可对样品激光定位进行原位无损多点快速分析。XRD 是测定锈蚀物相的重要检测手段，器物上不同锈蚀物的原子、离子均有各自特定的晶体结构，锈蚀层的原子种类、数目及空间排列组合的方式又各不相同，所以，当 X 射线作用于样品时通过二维探测器进行光电子记数，产生连续的得拜环，积分后将二维数据转变成一维图形进行分析。

(2) 显微激光拉曼光谱分析法

它是基于拉曼光谱谱线的多少、强度、波长等均与分子的能级结构和性质等有密切关系进行分析的，是 Raman 光谱与激光相结合，配有高质量的单色器和高灵敏的光电检测系统。该方法适用于文物中没有偶极矩变化的有机化合物、无机化合物、液晶物相变化等定性分析、分子结构分析等。

一枚近代青铜币的显微激光拉曼光谱分析得出，锈层的主要成分是氯铜矿和副氯铜矿。见图 3-59。

(3) 电子衍射法

根据运动电子束的波动性，入射电子的弹性散射波加强形成衍射波。可以对微区晶体结构与物相进行鉴定，对表面结构和缺陷进行分析。相比于 X 衍射技术，电子衍射能在同一试样上将形貌观察与结构分析结合起来；从电子衍射花样可以直观地辨认出一些晶体的结构和取向关系，使晶体结构的研究比 X 射线简

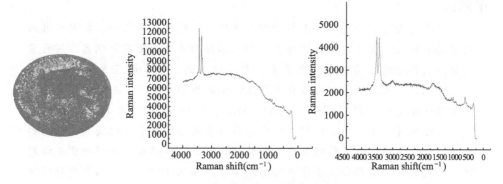

图 3-59 青铜币及其拉曼光谱图

单,散射强,曝光时间短,随着透射电镜的发展,衍射检测多在透射电镜上进行。其应用范围有薄膜文物和片状固体文物。

3.8.4.4 无损检测技术

文物领域的无损分析有特定的含义,泛指一切不给所测文物带来任何宏观物理变化和潜在危害的分析检测技术,它是使用各种不同分析方法的综合技术。文物领域的无损检测方法有时候不完全是无损的,如果取样量很小,不会给文物带来视觉上的损坏都是允许的,因此应该更确切地将其称为无损/微损检测。目前无损检测分析的方法有实验室和现场两种。其中实验室常见的无损检测分析包括:XRD、XRF、SEM、EDS、软 X 射线分析、声波 CT 技术、TEM、红外吸收光谱、激光拉曼光谱和电子探伤技术。现场无损检测一般采用便携式无损检测技术,常见的分析技术有便携三维视频显微镜观察、便携式 X 荧光光谱分析、色度分析、电导率分析、土壤分析和含水率分析等。

一些无损检测分析方法在文物考古领域得到了大量的应用,如 XRD 已经越来越多地应用于金属质文物的腐蚀机理及保护研究;显微拉曼技术被应用于文物颜料和古青铜器等的分析上;安徽省博物馆研究成功利用激光全息技术检测青铜器文物损伤状况;何发亮等采用声波 CT 层析成像技术对泸定桥结构进行了无损探测;故宫博物院、上海博物馆、北京大学和美国盖蒂研究所等都进行过 X 射线照相技术方面的研究。此外中子活化法、超声波检测等无损检测技术在文物保护科技研究中已开始广泛应用。

3.8.4.5 综合法

尽管每一种检测方法都有其优点,但每种方法都有局限性,在实际的文物研究中,为了获得全面综合的信息,对金属文物的腐蚀检测经常综合采用上述几种方法进行测试。

小知识

陕西是西周王朝发祥、发展的中心地区，从岐山县东北和扶风县北部的周原遗址和宝鸡墓地，出土了许多为世人瞩目的墓葬和窖藏青铜器，其数量之巨、制作之精、铭刻内容之重要，都是惊人的，对于研究西周社会的历史、文化、艺术、科技等均有重要意义。张晓梅等采集了一些青铜残片，运用等离子体发射光谱（ICP）、XRD、SEM、EDAX、OM等现代仪器对其成分、结构进行了剖析，比较了合金基体与表面层的成分变化及表面的结构形态。结果表明腐蚀呈现明显电化学特征，有选择性腐蚀，高锡相优先被腐蚀，在完全矿化层与合金基体之间形成部分腐蚀区的过渡区。因自然腐蚀导致表面层富集 Sn、Pb、Si、Fe。

3.8.5 样品分析程序

不同的分析目的、不同的分析仪器其分析程序是不一样的，以金相观察为例进行论述。进行金相学研究必须取样，取残片要知道原属器物的出处，器物名称、部位；取下的样品要经过镶样、磨光、抛光、刻蚀，然后进行观察。

① 样品采样。由于分析结果的质量与获得样品的代表性有密切的关系，取样部位必须与检验目的和要求相一致，使所切取的试样具有代表性。为了保证样品的可信度，在样品的采集中应根据仪器设备和系统分析的要求，做到采样方法与分析目的保持一致。如青铜残片锈蚀物采样中，以锈蚀的颜色分类，取样时尽可能在目测范围内纯净，按照浅绿色、绿色、灰绿色、深绿色、蓝色、红色、白色、黑色等进行采样。

② 镶嵌。在室温下用环氧树脂加固化剂封试样，待测面不封。24h 环氧树脂固化之后，进行第三步打磨。

③ 打磨。先用粗砂纸逐级打磨，再用金相砂纸由粗到细逐一打磨；每次更换细一号砂纸时，要转 90°与旧磨痕垂直，继续细磨直至旧磨痕消失、新磨痕均匀一致时再更换砂纸；每次更换砂纸时需将试样清洗、擦干净。逐级打磨直至试样表面较光亮。

④ 抛光。抛光是金相试样磨制的最后一道工序。其目的是消除试样细磨时在磨面上留下的细微磨痕，得到平整、光亮、无痕的镜面。在抛光机圆盘内倒入15%绿色三氧化二铬抛光粉悬浮液，抛光盘旋转后将洗净的试样磨面轻压在盘中心附近，沿径向往复缓慢移动，并且逆旋转方向轻微转动，抛光 5min 左右。

⑤ 浸蚀。将抛光后平整光亮、无痕如镜面的试样表面，置于金相显微镜下先观察非金属夹杂物、孔洞、裂纹，再采用浸蚀的方法，显示出显微组织。对于

铁器基体用2%~4%硝酸酒精溶液，对青铜基体用2%~4%的三氯化铁酒精溶液浸蚀。

⑥ 在金相显微镜下观察样品组织。选择合适的放大倍数观察样品基体的金相组织。有的样品配合使用扫描电子显微镜及X射线能谱仪进行组织观察和微区成分分析，以确定组织中夹杂物和相组成。

3.8.6 铁器锈蚀程度的检测

绝大部分用比较简单的磁铁吸引法、金属探针、放大镜或X光照相技术来检测。

(1) 探针法

对于刚露出土面、锈蚀严重的出土铁器，在不明内部铁芯的腐蚀程度时，为避免损坏文物，可用一根细针，逐段、逐片向下刺探，一要探明锈层的厚薄，二要了解铁芯的坚固程度。如铁芯坚固程度极差，采取匣取或从底部压力切入托起的方法，取回室内。室内清理时采用探针做细部探查，判断厚锈下是否存在有文饰或镶嵌物。

(2) 密度测定法

金属铁在标准状态下的密度为 $7.86g/cm^3$，而铁的氧化物的密度在 $4.90\sim 5.24g/cm^3$，铁的氯化物密度则更小。如果铁质文物密度在 $6.5g/cm^3$ 以上，可以判定锈层比较薄；如果铁质文物密度在 $6.5g/cm^3$ 以下，可以肯定这件器物的内部已全部腐蚀。然而，由于铁锈的成分复杂，各种锈的密度相差太远，所以用测定密度的方法对铁器的腐蚀程度只能做出粗略的估计。通过测量该文物的重量和完全被水浸泡时所排出水的体积，利用公式：密度＝重量/体积，计算出铁质文物的密度。

(3) 磁性检验法

腐蚀严重的铁器，是否还残留铁芯，是决定去锈与否的重要依据。金属铁的一个重要特点是具有磁性，通常铁的腐蚀产物（除了四氧化三铁外）都失去了磁性。因此可以借助磁铁和电磁铁来检验铁器的腐蚀深度及铁器内部未腐蚀铁芯的残留程度，但由于铁器腐蚀产物中往往都含有黑色四氧化三铁，所以还要用断面或正面是否有灰色的金属芯、掂重量、颜色来综合判定铁器的锈蚀程度。

(4) X光照射

铁器锈蚀一般较厚，疏松且无规律，最好采用X-射线照相，X-射线穿透能力强，在底片上可清楚地显示出器物内部结构，器物被氧化腐蚀的分布和范围，还可以估计锈蚀孔洞的深度，探测可能隐藏在腐蚀物下面文饰和文字，所得资料对以后的处理方法提供最佳依据。

3.8.7 青铜器腐蚀状况的检测

对于将要进行研究和保护的腐蚀青铜器,先要进行一系列检测。包括器物组成材料成分和制作工艺的检测,腐蚀产物的化学成分和结构检测,腐蚀破坏程度的检测,腐蚀活性的检测,修复历史的检测。

(1) 腐蚀损坏程度的检测

① 密度法。铜的密度为 $8.9g/cm^3$ (20℃),青铜的密度比纯铜的略小,一般为 $8.4\sim8.8g/cm^3$ (20℃),常见的铜的腐蚀产物的相对密度为:Cu_2O 6.1,CuO 6.5,$Cu_3SO_4(OH)_4$ 3.9,$CuCl$ 4.1,$Cu_2Cl(OH)_3$ 3.8,$Cu_2(CO_3)(OH)_2$ 4.1,可见,腐蚀程度越深,青铜器的密度越小。

② 用低倍显微镜,借助铜针或其他比铜基体软的针做辅助检查,观察腐蚀层的状态,分层状况,判断腐蚀程度。

③ X射线无损探伤。X射线图像能够穿透器物并记录器物内、外部的物理、化学密度差异。为了获取质量高的图像,对于空心青铜铸件和含铅锡青铜,在用X射线照相时要采用不同的加速电压、电流、曝光时间等参数。在获取 Victoria and Albert 博物馆收藏的文艺复兴时期青铜器的图像时,将X射线管放到距离器物1m远的地方。在220kV电压和5mA下,采取不同的曝光时间,可穿透厚达25mm的青铜器。该方法也可以辨别器物真伪。

④ 超声波扫描。利用与医学上类似的超声设备进行扫描,能够测量青铜器上某一特殊区域的厚度或绘制整个表面的厚度轮廓图,能够对器物上孔洞、补块、焊缝和裂痕进行无损检测。

⑤ 红外成像。利用这项技术可以分辨青铜器结构不均匀的地方,即反映厚度变化和金属芯的保存情况。

(2) 腐蚀活性检测

鉴于含有氯离子或氯化亚铜的青铜器受到空气中氧和水分的侵袭而出现青铜病的特征反应,即在器物表面产生亮绿色的粉状锈,把腐蚀青铜器放在相对湿度95%～100%环境中24h,观察铜器表面,如果出现亮绿色粉状锈,证明器物具有潜在的腐蚀活性,这是检验青铜器腐蚀活泼性简便而有效的方法。

参 考 文 献

[1] 黄克忠,马清林. 中国文物保护与修复技术. 北京:科学出版社,2009.
[2] 魏宝明. 金属腐蚀理论及应用. 北京:化学工业出版社,1987.
[3] 李晓东. 文物学. 北京:学苑出版社,2005.

[4] 柯俊，孙淑云，李秀辉．冶金史论文集（三·A）．北京：北京科技大学学报编辑部，1995：4-8．
[5] Colin Pearson. Conservation of marine archaeological objects. Butterworth & Co. Ltd.，1987．
[6] 大卫．斯考特著．艺术品中的铜和青铜——腐蚀产物，颜料，保护．马清林、潘路等译，北京：科学出版社，2009．
[7] 苏荣誉，华觉明，李克敏等著．中国上古金属技术．济南：山东科学技术出版社，1995．
[8] 罗武干，秦颍，黄凤春，胡雅丽，王昌燧．湖北省出土的若干青铜器锈蚀产物研究［J］．腐蚀科学与防护技术，2007，19（3）：157-161．
[9] 王宁，何积铨，孙淑云，肖璘．模拟青铜器样品在典型电解质溶液中的电化学行为研究［J］．文物保护与考古科学，2007，19（4）：45-48．
[10] 吴来明．"六齐"、商周青铜器化学成分及其演变的研究．文物，1985（11），76-84．
[11] Scott D A. Bronze disease：A reviews of some chemical problems and the role of relative humidity. JAIC. 1990，(29)：193-206．
[12] Hanson D，Pell-Walploe，W. T. Chill. Cast tin bronze. London：Edward Aynold，1951：211-213．
[13] Aqueous Corrosion of Tin-Bronze and Inhibition by Benzotrizole. Corrosion，56（12）：1211-1219．
[14] WANGJulin，XU Chunchun，LV Guocheng. Formation of CuCl and regenerated Cu crystals on bronze surfaces in neutral and acidic media［J］. Applied surface science，2006，252：6294-6303．
[15] ASTMD 1384-01. Standard test method for corrosion test for engine coolants in glassware［S］．
[16] Susan La Niece，Paul Cradock. Metal plating and patination. Butterworth-Heinemann Ltd，1993．
[17] 王蕙贞，朱虹．秦汉铁器锈蚀机理探讨及保护方法研究［J］．文物保护与考古科学，2003，15（1）：7-11．
[18] 王菊琳．青铜腐蚀机理研究［学位论文］．北京：北京化工大学，2004．
[19] 铁付德，陈卫，于鲁冀，关绍康．古代青铜器的腐蚀及其控制研究［J］．文物保护与考古科学，1997，9（2）：9-15．
[20] 孙晓强．腐蚀铁器的保护与修复．见：文物修复研究（3）．北京：民族出版社，2005．
[21] 郑利平．重庆地区一明代大型铜镜的锈蚀分析与保护［J］．腐蚀与防护，2007，28（9）：462-464．
[22] 铁付德．青铜器腐蚀特征与土壤腐蚀性的关系［J］．中原文物，1995（2）：108-110．
[23] 冉琴，江玲，蔡铎昌．在碱性溶液中铜的腐蚀机理的研究［J］．四川师范学院学报，1990，11（2）：147-152．
[24] 李艳萍，成小林，程玉冰，王志强．考古现场青铜样品土壤埋藏腐蚀实验初探［J］．考古与文物，2006（6）：65-98．
[25] 周剑虹．青铜腐蚀与埋藏环境关系的初步研究［D］．西安：西北大学，2006．
[26] 杨德钧，沈卓身．金属腐蚀学［M］．北京：冶金工业出版社，1998．
[27] Fan Chongzheng，Wang Changsui，Wang Shengjun，Zhang Maosen. A study on the chemical mechanism for powder corrosion of bronze alloy［J］. Science in China（series B），1991，34（10）：1164-1171．
[28] 程德润，赵明仁，刘成，李红星．古代青铜器"粉状锈"锈蚀机理新探［J］．西北大学学报，1989，19（1）：30-38．
[29] 范崇正，吴佑实，王昌燧，王胜君．粉状锈生成的电化学腐蚀及价电子结构分析［J］．化学物理学报，1992，5（6）：479-484．
[30] 杨秋颖，齐扬，赵林娟等．宝鸡眉县出土27件窖藏青铜器锈蚀特征及重复的分析研究．文物保护与考古科学，2007，19（4）：23-27．
[31] 陈仲陶．从青铜器地子的腐蚀谈文物保存环境中的"防"与"治"．中国文物科学研究：2009，(1)：76-78．

[32] 舒云. 揭开"黑漆古"生成之谜 [J]. 金属世界,1994（3）:26-27,30.
[33] 马肇曾,金莲姬,尹秀兰. 腐殖酸使锡青铜镜表面生成黑漆古的研究 [J]. 考古,1994（3）:261-273.
[34] Sawada, M. Composition and corrosion of ancient bronzes. Variation of the contents in the main elements between the corrosion layers and the basis alloy. in: *Nara Kokuritsu bunkazai Kenkyusho*, 30th *Anniversary Bull*. Nara Cultural Properties Research Institute (in Japanese), 1983: 1221-1232.
[35] 张玉春. 用显微镜和电镜观测高句丽时期丸都山城宫殿址部分铁器的腐蚀状况. 文物保护与考古科学,2009,21（2）,34-43.
[36] 杨小林. 中国细金工艺与文物. 北京:科学出版社,2008.
[37] 杨长江,梁成浩,张旭. 银变色研究的进展,2010,43（1）:38-42.
[38] E. Van Biezen, E. O. Stannum, naar structuur en Corrosie van Tin. Royal Academy for Fine Arts [J]. Antwerp, Belgium, 2001 Master thesis.
[39] Lihl. On the cause of tin decay in the Sarcophagi of the "Kapuzinergruft" [J]. Studies in Conservation, 1962: 95-105.
[40] C. Worth, D. H. Keith. On the treatment of Pewter plates from the Wreck of La Belle, 1686 [J]. The International Journal of Nautical Archaeology 1997, 26 (1): 65-74.
[41] Ivan De Ryck, Evelien Van Biezen, Karen Leyssens, Annemie Adriaens. Study of tin corrosion: the influence of alloying elements. Journal of Cultural Heritage, 2004, (5): 189-195.
[42] 顾睿祥,林天辉,钱祥荣. 现代物理研究方法在腐蚀科学中的应用. 北京:化学工业出版社,1990:1-3.
[43] 苗建民,宋朝忠. 青铜器的射线无损检测技术. 故宫博物院院刊,1993:1,93-96.
[44] 杨菊,于璞. 北京大兴高米店汉墓出土铜镜的科学分析. 文物春秋,2008,（4）:53-57.
[45] 田兴玲,周宵,高峰. 无损检测及分析技术在文物保护领域中的应用. 无损检测,2008,30（3）:178-182.
[46] 周浩,祝鸿范,蔡兰坤. 青铜器锈蚀结构组成及形态的比较研究. 文物保护与考古科学,2005,17（3）:22-27.
[47] 孙淑云,王金潮,田建花. 淮阴高庄战国墓出土铜器的分析研究. 考古,2009,（2）:75-86.
[48] Kyung Joong Kim, Dae Won Moon. Formation of a highly oriented FeO thin film by phase transion of Fe_3O_4 and Fe nanocrystal lines. Thin Solid Flims, 2000: 360, 118.

第 4 章
保护有道——各种金属文物保护方法

4.1 制定金属文物保护方案

每件金属文物在保护修复前，均应制定相应的保护修复方案。这就如同旅游前要有计划，计划的制定不是凭空想象，而是经过调研、咨询和比较才可形成一张严密的旅游行程表，制定金属文物保护方案也是如此。2008年，国家文物局正式发布了中华人民共和国文物保护行业标准《馆藏金属文物保护修复方案编写规范》，使金属文物保护的方案制定工作纳入了规范化的轨道。标准规定了金属文物保护修复方案的文本内容与格式，使文物保护工作者有"规"可依，为文物保护工作者指引了前进的方向。但并不是说我们根据标准制定好方案后就可以实施了，还要经过专家审阅，并按照《中华人民共和国文物保护法》、《中华人民共和国文物保护法实施细则》以及《中国文物古迹保护准则》要求的程序呈报文物行政管理部门（如各级文物局，文化厅等），批复后方案才可生效。

4.1.1 文物价值评估要点

文物有"三大价值"，即历史、艺术和科学价值。那么如何判断历史上遗留下来的某种遗迹、遗物是否有价值，是否是"文物"？首先，需要从事文物研究的人员把它放到产生它的那个特定年代去分析研究，可以说，历史上遗留下来的

● 图 4-1　后母戊大鼎

文化遗产、遗物都具有历史价值，这是客观事实。但是，有历史价值的并非都是文物，它应是那个时代重要的、具有代表性的实物，这个实物除具有历史价值外，可能还具有一定的科学和艺术价值，后两个价值可以不都具有，可以不同时具有，也可以同时具有。如一件生产工具，可能只具有历史和科学价值，不一定具有艺术价值。但是，不具备任何一种价值的遗存，是不能确定为文物的。

再者，要对文物价值的大小进行评估，文物价值是有大小之分的，通常我们说的一级、二级、三级文物，指的就是文物价值的大小。价值大的文物在产生它的那个历史年代里，其地位及发挥的作用也大，相反亦然。如出土于河南安阳现保存于中国国家博物馆的后母戊大鼎是商王武丁的儿子为祭祀母亲而铸造的，可知其地位之高；后母戊鼎充分显示出商代青铜铸造业的生产规模和技术水平，具有很高的科学和艺术价值，如图 4-1。

小知识

后母戊鼎是商代后期（约前 14 至前 11 世纪）由王室所铸，1939 年 3 月 19 日在河南省安阳市郊出土，因鼎身内部铸有"后母戊"三字而得名，是商朝青铜器代表作，现藏中国国家博物馆。此鼎形制雄伟，重 832.84kg，高 133cm、口长 110cm、口宽 79cm，是迄今为止中国青铜时代出土的最大最重的青铜器。目前，此鼎更名为"后母戊鼎"，专家认为，商代的字体较自由，可以正写也可反写，而"司"和"后"字形一样，因司母戊鼎是商王祭祀其母（名戊）的纪念器物，所以意思上此处更加接近"商王之后"。

就方案制定来说，价值大的文物其审核就相对严格一些，如一级文物的保护修复方案，在经过专家审核后还需上报国家文物局批复。

4.1.2　预防性与主动性保护的区别

预防性保护的概念最早出现在 1930 年罗马国际会议上，当时主要是指对文物保存环境的控制，尤其是对温度、湿度的控制。现今这一概念已经发展并扩展到了博物馆的选址、博物馆建筑材料的选择、博物馆展厅和库房缓冲间的设置、以及对具体文物所采取的整体环境、保存展示小环境的恒温恒湿、照明、防空气污染、防虫害等多方面，甚至还涉及文物提取的技术、使用的工具、包装、衬垫材料、安全保卫设施、对自然灾害的预防等层面。总之，预防性保护的主旨思想是从文物的外围而不是本体出发，采取各种措施达到保护文物的目的。

主动性保护就是我们通常的保护概念或思想，即对文物本体进行直接的保护修复，消除文物的病害，延长文物的寿命。举一个简单的例子，一件出水的铁器，主动性保护首先是脱氯以去除病害，其次是缓蚀和封护，有一整套的保护程序；预防性保护不从铁器自身出发，而是控制铁器的保护环境，将相对湿度保持在30%以下即可起到保护的作用。在这样的情况下，即使不脱氯，腐蚀一直存在，但因不具备腐蚀进一步发展的条件，铁器也是稳定的。因此，预防性保护是一项积极的对文物实施干预的行为，相比来说，预防性保护对文物的危害最小，是防止馆藏文物继续出现各种病害的有效途径。

4.1.3 常规检查与日常维护

常规检查与日常维护是金属文物长期安全保存的重要措施，对于室外大型金属文物更为重要。就如同家里买的红木家具，日常的除尘、擦拭或者涂核桃油等维护工作对其保养来说，非常重要。若买后将它置于仓库内，长久无人理睬，就很容易开裂。金属器物的日常保养和记录存档，保存环境的连续监测与调节，这些"小事"对于延长金属器物的寿命来说，重于大规模的保护修复。对于大型室外金属文物，日常保养包括搭建防雨设施、保持通风干燥、定期进行周围环境的监测与治理等方面。

4.1.4 保护处理的目标与原则

《馆藏金属文物保护修复方案编写规范》中指出：应根据拟保护修复金属文物的具体病害、保存现况等情况，制订出明确、可考核的保护修复目标。所以说，保护处理的目标是"因物而异"，没有统一的标准。金属器物在保护处理前，首先要做非常细致的检测分析，了解其存在的具体腐蚀；其次应仔细辨别哪些痕迹是器物自身带有的，哪些是在埋藏环境中产生的。对器物的分析最好借助于科学仪器，有些实验室不具有条件，就需要根据经验或简单的化学实验来实现。根据检测分析结果对器物的保存现状作出评估判断，之后制订出明确、可考核的保护处理目标。所谓明确、可考核就是说目标要具体，不能"假、大、空"。如一件青铜簋，通过分析发现腹部存在严重的"粉状锈"，目标之一是彻底清除该部位病害;耳部位有裂隙或空缺,目标之二是需要修补篆耳;一件整体矿化的铁器,考虑到处理可能会造成人为的破坏,目标就是不处理,从控制环境入手。当然,"目标"是可以更改的,处理过程通过对器物的再认识,发现之前的目标有些偏差,就要随时更正,与时俱进。

目前,针对各种质地的文物保护修复,国内外都有一些共同遵守的协议或者原则。国内,参照以1964年《国际古迹保护与修复宪章》(《威尼斯宪章》)为代表的国际原则,制定了《中国文物古迹保护准则》(简称准则)。其中的很多条款可直接作为馆藏金属文物的保护原则,例如大家常常提及的保持原真性原则(或者称不改变原状原则)、最小干预原则、可再处理与可识别原则等。有关其具体的解释详见第1章。

4.1.5 保护处理的技术路线与步骤

技术路线应是在对文物保存现状调查与评估及确立文物保护修复目标的基础上而提出的。包括的主要内容有:列出所用保护修复材料;根据需要设计必要的材料、工艺应用实验;对于珍贵文物应进行局部处理实验。列出操作的主要技术步骤流程图等。一般金属文物保护修复的技术步骤主要包括除锈清洗、脱盐、缓蚀、加固、表面封护、表面做旧等(见图4-2)。当然每一次保护修复流程并不完全实施这几个步骤,而应根据器物的具体保存状况,有针对性地进行选择。如出土的大部分铁器,因盐含量不高,脱盐工作往往可以省略。或者对于矿化程度较轻的青铜器,并不需要加固甚至表面封护,直接除锈即可。

图4-2 保护处理技术路线与步骤

以上为金属文物保护程序的一般内容,基本可满足大部分金属文物保护方案的需求。需要注意的是各个环节都应考虑周全,每个步骤都应在科学分析的基础上进行,而且应尽量使用成熟的保护技术和材料。

4.1.6 保护处理后文物的保存要求

保护处理后的文物应放置于一个"好"的环境中,所谓"好",就是指安全的、可以延缓衰老的、恒定的、适宜文物保存的环境。对于金属文物,干燥的环境是非常"好"的,干燥环境可使金属表面的腐蚀或氧化作用降到最低。目前,国际上通用的金属文物保存的相对湿度标准为40%以下,另外,将金属文物置于无污染特别是无氯化物的环境中也是非常重要的,因为在这样的大气环境中,青铜器极易发生上文提及的青铜病害,铁器也相当不稳定。相比而言,光线及紫外线对金属文物的影响较小。

4.2 金属文物的物理处理方法

4.2.1 金属文物为什么要先清理

不同保存环境下的金属文物，如出水、出土或者大气环境中的金属文物，经历环境与岁月的雕琢，表面会留有许多的附着物以及斑驳的锈蚀物。出土的器物多数带有坚硬的土垢，出水的多数附着较厚的凝结物，室外保存的器物表面很多留有鸟类排泄物等。由于土壤中含有大量电解质盐类和微生物，遇到暖湿环境会加速文物腐蚀；而凝结物，大家都知道，疏松多孔、富含大量的海洋微生物；疏松的锈蚀产物一定程度上是一个"蓄水池"，当空气中湿度较高时，水汽很容易储藏于此，不利于器物的保护。因此，从延长文物寿命的角度考虑，清理工作是必要的。

从另一个角度讲，我们不能将满身是泥巴、锈蚀物及凝结物的文物直接置于展厅。本来是一件制作精美、花纹繁复抑或带有珍贵铭文的青铜器，却因为周身布满附着物，观众欣赏不到美，研究者看不到它所带有的历史信息，因此，清理工作对于体现文物应有的"三大价值"来说是非常重要的。

4.2.2 常用的机械处理设备

事实上，金属文物常用的机械处理工具大多借用家用、工业或医药行业的设备。家用工具如角磨机、小型电钻、刻字机甚至榔头、小锤、凿子、铲刀、钢丝刷、铁丝刷、钳子等，别小瞧这些基本工具，它们方便、轻巧、灵活、便于携带，适用于各种小件金属文物的除锈要求，同时可有针对性地去除大型金属质文物边角处的锈蚀物，在金属文物的清洗除锈中特别是现场保护中都能派上很大的用场。如2004年国家博物馆工作人员在对山西浦津渡铁牛群的现场除锈保护（图4-3）项目中，老土的榔头、锤子及角磨机绝对功不可没！

大型设备如实验室常用的超声波清洗机、医药行业的洁牙机、工业用喷砂机及汽车清洗用的蒸汽清洗设备等，这些"舶来品"在文物的清洗除锈中都有应用，有些专业的文物保护修复厂家根据文物保护的实际需求，对这些设备进行必要的改进，形成专用产品。

超声波清洗是利用超声波发生器产生超声波，在超声波作用下，液体分子形成一个个微小的空腔，即所谓的"空化泡"。由于空化泡的内外压力相差十分悬殊，待空化泡破裂时，会产生局部液体冲击波（压力可达上百兆帕）。在此压力作用下，粘附在金属表面的各类污垢会被剥离。与此同时，超声波可加快清洗液的搅拌，一定程度上加速了清洗进程。文物保护工作者曾采用超声波清洗带氯的青铜器，利用超声波的"空化"作用能高效地清除器物表面疏松的有害锈，之后再进行封护处理。实验表明，超声波可加快有害锈的剥离，当我们采用倍半碳酸钠溶液浸泡器物时，辅以超声波，可在一定程度上减少浸泡的时间。

蒸汽清洗，基本原理是水通过完全密封的蒸汽机加热并形成蒸汽，在加热过程中，缸内压力会相应渐渐提高，喷射出的饱和蒸汽温度可高达180摄氏度，利用饱和蒸汽高温及外加高压，清洗器物表面的油渍污物，并将其汽化蒸发。同时，过饱和蒸汽可以进入任何细小孔洞和裂缝，清洗一般工具到达不了的部位。国家博物馆曾对西周大盂鼎和司母戊鼎表面和缝内的污渍和锈蚀产物进行蒸汽清洗，效果不错（图4-4）。

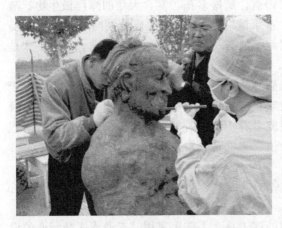 

图4-3 山西浦津渡铁牛群的现场除锈保护　　图4-4 对西周大盂鼎进行蒸汽清洗

> **要点提示**
>
> **清洗是不可逆的。** 在对一些附着物清洗前需要了解其是否具有考古或保护研究的价值。如包裹织物的残留、剑鞘残留物和使用时的木质残留物等应予以保留。如果必须进行清洁，也应该将去除的腐蚀产物和土垢放入有标签的小玻璃瓶中与保护处理纪录一起保存，以便将来用于对表面腐蚀层、埋藏土壤的性质、腐蚀层中可能存在的有机物等的研究。

4.2.3 喷砂法的应用

喷砂法在金属文物除锈中的应用已有一定的历史。工业上的喷砂机分开放式、密闭式（图4-5）和循环式（图4-6）。开放式喷砂机使用的磨料一般不能回收，对环境造成的污染比较严重。密闭式喷砂机的磨料可自动回收分选，且喷砂时无粉尘，但密闭式喷砂机体积较大，携带不方便。

● 图4-5　密闭式喷砂机　　　　● 图4-6　环保循环回收式喷砂机

在金属文物除锈中，需要根据文物的材质及具体的腐蚀程度来选择磨料，目前使用在铁质文物除锈上的磨料主要有石英砂、刚玉砂、塑料砂、玻璃珠、核桃粉等，颗粒有粗、中、细之分；喷砂压力范围在 0.1～0.6MPa，喷嘴尺寸可在 4～10mm 内选择。国外，研究者通过实验评估了各种磨料对青铜表面的磨损效果，指出玻璃珠与核桃粉和塑料砂相比，容易在抛光的青铜试片上留下明显的印痕和磨痕。在对核桃粉除锈试验研究中，可通过控制不同条件达到不同的除锈效果，如小颗粒比大颗粒更为有效，60～200目的核桃粉效果很好，使用较大喷嘴（8mm）和较低压力（0.14MPa）或较小喷嘴（4mm）和高压力（0.28MPa）除锈效果好。

国内，文物保护工作者在对山东蓬莱出水铁器除锈保护中，采用了环保循环回收式喷砂机（图4-7）。喷砂条件：喷嘴直径4mm，磨料棕刚玉40目，喷砂出口压力0.4～0.6MPa。比较坚硬的海洋沉积物，出口压力为0.6MPa。喷砂作业时，喷枪毛刷在行进中应紧贴工件表面，以防止漏砂。虽然喷砂机为移动车式，但因体积庞大，运输稍显困难。还有一种手提式回收循环喷砂机（图4-8），该机体积轻小，移动非常灵活，可全方位调节喷射角度，适合野外作业，但对于海洋出水表面有坚硬沉积物的金属器物，除沉积物效果较差。

图4-7 铁锚喷砂除锈中

图4-8 手提式环保循环回收式喷砂机

4.2.4 激光清洗法

提起激光技术，大多数人会或多或少地知道它的一些应用情况。在医疗领域，激光可以换肤，可以治疗近视眼；在金属加工方面，激光可以切割、可以焊接和打孔。总之，产生于20世纪60年代的激光技术，现在已经深入渗透到各个行业中。而近10年来，激光清洗技术因自身的许多优点开始迅速发展，并在文物保护行业中有所应用。用激光对文物和艺术品进行表面清洗具有如下四大优点。

① 低侵蚀性。激光清洗的优点是不直接与文物接触，因此，与机械和化学清洗法相比，不会在文物表面产生研磨和腐蚀作用。换言之，激光清洗的副作用较小。

② 高准确性。激光是一种方向性很好的光辐射，清理的过程只涉及被激光束照亮的区域，其他区域可以说不受干扰。

③ 高选择性。激光清洗有很多种方法，这里面学问很大，而需要清洗的文物状况也有很多种。因此，可以根据文物自身的特点（如材料的颜色和表面情况），根据清洗的目的，（如是高精度清洗还是大面积清洗），选择不同的激光器和激光清洗方法。

④ 高环保型。激光清洗是不需要清洁液的，因此可实现对环境的零污染。

目前，很多公司看到文物这块市场，开始自主研发应用于文物清洗的激光设备。其目的是使工业中的激光清洗工具在保护修复人员手里更加灵活，保证在任何条件下都适用。在金属清洗应用方面，20世纪80年代起国外科学家尝试使用激光法去除铁器上的有害锈蚀。2001年Y.Koh报道使用脉冲CO_2和Nd激光器处理出土铁器。国内，2003年起，中国文化遗产研究院开始关注并致力于这方面的应用研究工作，并且拥有了国内文物保护行业的第一台激光清洗设备。

4.3 金属文物的化学处理方法

化学法用来保护处理金属器有很长的历史，最早记载的方法如用柠檬汁擦洗腐蚀的器物，这实际上利用柠檬汁的弱酸性特点。文物保护有一条基本原则需要遵循，那就是过程的可逆性原则。就是说，保护过程中使用的材料一旦需要更换或不需要时，应设法除去并能使文物恢复到处理前的状态。这实际上在化学处理中是不可能的。但这说明了一个非常重要的理念，就是在保护处理中，尽量少用化学试剂。只有在物理方法无法满足保护需求时，可适当考虑使用化学方法。

综合各种文献，处理金属器的化学方法有很多，从适用范围来讲，有用于青铜器处理的，有用于铁器的、还有用于金银器的等等；从功能来讲，有用来清除腐蚀产物的，有用来脱盐的；以下我们从适用范围的分类出发，一一介绍各种化学处理方法。

4.3.1 青铜器的化学处理

(1) 倍半碳酸钠法清除"有害锈"

所谓的倍半碳酸钠，就是无水碳酸钠与碳酸氢钠等摩尔的混合物。无水碳酸钠在日常生活中很常见，是大家熟知的苏打、碱面；碳酸氢钠俗称小苏打，在医药方面，小苏常用于中和多余的胃酸，恢复人体胃内正常的酸碱度。文物化学处理常用的倍半碳酸钠浓度为5%～10%，视"有害锈"具体情况不同改变浓度。为方便起见，在此举例5%倍半碳酸钠溶液的配制（以1000g溶液为例）：

称取27.9g与22.1g分析纯的碳酸钠与碳酸氢钠，先将碳酸钠倒入960mL的去离子水中，待碳酸钠慢慢溶解后，再将碳酸氢钠放入，均匀搅拌溶液至全部溶解。

用倍半碳酸钠溶液浸泡腐蚀的青铜器，青铜器中的有害锈——氯化亚铜或碱式氯化铜，可逐渐转换为稳定的碱式碳酸铜。如式(4-1)、式(4-2)所示：

$$4CuCl + 2H_2O + 2Na_2CO_3 + O_2 \longrightarrow 2Cu_2CO_3(OH)_2 + 4Cl^- \qquad (4-1)$$

$$Cu_2Cl(OH)_3 + HCO_3^- \longrightarrow Cu_2(OH)_2CO_3 + Cl^- + H_2O \qquad (4-2)$$

具体操作方法是：将除锈后（应用该法一定要先除锈）的青铜器完全浸入该溶液中，浸泡时最好加热溶液至沸腾，并保持两小时，可加快清洗速度并释放更多有害氯离子。开始时溶液每周更换一次，几周后可半月或更长时间更换，除氯非常耗时，需要三个月以上，直至脱盐溶液中的氯离子浓度达 50ppm 以下为止。然后再将器物置于蒸馏水中，浸泡一段时间，以除去多余的倍半碳酸钠。实验表明，对于体积较小、腐蚀程度较轻且含有金属基体的青铜器，浸泡时使用超声波的效果会更好一些。过量的倍半碳酸钠若不及时去除，可能与锈蚀产物——碱式碳酸铜反应生成蓝铜钠石。蓝铜钠石是一种不太常见的青铜器锈蚀产物，主要发现于西北地区碱性土壤环境中的器物之上，图 4-9 为出土于甘肃敦煌汉代铜牛拉车车轱辘上蓝色的蓝铜钠石腐蚀产物。

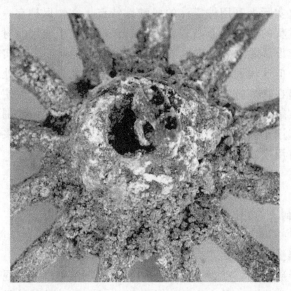

◉ 图 4-9　敦煌博物馆藏汉代铜牛拉车车轱辘上蓝色的蓝铜钠石腐蚀产物

（2）硫脲-柠檬酸法除锈

如前所述，古人早就利用柠檬汁的酸性来擦拭锈蚀的金属器。天然柠檬酸在自然界中分布很广，存在于植物如柠檬、柑橘、菠萝等果实和动物的骨骼、肌肉、血液中。现在采用砂糖、糖蜜、淀粉、葡萄等含糖物质发酵人工合成柠檬酸。

柠檬酸可与青铜器锈蚀物中的二价铜形成稳定的配合物，但与一价铜的配合能力较差。为此文物保护专家在柠檬酸溶液中加入了硫脲（CH_4N_2S），试验表明，硫脲与一价铜的配合能力较强，如式(4-3)，因而混合使用效果更好。在强酸性环境下，柠檬酸同时能络合有害锈——碱式氯化铜，释放出氯离子，如式(4-4)，因此，柠檬酸兼有脱氯的作用。

$$Cu^+ + nCH_4N_2S \longrightarrow Cu(CH_4N_2S)_n^+ \quad (n=1\sim 3) \quad (4\text{-}3)$$

$$Cu_2(OH)_3Cl + 2C_6H_8O_7 \longrightarrow 2Cu(C_6H_5O_7)^- + 3H_2O + 3H^+ + Cl^- \quad (4\text{-}4)$$

实际应用过程中，采用 5％硫脲和 5％的柠檬酸混合溶液涂刷一价铜和二价铜伴生的锈蚀处。对大件青铜文物，特别是需要揭示表面铭文和花纹的青铜器使用本法效果更好。但是，该溶液易使铜锈颜色变为深棕色，因此操作时需小心，处理青铜器的时间不宜过长。

(3) 碱性甘油法处理

碱性甘油就是指甘油与 NaOH 的混合溶液，表 4-1 为碱性甘油常用的两种配方。

表 4-1 碱性甘油常用配方

原料名称	分子式	配方 1	配方 2
氢氧化钠	NaOH	50g	12g
甘油	$C_3H_8O_3$	50g	4ml
水	H_2O	1000g	100ml

此法只能用于金属性能完好的器物，用湿棉球敷涂，24h 后锈体变得疏松而易除去。处理后青铜表面呈砖红色，溶液变为蓝色，这是由于在碱性甘油作用下，锈体及表皮的铜化合物与其作用生成可溶性的蓝色甘油配合物而除去，如式(4-5)。处理完毕后用蒸馏水冲洗干净，然后用丙酮冲洗、晾干。若器物不大，可考虑浸泡，处理速度会提高很多。

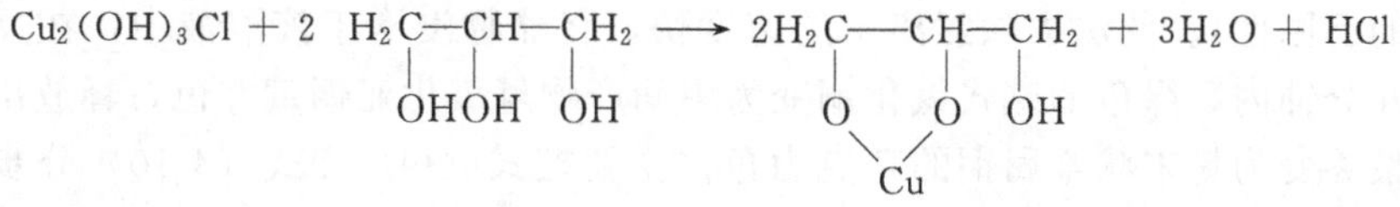

$$Cu_2(OH)_3Cl + 2\ H_2C\text{—}CH\text{—}CH_2 \longrightarrow 2H_2C\text{—}CH\text{—}CH_2 + 3H_2O + HCl$$
$$\quad\quad\quad\quad\quad\quad\ \ \ |\ \ \ \ \ |\ \ \ \ \ \ |\quad\quad\quad\quad\quad |\ \ \ \ \ \ \ |\ \ \ \ \ \ |$$
$$\quad\quad\quad\quad\quad\quad\ \ \text{OH OH OH}\quad\quad\quad\quad\quad\quad\text{O}\quad\ \text{O OH}$$
$$\quad\quad\quad\quad\quad\quad\quad\quad\quad\quad\quad\quad\quad\quad\quad\quad\quad\ \ \backslash\ /$$
$$\quad\quad\quad\quad\quad\quad\quad\quad\quad\quad\quad\quad\quad\quad\quad\quad\quad\ \text{Cu}$$

(4-5)

(4) EDTA 法处理

EDTA，即乙二胺四乙酸，化学结构式如图 4-10。几乎所有的文物保护实验室都备有 EDTA 试剂。这种处理方法常被称为"万能的 EDTA 法"。说其万能，是指 EDTA 类的螯合物具有较强的络合能力，不管是器物表面的沉积物如钙、镁化合物，还是铜锈、铁锈等含铜、铁的化合物，EDTA 均能"通吃"。

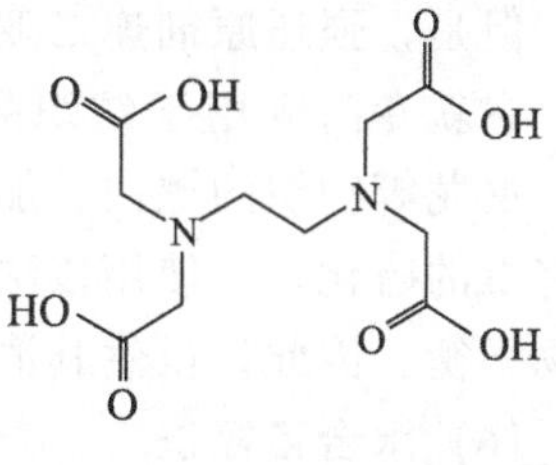

为了提高 EDTA 水溶解度，常将其配制为二钠盐使用。EDTA 二钠盐常用 Na_2H_2Y 表示，其去除锈蚀物及器物表面沉积物的反应式如式(4-6)～式(4-8)：

图 4-10 EDTA 化学结构式

$$Cu^{2+} + Na_2H_2Y \longrightarrow CuH_2Y + 2Na^+ \quad\quad (4\text{-}6)$$

$$Ca^{2+} + Na_2H_2Y \longrightarrow CaH_2Y + 2Na^+ \quad\quad (4\text{-}7)$$

$$Mg^{2+} + Na_2H_2Y \longrightarrow MgH_2Y + 2Na^+ \quad\quad (4\text{-}8)$$

具体操作方法是：将脱脂棉糊敷于需要除锈的部位，之后将2‰~5‰的EDTA二钠盐溶液滴于脱脂棉上，随时观察脱脂棉颜色变化情况，因EDTA二钠盐对铜基体有一定的腐蚀作用，处理时间不能太长。根据实际情况，可反复糊敷，也可待锈蚀软化后，结合机械方法进行除锈。该法常用于鎏金青铜器表面的除锈处理。

小知识

什么是螯合物？螯合物是由中心离子和多齿配体结合而成的具有环状结构的配合物。螯合物是配合物的一种，在螯合物结构中，一定有一个或多个多齿配体提供多对电子与中心体形成配位键。螯合物通常比一般配合物要稳定，结构中经常具有五元或六元环结构的更为稳定，螯合物的稳定常数都非常高。可形成螯合物的配体称为螯合剂。

(5) 需要慎用的碱性连二亚硫酸钠法

所谓的碱性连二亚硫酸钠，就是将连二亚硫酸钠溶解于氢氧化钠溶液中。具体操作方法是：将要处理的器物迅速放入40g/L的氢氧化钠和50g/L的连二亚硫酸钠的混合溶液中，然后将容器封闭，以尽可能排除氧气（连二亚硫酸钠具有很强的还原性）。此法去除氯离子的速度快，将器物浸泡于该溶液中，在反应开始的几分钟内，绿色的碱式氯化铜变为中间产物氢氧化亚铜黄棕色，释放出氯离子，最终变为粉末状金属铜的巧克力色。主要按式(4-9)和式(4-10)分步反应过程进行：

$$3Cu_2(OH)_3Cl + S_2O_4^{2-} + OH^- = 6[Cu(OH)] + 3Cl^- + 2SO_4^{2-} + 4H^+ \quad (4-9)$$

$$6[Cu(OH)] + S_2O_4^{2-} = 6Cu + 2SO_4^{2-} + 2H_2O + 2H^+ \quad (4-10)$$

但是，强还原剂连二亚硫酸钠容易使铜锈的颜色发生很大的改变，在工业上，它就专门应用于纺织品的还原性染色、还原清洗、印花和脱色及用作丝、毛、尼龙等物织的漂白。加之，连二亚硫酸钠有毒，遇水放热，并产生易燃的氢与有毒的硫化氢；使用该法的另一个问题是废液的排放可能会破坏污水系统的微生物平衡。因此，虽然其清除有害锈非常快，但不是万不得已不用该法！

(6) 水合乙氰法

乙氰（CH_3CN），又叫乙腈、甲基氰等。虽自身有一定芳香气味，但乙腈气体却有一定的毒性，能溶于水及各种非水溶剂，包括乙醇、甲醇、乙醚、丙酮、苯等。基于安全性考虑，用于金属文物的处理主要选择水合乙氰。

对于一价铜腐蚀产物，乙腈是非常有效的络合剂。50%（v/v）的乙腈水溶液可去除器物上活泼的氯化亚铜，反应如式(4-11)：

$$CuCl + 4CH_3CN = Cu(CH_3CN)_4^+ + Cl^- \quad (4-11)$$

因此该方法能从锈蚀产物内部去除氯离子，脱氯速度较倍半碳酸钠快。但若处理时间较长，由于氧气在溶液中的溶解度较大，可能将赤铜矿进一步氧化为黑铜矿，导致铜锈变色。同时因有一定的毒性，使用时需要在密闭容器或通风柜中完成。

(7) 缓蚀剂保护法

用于青铜器保护的缓蚀剂有很多种，这里主要介绍苯并三氮唑（BTA）。20世纪60年代就有研究者将BTA引用到青铜器保护之中，取得了良好的保护效果，并且广泛流传。随着社会与科技的发展，各种效果及性能非常好的缓蚀剂先后诞生，但依然无法撼动BTA在青铜保护中的地位。苯并三氮唑的结构式如图4-11。

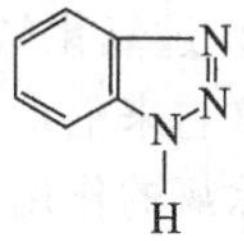

图4-11　苯并三氮唑化学结构式

研究者普遍认为BTA之所以能够抑制青铜器腐蚀，主要是因为用BTA处理铜器后，在铜器表面形成一层链状结构的Cu-BTA配合物。BTA不仅可与金属铜，也可与铜的氧化物发生反应，因此BTA非常易于吸附在青铜表面，从而阻止外界有害因素对青铜的侵蚀。

在实际处理中，BTA保护法通常是在完成青铜器除锈工作及去除"粉状锈"之后进行的。以乙醇为溶剂，配制1%～3%的BTA溶液，最好应在60℃恒温水浴中浸泡完成。实验表明，在60℃下，BTA不仅可以渗入到器物内部，且可与铜器表面充分反应形成网状配合物。当然，用BTA法的缺点是当将器物从缓蚀液中取出干燥后，有未反应的白色BTA晶体析出，需要擦拭，无形中增加了保护工作量。

小知识

什么是缓蚀剂？"缓蚀剂"的广义定义是：只要少量添加于腐蚀介质中就能使金属腐蚀的速度显著降低的物质；其狭义定义是：能使金属表面上形成吸附膜从而明显抑制金属腐蚀过程的物质，文物保护领域人们通常所说的缓蚀剂主要指狭义的缓蚀剂。

(8) 青铜器点腐蚀的局部处理

对于"点腐蚀"的青铜器，只需要针对性地处理被腐蚀的部位，无需大面积铺开或全部浸泡处理，这样既可提高处理效率，同时兼顾环保。"点腐蚀"的部位大部分感染了"青铜病"，如前所述，青铜病是个顽症，且易于感染。因此，选择疗效好、快、准的治疗方法对于挽救患有"青铜病"的器物来说，至关重要。

我们常用AgO封闭法和过氧化氢法治疗"点腐蚀"青铜器。

① AgO封闭法。使用AgO封闭法的前提是需要彻底剔除"粉状锈"，不管

是采用机械法或其他化学法,直到露出新鲜的铜质。剔除掉"粉状锈"后,会出现一个坑,之后将 AgO 粉(化学试剂,有售)用分析纯的乙醇调成糊状,填充腐蚀的坑。AgO 既可作为填充剂,同时未除净的 CuCl 可与 AgO 充分接触,发生如式(4-12)所示的反应,形成的角银膜可阻止氯离子的作用,使铜器处于稳定状态。

$$AgO + CuCl = AgCl + CuO \tag{4-12}$$

② 过氧化氢法。过氧化氢,即双氧水(H_2O_2),为非常强的氧化剂,医院经常拿它来消毒杀菌。在青铜文物处理中,双氧水可将氯离子氧化成氯气,从而起到除氯的作用。通常的处理方法是将双氧水配制成一定浓度(视腐蚀情况采用不同的浓度),用滴管滴"点腐蚀"的部位(有很强的针对性),一会儿就看到有气体产生。这一过程中,过氧化氢除与氯离子发生反应产生氯气外,自身也会分解生成氧气,如式(4-13)、式(4-14):

$$2H_2O_2 + CuCl \longrightarrow 2CuO + 2H_2O + Cl_2 \tag{4-13}$$

$$H_2O_2 \longrightarrow 2H_2O + O_2 \tag{4-14}$$

小知识

什么是"点腐蚀"?点腐蚀就是指在金属材料表面大部分不腐蚀或者腐蚀轻微,而分散发生的局部腐蚀。一般点腐蚀的孔径都小于 1mm,深度都大于孔径。不锈钢在含有 Cl 的环境中容易出现点腐蚀的倾向。

4.3.2 铁质文物的化学处理

铁质文物的化学处理主要包括除锈与脱盐,除锈一般借助于物理方法。但针对一些特殊的情况,如出土铁器文物表面沉积物,往往需要借助于化学试剂的软化,再结合物理方法去除;再如对于金银饰的铁器,为了得到更好的展示效果,通常采用蘸有一定化学试剂的脱脂棉来贴覆需要去除锈蚀的部位。而铁质文物的脱盐处理,主要应用的是化学方法,其他如电化学还原或氢离子还原法也用到了化学试剂。因此,铁质文物的化学处理对于铁器的保护来说,是非常重要的。

(1) 化学除锈

在实际操作中,应根据器物材质、腐蚀程度、表面硬结物种类的不同,选用不同的化学除锈剂。目前用于铁质文物除锈的化学除锈剂很多,主要包括柠檬酸、醋酸、草酸、磷酸等弱酸,以及 EDTA 二钠盐等络合剂。

应用化学除锈剂除锈后,均需用蒸馏水反复清洗,以防止药物残留在器物上,然后配合使用小型机械或电动工具除去铁器上的锈蚀。

> **要点提示**
>
> 化学除锈剂对铁质文物的适用性。
>
> 虽然工业上所用的强酸除锈速率非常快,但决不能应用于金属文物的化学处理中,铁锈中的有害成分去除是没问题的,但残余的铁基体也会发生严重的腐蚀,这背离了文物保护的基本原则。
>
> 因此,可采用一定浓度的弱酸来进行除锈。铁的氧化物可与酸发生反应而溶解,同时弱酸对铁基体构成的威胁,可通过控制试剂浓度和除锈时间来避免。研究表明,各种弱酸的除锈速度是不同的,以浓度5%为例,几种常见弱酸对铁的氧化物的溶解速率顺序为草酸>磷酸>柠檬酸、酒石酸,而对铁基体的腐蚀速率顺序为磷酸>酒石酸>柠檬酸>草酸。由此看来,草酸去除铁的氧化物效果应该是最好的。

(2) 良剂除钙盐

对于各种埋藏环境下的铁质文物,其保存状况是非常复杂的,铁质文物的清洗工作绝非局限于上述除锈步骤。如出土铁器表面经常附着有非常坚硬的土锈,或者一层以碳酸钙为主的白色沉积物。在我们处理的大量铁质文物中,这种情况很是普遍。如青州香山汉墓出土的一批铁剑,铁质基体几乎全无,质地非常脆弱,同时表面有一层白色的碳酸钙沉积物,并且沉积物会深入铁剑内部,清洗保护工作难度较大。国家博物馆工作人员针对这批铁剑,制订了以去除碳酸钙为主,铁锈为辅的保护方案。研究表明,EDTA 与醋酸对碳酸钙的溶解能力远远大于草酸、酒石酸和柠檬酸,表 4-2 列举了几种不同钙盐的溶解性,由此可知原因。但因醋酸有刺激性味道,实际使用时应在通风橱下进行。

表 4-2 几种钙盐的溶解性

名 称	化学式	溶解性	溶度积 pK_{sp}
碳酸钙	$CaCO_3$	难溶	8.42
草酸钙	$CaC_2O_4 \cdot H_2O$	难溶	8.64
酒石酸钙	$C_4H_4O_6Ca \cdot 4H_2O$	微溶	
柠檬酸钙	$(C_6H_5O_7)_2Ca_3 \cdot 4H_2O$	微溶	
醋酸钙	$Ca(C_2H_3O_2)_2 \cdot H_2O$	可溶	
乙二胺四乙酸二钠钙	$CaNa_2EDTA$	可溶	
磷酸一氢钙	$CaHPO_4 \cdot 2H_2O$	微溶	7
磷酸钙	$Ca_3(PO_4)_2$	难溶	26

在对青州铁剑的保护处理中，首先采用5%EDTA溶液超声波清洗铁剑约5min，之后取出铁剑，待干燥后观察表面钙盐去除状况。若还有很多钙盐，视具体情况可重新采用5%EDTA超声清洗，或用5%的EDTA（也可用醋酸）贴覆并结合机械方法，最后，应在去离子水中进行超声清洗，直到溶液pH为6~7，以确保大部分EDTA置换出来；清洗除锈工作结束后，烘干铁剑，因铁质基体几乎全无，并未对铁剑进行缓蚀处理；最后，采用1%~1.5% B72加固器物，铁剑处理前后对比效果见图4-12和图4-13。

图4-12　青州铁剑保护处理前

图4-13　青州铁剑保护处理后

(3) 化学脱氯盐

在金属文物中，文物保护工作者最怕提到"氯"，"氯"在青铜器中就意味着可能存在有害的"粉状锈"，在铁器中，表面保护工作也以脱氯为主。特别对于出水的铁质文物，研究者指出一些出海的铁质文物可含有约10%（质量比）的氯，含氯的腐蚀产物主要包括：氯化钠（NaCl）、氯化铁（$FeCl_3$）、氯化亚铁（$FeCl_2$）、绿锈Ⅰ（$Fe_{3-x}^{II}Fe_{1+x}^{III}(OH)_8Cl_{1+x} \cdot nH_2O$）、氧基氯化铁（FeOCl）、纤铁矿（$\gamma$-FeOOH）及四方纤铁矿（$\beta$-FeOOH）等；大部分腐蚀产物不太稳定，在一定的条件下易转化为稳定的针铁矿（α-FeOOH）或磁铁矿（Fe_3O_4）；研究表明，含氯腐蚀产物主要以四方纤铁矿（β-FeOOH）或可溶性氯化物的形式存在于铁锈中。

因此，我们常提到的铁器脱盐实质上主要是指脱除氯化物。铁器若不脱盐，即使对其进行缓蚀与封护处理，进入铁器中的少量水和氧气也易与器物中的氯化物一起对器物发生侵害。因而去除铁质文物内的氯化物等有害盐对保持铁器的稳定性有重要作用，可以说脱盐是铁器保护处理中的一个非常重要的环节。

在铁质文物化学脱盐方法中，最著名的当属碱液浸泡法与碱性亚硫酸盐还原法。有关这方面的资料主要来源于外文文献，特别是澳大利亚，由于其出水文物多，对铁器的脱盐研究一直处于领先地位。

① 为何要选择 NaOH 水溶液浸泡？对于铁器的脱氯，很多人会提到直接用蒸馏水或去离子水浸泡就可以了，何必选用 NaOH 碱液呢？其实，水也可以脱氯，这毫无疑问。前面提到了，但若将铁器长期浸泡在水溶液中，水自身会对铁器造成一定的腐蚀。而 NaOH 为强碱性，铁器浸泡于 NaOH 溶液中，不会对金属造成严重的腐蚀。选择 NaOH 溶液浸泡的另一个原因是，由于 OH^- 离子良好的流动性，使其能够迅速渗入到腐蚀产物中去，从而促使了氯离子的释放。研究表明，NaOH 溶液比其他碱液如碳酸钠、碳酸氢钠等脱氯效果要好得多。

具体的操作方法是：将器物放在适当容器中，用足以浸没器物的 NaOH 水溶液浸泡，NaOH 溶液体积至少是器物体积的 5 倍，NaOH 溶液的浓度一般选择 2%（w/w），也即 0.5mol/L。定期监测清洗液中氯离子浓度，根据需要更换 NaOH 溶液，直到认为清洗液中氯离子已基本去除。浸泡周期根据含氯情况决定，一般较长，最少 1 个月以上，对于氯含量较高的出水铁器，甚至可能需要 1 年以上的时间。用 NaOH 溶液浸泡完之后，将器物再完全浸泡于蒸馏水（或去离子水）中，以除去多余的 NaOH。

② 碱性亚硫酸盐还原法。碱性亚硫酸盐的配方为 0.5mol/L NaOH ＋ 0.5mol/L Na_2SO_3，主要利用 Na_2SO_3 的还原性和 NaOH 的碱性。因 Na_2SO_3 的还原性，碱性亚硫酸盐可以阻止二价铁向三价铁的转化，这样不会有新锈蚀物沉积在已经形成的腐蚀产物孔洞内，从而有助于氯离子的扩散，同时还能使铸铁石墨区坚固化。用碱性亚硫酸盐法必须使用密闭容器，因为大气中的氧气会与溶液中的 SO_3^{2-} 反应生成，SO_4^{2-} 而使溶液失去还原能力。

具体处理步骤：将器物置于装有 0.5mol/L NaOH＋0.5mol/L Na_2SO_3 溶液的密闭容器内，之后将溶液缓慢加热到 60～90℃，并在此温度下保持一段时间，根据溶液中氯离子含量决定更换溶液或判断浸泡结束时间。脱盐结束后，将器物置于去离子水中，以除去多余的碱性亚硫酸盐。碱性亚硫酸盐还原法更适用于处理小型器物，因可加热的大型容器造价较高。研究者认为对于刚出水的铁器，尚未发生氧化，使用碱性亚硫酸盐还原法脱盐会更为有效，而对于已经干透的器物，应用该方法脱盐效果不显著。

考虑到环保需求，对于废液应采取如下处理：首先将废液置于开口的桶内至少两周，以使空气中的氧气与溶液中的 SO_3^{2-} 反应生成无害的 SO_4^{2-}，过量的 SO_3^{2-} 可用酸中和到合适的 pH 范围。若 SO_3^{2-} 未充分与氧气发生反应，加入酸

后可产生 SO_2 气体。

> **要点提示**
>
> 脱盐之前一定要除锈。铁质文物若不经过除锈而直接脱盐，其保护工作将是事倍功半。首先，脱盐是个非常缓慢的过程，研究表明：脱盐时间的长短与锈蚀层的厚度成平方关系，也即若腐蚀层的厚度为双倍，其脱盐处理时间就会相应地增为4倍；其次，铁质文物的除锈处理，主要是去除疏松多孔的锈蚀产物，如前所述，疏松的锈蚀产物一定程度上是一个"蓄水池"，若不去除，空气中的水分和有害气体可进一步聚集，不利于文物的保护。

4.3.3 金银器表面清洁的方法

对于纯金艺术品和文物，由于其化学性质稳定，在大气环境中不易受到氧化，因此，通常不需特殊的保护处理。而银器在大气环境中，易受到硫化物及氯化物的侵蚀，生成硫化银和角银（氯化银）而使银器颜色变得晦暗没有光泽。因此，如果是单纯地去除银的腐蚀产物而使器物发亮，可用软刷或软布沾上牙膏或肥皂进行擦拭，或者采用硫代硫酸钠溶液（按100g水加入20g硫代硫酸钠配制）清洗，之后再用清水洗净即可。但事实上，如果只是在银器表面上生成薄薄的一层腐蚀物，不仅可以阻止银器的进一步腐蚀，同时因呈现出一种悦目的古斑色调，增加了器物的艺术魅力，应该予以保留。

对于出土的金银器或鎏金（银）铜器，保护原则是以去除遮盖器物形貌和花纹的土垢或其他锈蚀产物为主，用来清除锈垢的化学试剂除了之前所述的EDTA、柠檬酸、硫脲外，还有氨水和甲酸两种清洗试剂。

氨能够溶解铜，生成可溶性的蓝色铜氨络合物，常用的是10%的稀氨水，但氨水有强烈的刺激性气味，因此使用时应在通风橱中操作。

甲酸（HCOOH）的酸性较强，有一定的腐蚀性。甲酸溶液能有效地分解含铜矿化物，而对银不起作用，一般用一份甲酸加两份水的混合溶液处理，也可以用甲酸溶液将锌粉调成糊状物进行贴覆，以促进较坚硬的锈蚀物的去除。

4.3.4 金属文物化学处理效果评价

金属文物除锈、脱盐、缓蚀等过程结束后，器物应符合以下条件。
① 器物表层应该无疏松多孔的锈蚀物，可见坚硬无害的锈层或基体；
② 所应用的保护处理方法应该不改变器物的原始形状，器物原始表面历史

信息及纹饰、铭文没有损伤，器物颜色应无明显改变；

③ 各种化学处理试剂应对金属文物无明显腐蚀；

④ 各种化学废液排放符合环境安全要求；

⑤ 脱盐溶液中的氯含量应在 50ppm 以下，且氯含量在一段时间内无明显的增加。

以下介绍几种常用的分析脱盐溶液中氯含量的检测方法。

(1) 硝酸银及硝酸汞滴定法

这种传统的沉淀滴定法，优点是所需仪器设备简单，缺点是滴定过程中有沉淀生成，容易造成银、铬和汞等离子对环境的二次污染（其中汞盐为剧毒，需专业清理废液）。该法适用的 pH 范围为 6.5～10.5，适用的浓度范围为 10～500mg/L。可往 10mL 脱盐溶液中滴加几滴稀硝酸银溶液，通过观察溶液是否浑浊来定性判断氯化物的存在。

(2) 电位滴定法

电位滴定法同样是通过硝酸银滴定，只是终点判断是依据电位的突变。2001年，国家质量技术监督局发布"无机化工产品中氯化物含量测定的通用方法——电位滴定法"的国家标准。该方法适合于测定带色或浑浊的溶液，检测下限为 3.5mg/L Cl^-。

(3) 离子色谱法

离子色谱法是目前通用的测定氯离子含量方法，有检测限低、灵敏度高、分析精度高和测定简便快速等特点。但缺点是分析成本高，基体溶液中的离子浓度过高会影响分析的准确性。

(4) 氯离子选择性电极

氯离子选择性电极是一种测定水溶液中氯离子浓度的常用分析工具，是一种相对环保的检测方法。该方法的优点是仪器较为简单，如 pH/mV 计（见图 4-14），价格便宜，便于携带，适用于现场检测；测定速度快，精密度和准确度还可以。

该方法要求被测溶液在中性到弱酸性，因此，在检测铁器脱盐溶液中的氯含量时，要求将待测的碱性溶液调试到合适的 pH 范围，同时需要标准溶液来校正仪器，样品前处理及校正过程相对耗时较长。氯离子选择性电极能检测出水溶液中氯离子含量的最低浓度是 2ppm。

(5) 氯离子测试条

将测试条浸入被测溶液中，通过与标准色卡对比，可知溶液中氯含量的大概范围。目前，市售有很多种氯离子测试条，如 Quantofix 测试条（图 4-15）、Ehsy 测试条等。测试条有不同的氯含量测试范围，可根据实际情况进行选择。氯离子测试条类似 pH 试纸，携带方便，测试方法简单，且保存期较长，但缺点是检测时需要将溶液调到中性，且部分离子的存在会干扰检测结果，分析精度低。

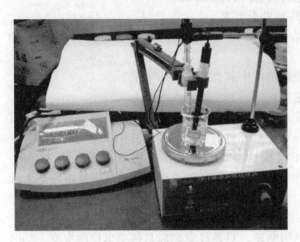
图 4-14　氯离子选择性电极

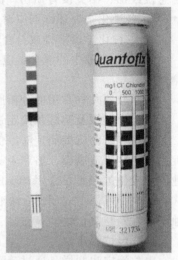
图 4-15　Quantofix 氯含量测试条

4.4　给文物穿上防护服——金属文物的封护

4.4.1　为什么要让金属文物穿上"防护服"

金属文物经历了数百年乃至几千年的历史，其"身体"强壮程度已经大不如前，就像一个年轻力壮的小伙进入了耄耋之年。在经过了前面所讲的精心看护和治疗后，年老的金属文物应该已经脱离了危险期，可以出院了。但是对于这种特殊的"病人"来说，二十四小时的看护是必须的，对于人来说这种情况应该进入特别看护病房，对于金属文物来说则需要对其所处的周围环境进行特别调控。金属文物的防腐蚀保护是文物保护领域探讨多年的课题。除去自身的因素，文物保存的环境是影响金属腐蚀行为的主要因素之一，影响文物保存的主要环境因素见图 4-16。

在国内目前的技术和经济条件下，大多数博物馆难以保证完全按照金属文物保存的环境要求来进行环境控制，对于一些室外的金属文物更是如此。在这种情况下，对金属文物自身进行科学保护处理使其具有一定的

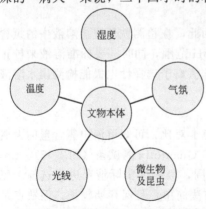
图 4-16　影响文物保存的环境因素

抵御环境腐蚀的能力是最为有效和现实的,即采取主动性保护处理,也就是说给它们穿上特殊的"防护服"——表面封护层。这在文物保护专业,就有了一个专业术语——封护。

小知识

  封护的定义 "封护"按其字面意思应理解为"封闭保护",就是使用某种工艺和材料将文物与外界环境隔离开来,使其避免受到环境中不利于文物保存因素的影响。文物界封护的具体定义:"指在文物表面涂覆天然或合成材料,以防止或减缓环境(介质)对文物造成的损害的过程",即使用封护剂在文物表面形成防护层,以隔绝外界环境中的水分、氧气和其他有害成分,从而保护文物的过程。

  表面封护剂就像是为文物定制的防护服,与文物表面进行物理结合和分子间的键合,具有对文物本身的伤害小和能进行可逆操作的优点,并且使用成本较低容易进行操作。封护涂层的防护作用是多方面的,它可以机械地把外界复杂的腐蚀环境与金属表面隔离,形成屏蔽性良好的保护膜,也对器物的表面进行了加固,能防止外界环境对文物的不利影响。

4.4.2 情况复杂,个性鲜明——金属文物封护处理的特殊性

  通常金属文物表面都存在锈蚀产物,就像人体的皮肤病一样,虽然有的锈层比较稳定也具有一定的美学价值,但是也有一些危险的病症存在于其中,甚至深藏于表面之下,如何将病症之源找到并且根治是金属保护的一大难题。由于大多数锈层表面坑坑洼洼且较为疏松,人们也不可能将其全部除去,所以在锈层之上进行"隐形且致密牢固"的封闭保护是十分困难的。另一方面表面带锈的金属文物封护保护研究也进行得较少,其长期有效性还有待考察。

  金属文物封护保护研究必须考虑以下问题:生锈表面的处理,适当的封护材料和封护方法。评价材料性能时,除了要考察附着力、耐候性和耐紫外老化性能外,还要考虑涂层厚度与耐腐蚀性能的关系、涂层的可再处理性和老化产物等性能。

  金属文物保护是一个综合的系统过程。在实施封护过程中必须注意:保护方法要与当地的实际条件相结合;材料选择需要大量试验;采用的方法必须基于科学试验和分析;保护材料的使用效果与表面处理效果和环境条件之间的关系等。一物一诊,综合判断,才能达到科学保护、治病救物的目的。

  对于封护保护而言,影响的因素有很多:器物在涂覆涂层前是否清洁,清洁程度如何?涂层是否完整?所有涂层材料都有一定的渗透性,因此在涂覆前器物

表面处理非常重要，文物含盐量较高时需要脱盐。封护涂层性能取决于涂层的物理结构以及老化过程中发生的变化。文物表面的状况、文物和封护层之间的附着力、封护层的连续性以及层中添加的缓蚀剂也是影响因素。为了达到理想的保护效果，合适除锈、脱盐和缓蚀步骤很是重要。

根据文物保护的特点和化学工艺操作的基本准则，经过多年的保护实践，文物保护工作者们认识到金属文物封护通常须要遵循以下几个原则：

① 封护操作方法应简便易行，封护层无色透明、无炫光、对本体无伤害；

② 封护是文物保护最后一个操作步骤，应在其他保护步骤结束后进行；

③ 封护材料还应有基本性能，见图4-17。

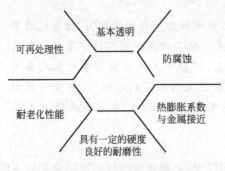

图 4-17　封护材料的基本性能

4.4.3　天然封护材料的选用

早期金属文物的封护处理主要是采用天然材料，如蓖麻油和蜡等，主要目的是进行加固以及隔绝水分和有害物质。主要天然封护材料如图4-18。

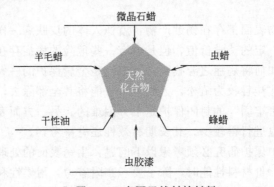

图 4-18　主要天然封护材料

① 微晶石蜡　微晶石蜡是一种在文物保护中应用较早、较广泛的材料。微晶石蜡是从原油蒸馏精制获得的片状或针状结晶，其主要成分为正构烷烃，也有少量带个别支链的烷烃和带长侧链的环烷烃。熔点较高，相对硬度大，水汽不容易透过。微晶石蜡具有韧性，不易破碎。大多数品级的微晶蜡有可塑性。长期研究和实践表明，微晶石蜡能够在较大程度上满足文物保护的需求。

② 虫蜡　虫蜡又称虫白蜡、川蜡、中国蜡。是雄性白蜡虫幼虫生长过程中分泌的蜡，为动物蜡，主要含大分子量的酯类，及少量的棕榈酸、硬脂酸。熔点

高(约80℃)、硬度大,理化性质比较稳定,具有密闭、防潮、防锈、防腐等作用,可应用于金属文物封护。虫蜡微溶于醇和醚,全溶于苯、异丙醚、甲苯、二甲苯、三氯乙烷,主要采用热熔涂刷方法。

③ 蜂蜡 蜂蜡又称蜜蜡,主要成分酯类、游离酸类、游离醇类和烃类,此外还含微量的挥发油及色素。蜂蜡微溶于冷乙醇,完全溶于氯仿、醚以及不挥发油和挥发油。在与脂肪、油、蜡和树脂共熔时,可以与之混合。蜂蜡可以采用溶剂溶解,直接涂刷在金属文物表面。

④ 羊毛蜡 羊毛蜡通常称为羊毛脂(wool fat, wool grease),是从羊毛中抽提出来,精制后的产物称为精制羊毛脂(Lanolin)。是脂肪酸酯和长链醇类的混合物,溶于氯代烃中和加热的醇中,熔点约为 $38\sim42℃$。羊毛脂曾被作为具有缓蚀作用的涂层用于金属文物封护保护。

⑤ 干性油 干性油就是含有不饱和脂肪酸,可以与空气中的氧发生交联反应,形成稳定膜的油类。亚麻油(Linseed Oil)、鱼油(Fish Oil)都是干性油,都可以用于涂层。它们最大的优点是黏度低,可以渗透到缝隙中,浸润表面。然而这些材料对于水分的防护能力有限,而且容易滋生细菌和微生物。干性油的使用方法主要是浸注,即把金属文物浸泡入干性油液体中一段时间后取出。

⑥ 鱼油 鱼油是海洋动物油脂,成分非常复杂。鱼油脂肪酸多达数百种,含大量长碳链不饱和脂肪酸异构体。鱼油基材料(如 Rustolium,澳大利亚商品牌号)也用于金属文物的封护。鱼油基材料在室外的使用寿命最长可达10年,可在氢氧化钠溶液中浸泡去除。

⑦ 虫胶漆 虫胶漆是由寄生在某些树木上的寄生虫分泌的。虫胶漆熔点为 $65\sim77℃$,可溶于乙醇、乙酸及碱溶液,不溶于脂肪族和芳香族烃类。使用虫胶漆进行封护时需要注意以下情况:一是,配制虫胶溶液先在烧瓶中加入一半溶剂,然后倒入虫胶漆片,再将所需的溶剂加足,溶解前无需搅拌,静置溶解。二是,应在搪瓷或陶瓷玻璃容器中配制,以免与金属起化学作用而使颜色变深。

虫胶用乙醇制成溶液,直接刷涂在金属文物表面。但虫胶乙醇溶液腐蚀铁,使用时必须非常注意。虫胶用作封护材料,表面会产生眩光,因此需要在其上再涂一层平光漆消光,处理后的器物具有良好的耐水性和耐盐水性能。虫胶可以使用酒精、丙酮或者吡啶除去。

4.4.4 合成高分子封护材料的选用

硝基清漆、聚乙烯醇缩丁醛、聚氨酯、丙烯酸树脂、聚硅氧烷等多种合成高分子材料在金属文物封护过程中使用过。合成材料存在一个普遍问题,即涂层强度和耐候性越好,可逆性就越差,将来去除就越困难。为了解决这一问题,通常采用两种涂层。第一层的耐候性较差，相对容易去除；第二层涂层耐候性较好，相对难以去除。

小知识

单种涂层封护与复合涂层封护 单种涂层封护就是指使用一种封护材料作为涂层对金属文物进行表面封护，由于简便易行，这种方法到目前为止仍为大多数文物保护工作者采用。复合涂层封护是指使用两种或两种以上的封护材料，对文物进行多层封护。采用复合封护可以较好地解决封护材料封闭性与可再处理性之间的矛盾，是今后金属文物封护的发展方向，但操作较为复杂且需要考虑不同材料间的性能差异与配合。

主要人工合成封护材料图 4-19。

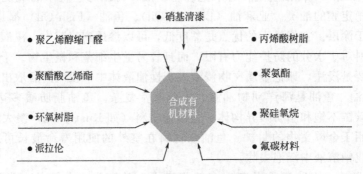

图 4-19 主要人工合成封护材料

① 硝基清漆 硝基清漆又称硝酸纤维素漆。英国在保护一艘 16 世纪西班牙战舰时，使用了硝基清漆 "Ebonide" 作为最后的封护涂层，这一封护涂层在必要时可以去除。硝基清漆干燥快、坚硬耐磨，但附着力和耐酸碱性能较低，在紫外线作用下容易分解，产生失光、粉化等现象。随着合成材料的发展进步，目前很少使用硝基漆。

② 聚醋酸乙烯酯 热塑性树脂，化学稳定性较好。溶于芳烃、酮、醇、酯和三氯甲烷中，封护膜透明有光泽，有一定可逆性。其封护剂配制简单，常温溶剂挥发成膜，无腐蚀性。缺点是耐水、耐热、耐溶剂性能都较差。当被水浸泡时会溶胀变成白色，因此，聚醋酸乙烯酯不适用于潮湿环境中文物的封护。

③ 聚乙烯醇缩丁醛 吸水率不大于 4%；软化温度 60～65℃；无毒、无臭、无腐蚀性。溶于甲醇、丁醇、丙酮、甲乙酮、环己酮、二氯甲烷、氯仿、乙酸甲酯、乙酸乙酯、乙酸丁酯等。具有优良的柔软性、耐寒性、耐冲击、耐紫外辐照和挠曲性，有较高的透明性。溶于乙醇等溶剂后直接涂覆与文物表面，常用浓

度约为3%，溶液中可添加定量的苯并三氮唑（BTA）（约为1%）。

④ 派拉伦　派拉伦是一种由真空沉积形成的独特的热塑性高分子化合物，通过气相沉积可形成一至几百微米的涂层。派拉伦沉积是以化学方法进行分子级沉积，其原理是，双聚物在真空中蒸发加热形成双聚物气体，然后将其热解成单聚物形式，最终沉积成多聚物薄膜。Parylene N 是派拉伦系列穿透力最高的有机材料，主体为聚合对二甲苯，是线性、高结晶度材料，派拉伦的涂敷是通过气相沉积，它穿透性较强，可进入液态涂敷难到达之处。

优点：膜层均匀，透明，连续，无针孔，透气，透水率很低，具有优良的防护性能。

缺点：涂覆前需要经过必要的清洗，干燥过程，以除去产品上存在的各种污染。特别对于氯化钠和有机物含量有明确的规定。由于要将文物置于特殊仪器中进行真空气相沉积，所以使用派拉伦对金属文物进行封护受仪器舱尺寸的限制，较大尺寸文物无法进行。

⑤ 丙烯酸类材料　丙烯酸树脂材料具有许多突出的优点，优异的耐光、耐候性，户外暴晒持久性强，紫外光照不易分解和变黄，能长期保持原来的光泽和色泽，耐热性好，耐腐蚀，有较好的防沾污性能。丙烯酸类材料是文物封护的一类重要材料。其常温干燥、附着力强、透明性好等性能符合文物保护的基本要求，具有可再处理性。

Paraloid B-72 和 Paraloid B-44 是美国罗门哈斯公司（Rohm and Haas）生产的 Paraloid 系列产品，是广泛用于文物保护中的丙烯酸类材料。

丙烯酸类材料常温干燥、附着力强、透明性好，基本上能保持文物原有面貌，如果涂膜长久暴露在环境中遭受破坏后还可以重新涂刷。但一些丙烯酸类材料老化后会产生酸性基团，促进金属文物的腐蚀。有些丙烯酸类材料如聚甲基丙烯酸酯成膜后会产生眩光，需要采用其他方法消去眩光。

小知识

丙烯酸树脂和多面手 Paraloid B-72　丙烯酸树脂（acrylic resin）是丙烯酸、甲基丙烯酸及其酯或其衍生物的均聚物和共聚物的总称。其化学结构为：

$$\left[CH_2 - \overset{\overset{R}{|}}{\underset{\underset{R'-O-C=O}{|}}{C}} \right]_n$$

其中，R 为—H、—CN、烷基、芳基或卤素等；R′ 为—H、烷基、芳基、羟烷基；其中—COOR′ 也可以被—CN、—CONH$_2$、—CHO 等基团取代。作为涂料使用的丙烯酸树脂主要是丙烯酸、甲基丙烯酸及其酯均聚物或共聚物由其它树脂（醇酸树脂、环氧树脂、聚氨酯树脂、聚酯树脂等）改性的丙烯酸树脂。

Paraloid B-72 是甲基丙烯酸酯与乙基甲基丙烯酸酯的共聚物，是一种白色玻璃状结构。化学结构如下：

$$\begin{array}{c}   CH_3 \\ -[CH_2-CH]_m-[CH_2-C]_n- \\ | | \\ CH_3O-C O-C \\ \| \| \\ O H_5C_2 O \end{array}$$

玻璃化温度为 40℃，溶于丁醇、甲苯、二甲苯、醋酸乙酯和丙酮等，是溶剂挥发成膜的典型代表。缺点是形成的膜较脆，耐碱性和抗紫外光能力较差。常用封护浓度为 1‰~3‰左右。已经为全球的多个世界级文物提供保护，其中包括西斯廷教堂（Sistine Chapel）、古埃及法老王 Tutankhamen 的墓葬文物和中国的秦始皇兵马俑等等，堪称多面手。

⑥ 三甲树脂　即甲基丙烯酸甲酯（MMA）、甲基丙烯酸丁酯（BMA）和甲基丙烯酸（MA）的共聚体。溶于甲苯、丙酮等有机溶剂。一般制成品含固体量为 50%，颜色淡黄或白色。三甲树脂丙酮溶液性能稳定、渗透性强、透明度好、耐老化。常用封护浓度约为 3‰左右。

⑦ 环氧树脂漆　环氧树脂是分子中平均含有两个或两个以上环氧基团的高分子预聚物。环氧树脂与固化剂反应生成热固型树脂，具有优异的性能，如高强度、韧性好、耐化学溶剂。多数环氧涂料采用双酚 A 二缩水甘油醚或改性双酚 A 二缩水甘油醚。

环氧树脂从 20 世纪 60 年代起作为加固和粘接材料在石质文物保护中广泛应用。随着环氧树脂在涂料方面应用开发，开始在金属文物的保护中作为涂层使用。环氧树脂是热固性树脂，交联后基本无可逆性，因而在一定程度上应谨慎使用。

⑧ 聚氨酯漆　聚氨酯漆即氨基甲酸酯漆，是指在漆膜中含有相当数量氨酯键（ $-\overset{H}{\underset{|}{N}}-\overset{O}{\underset{\|}{C}}-O-$ ）的涂料。聚氨酯漆树脂中除了氨酯键以外，还含有酯键、醚键、脲键、脲基甲酸酯键、油脂的不饱和双键以及丙烯酸酯成分等。聚氨酯漆的树脂一般由多异氰酸酯（主要是二异氰酸酯）与多元醇结合而成。

聚氨酯漆有许多优良特点。高聚物分子之间能形成氢键，漆膜附着力强，漆膜弹性可以调节，漆膜具有优良的耐化学药品、酸、碱、盐等特性，漆膜固化既可采用高温固化又可采用低温成膜。缺点是聚氨酯树脂涂料多为双组分，施工较麻烦，要求现配现用，受施工期限的限制。

异氰酸酯异常活泼，需要小心贮存。残留的游离异氰酸酯对人体有害，施工现场必须通风，否则容易中毒。聚氨酯施工时由于与水反应，漆膜容易起泡，施工时间太长会产生层间剥离的现象。

聚氨酯的耐候性和耐紫外老化性能优良，因而涂层的使用寿命较长。在采用多层封护材料保护的时候，一般使用聚氨酯材料作为最外层的涂层，可以增加封护层的寿命。聚氨酯材料在固化后无法用溶剂去除，只能采用机械方法，如喷砂方法去除。将纳米二氧化硅或纳米二氧化钛添加到聚氨酯乳液中，也可以提高聚氨酯的耐蚀性和耐老化性能。

⑨ 有机硅涂料　有机硅聚合物简称有机硅，广义指分子结构中含有 Si—C 键的有机聚合物，其特点是分子中至少含有一个 Si—C 键。有机硅涂料是以有机硅聚合物或有机硅改性聚合物为主要成膜物质的涂料。

有机硅材料的特点为：温度稳定性高；耐候性较好；有机硅产品的主链为 —Si—O—，无双键存在，因此不易被紫外光和臭氧所分解。

硅氧烷低聚体作为石质文物的防风化材料在文物保护方面已被广泛应用，将其作为金属文物的封护材料还处于试验研究中。

其作为金属文物封护剂使用还有两个主要的问题：一是表面须有足够的羟基（相对湿度不能太低）；二是固化时间较长。

⑩ 氟碳涂料　氟碳树脂是指由氟烯烃聚合或氟烯烃和其他单体共聚而合成的高分子聚合物。在欧美等国家将以氟烯烃聚合物或氟烯烃和其他单体的共聚物等为成膜物质的涂料称为"氟碳涂料"（fluorocarbon coating），在我国则习惯上称之为氟树脂涂料、有机氟树脂涂料或含氟涂料。

氟碳涂料具有优良的耐热、耐候、耐化学品的性能，已逐渐受到文物保护工作者的重视。国外文物保护机构已应用氟碳材料对砂岩和大理石进行保护处理，取得了良好的加固效果。这一材料也应用于金属文物的保护，可以起到良好的防腐蚀作用。作为文物封护材料在我国也已经得到了一些应用。氟碳树脂涂料成膜后难以去除并且常常产生眩光，为了消除眩光，一般需加入适当的消光剂。

小知识

氟碳涂料的主要种类

- 热熔型氟涂料特氟龙不粘涂料，主要用于不粘锅、不粘餐具及不粘模具等方面；
- PVDF（聚偏氟乙烯树脂）树脂为主要成分建筑氟涂料，主要用于铝幕墙板；
- 室外常温固化氟碳涂料氟乙烯和羟基乙烯基醚共聚物（FEVE 氟涂料），主要应用于桥梁、电视塔等难以经常施工的塔架防腐等领域。

⑪ 有机-无机杂化材料　有机-无机杂化材料是复合材料中的一类。有机-无机杂化材料的有机相和无机相之间的界面面积非常大，界面相互作用强，使通常尖锐清晰的界面变得模糊，微区尺寸通常在纳米量级，因此具有许多优异的性能。除了将纳米颗粒添加到涂层材料中以得到有机-无机复合材料的方法外，通过溶胶-凝胶方法制备的有机-无机杂化材料也可以达到分子级的复合。

通过溶胶-凝胶方法合成的环氧树脂与二氧化硅的杂化材料，与金属表面和带锈的金属表面具有很好的结合力。这种材料在使用过程中还可以添加透明的玻璃鳞片，片状填料可以阻隔水汽，同时增加了水汽在涂层中扩散的路径，起到阻止水汽到达基底的作用。

4.4.5　制定封护方案

根据需要封护的金属文物的具体情况，如所处环境（室内还是室外），周围环境空气湿度高或低，昼夜温差以及冬夏温差等条件选择相应的封护材料。一般来说，室内使用的封护剂应具有良好的可再处理性，便于定期的维护，不必过分强调封护的长期有效性；而对于室外文物来说，封护剂首先考虑的是长期有效性，即耐候性和耐老化性等。

选定材料后，根据材料性质确定封护方法，如溶液浸注、热熔浸注、热熔涂刷、溶液涂刷、溶液喷涂、溶液擦涂、热熔擦涂等。

小知识
几种封护方法简介

溶液浸注：将文物浸泡入封护液中，使封护材料渗入文物表面产生封护层。

热熔浸注：主要为蜡类封护材料使用，指将文物浸泡入加热熔融后的蜡液中的方法。

热熔涂刷：主要为蜡类封护材料使用，指将蜡加热融化后涂刷于文物表面形成封护层。

溶液涂刷：指使用毛刷将封护液涂刷于文物表面的封护方法。

溶液喷涂：使用喷枪或喷笔将封护液喷涂于文物表面的封护方法。

溶液擦涂：使用棉团或丝团等工具将封护液搓涂于文物表面的封护方法。

热熔擦涂：使用棉团或丝团等工具将加热熔融的封护材料搓涂于文物表面的封护方法。

4.4.6 封护处理

封护材料一般需涂覆两遍（含）以上，待第一次涂覆的涂层实干后再涂覆第二次，并可根据封护效果适当增减涂覆次数。

封护操作完毕后的文物须养护，以使封护层充分干燥。养护周期应根据所选封护材料的规定条件确定。如封护层较厚，应适当延长养护时间。在养护期内，封护层应避免摩擦、撞击以及沾染油污和水渍。如遇有大风或雨雪等天气，应在文物周围搭建遮盖工棚，以达到封护材料的规定条件。

在自然光下，用肉眼检查，封护层应基本不改变文物表面原本的颜色和光泽，不应出现刷痕、起泡、发白、橘皮、起皱、起皮和流挂等现象，相关定义见表4-3。

表4-3 涂层表面缺陷定义

表面缺陷	定　　义
橘皮	涂膜上出现的类似橘皮的皱纹表层
起皱	在干燥过程中涂层通常由于表干过快引起的折起现象
刷痕	涂刷层干燥后出现的条状隆起现象
起泡	涂膜脱起成拱状或泡的现象
起皮	涂膜自发脱离的现象
流挂	在涂覆和固化期涂膜出现的下边缘较厚的现象
发白	一般由潮气、起霜所致有机涂膜的变白或失泽现象
针孔	在涂覆和干燥过程中涂膜产生小孔的现象

> **要点提示**
>
> 采用喷枪喷涂时，喷涂方向应尽量垂直于器物表面，喷嘴与物面距离为200到300mm。操作时后一喷涂带边缘应与前一喷涂带的边缘重叠（以重叠三分之一为宜）。喷枪移动速度应尽量均匀。应严格控制喷枪出口处压力，防止损坏文物。
>
> 手工刷涂时，应使毛刷与涂覆面保持适当角度，均匀地在涂覆面上刷上涂料，不易涂刷的部位应用小毛刷预先涂覆。用毛刷顺一个方向轻轻地刷动，直到涂膜中无气泡为止。
>
> 对快干涂料应使用软毛刷分块刷涂，即将涂覆面分成若干块。每块刷涂均按上述方法进行。刷涂时要求动作轻快、准确，尽量避免回刷。每刷涂一块都应与上一块重叠1/3的刷涂宽度。直到全部涂覆面刷涂完为止。
>
> 搓涂可使用纱布包裹棉花制成棉团，也可使用细麻丝或尼龙丝团，蘸取封护材料手工擦涂。
>
> 在文物表面不引人注意位置进行所选材料试验，试验结果满意后方可对整个器物封护。

4.4.7 封护记录

封护操作过程应有详细记录。包括涂覆过程的环境条件、所使用的工具、材料等；养护过程中的环境温湿度；涂覆效果的检查情况等。

封护实施档案记录范例参见表 4-4。

表 4-4 封护实施记录表

	文物名称：		保护方案编号：	
涂覆	环境温度/℃		环境相对湿度/%	
	材料			
	工具			
	涂覆次数		间隔时间/h	
	实施单位		实施人员	
	备注			
养护	养护时间	环境温度/℃	环境相对湿度/%	备注
	第1天			
	第2天			
	第3天			
	…			
检查	外观		光泽度	
	颜色		附着力	
	耐水性		—	—
	备注			
	检查时间		检查人	

小知识

相对湿度、光泽度、附着力、耐水性的含义

相对湿度，指空气中水汽压与饱和水汽压的百分比，也就是湿空气的绝对湿度与相同温度下可能达到的最大绝对湿度之比，也可表示为湿空气中水蒸气分压力与相同温度下水的饱和压力之比。

光泽度，用数字表示的物体表面接近镜面的程度。光泽度的评价可采用多种方法（或仪器）。它主要取决于光源照明和观察的角度，仪器测量通常采用 20°、45°、60°或 85°角度照明和检出信号。

附着力，涂层与基底间结合力的总称。

耐水性，材料对水作用的抵抗能力。

以上性能的测试都有对应的国家标准。

4.4.8 封护效果评价

封护的效果可以通过测定封护涂层的相关性能进行评价，主要性能测试有三项：

一是外观，在自然光下，用肉眼检查，封护层应基本不改变文物表面原本的颜色和光泽；二是干燥程度，以手指用力按在涂层上，不留指痕即为表干；三是附着程度，封护材料完全干燥后，将宽 25mm 的胶带［粘着力（10±1）N/25mm 或商定］粘于封护层表面，用手指压紧胶带，胶带中不应夹有气泡。用垂直于封护层表面的力迅速揭下胶带，胶带粘附部位封护层不应脱落。

封护层缺陷检查：可以根据现场工作，参照一下两种方法中任意一种进行。

① 在封护后的文物上选择平整部位，在面积约为 5cm×5cm 的涂层上涂抹清水，30min 内不应出现锈斑。

② 在封护后文物上选择较平整部位，向封护层上滴加数滴去离子水，水滴中心至少间隔 20mm。使测试部位不受干扰并充分接触空气；如光照很强或有大风，应以适当方式遮盖防止过度蒸发。约 20 至 30min 后，擦干水滴，封护层不应有发白、气泡等现象。

参 考 文 献

[1] 中华人民共和国国家文物局发布. WW/T 0009—2007 中华人民共和国文物保护行业标准, 馆藏金属文物保护修复方案编写规范. 北京：文物出版社, 2008.
[2] 2002 年 10 月 28 日第九届全国人民代表大会常务委员会第三十次会议通过. 中华人民共和国文物保护法. http://www.sach.gov.cn/tabid/311/InfoID/382/Default.aspx.
[3] 国家文物局颁布. 中华人民共和国文物保护法实施细则. 2003.
[4] 国家文物局, 美国盖蒂保护研究所, 澳大利亚遗产研究会. 中国文物古迹保护准则. 美国盖蒂保护研究所第二次印刷, 2004.
[5] 李晓东著. 文物学. 北京：学苑出版社, 2005：6.
[6] [美] 大卫 斯考特著. 艺术品中的铜和青铜——腐蚀产物、颜料、保护. 马清林, 潘路译. 北京：科学出版社, 2009：311-313.
[7] 陈旭俊主编. 工业清洗剂及清洗技术. 北京：化学工业出版社, 2005：408, 286-287.
[8] 杨毅. 超声波清洗青铜文物. 见：中国文物保护技术协会第二届学术年会论文集. 2002：15-17.
[9] 李艳萍. 室外大型铁质文物除锈技术的探讨. 见：文物科技研究, 第六辑. 北京：科学出版社, 2009：36-40.
[10] 詹长法, 张可. 简述激光清洗技术在文物保护中的应用及发展前景. 见：文物科技研究, 第三辑. 北京：科学出版社. 2006：46-52.
[11] 王蕙贞编著. 文物保护学. 北京：文物出版社, 2009：63-65.
[12] 潘路, 杨小林. 超声波技术在文物保护研究中的应用. 见：文物修复与研究. 北京：国际文化出版

公司，1995：175-181.

[13] [英]A.M.波拉德，R.G.托马斯，P.A.威廉姆斯. 冯耀川，潘路译. 使用碳酸钠水溶液处理铜质文物所引起的矿物变化. 北方文物，1994，4：111-112.

[14] 曹楚南编著. 腐蚀电化学原理，第三版. 北京：化学工业出版社，2008，195-196.

[15] 常文保，李克安. 简明分析化学手册. 北京：北京大学出版社，1981：52，86，92～96，130，135～140.

[16] 北京化学试剂公司. 化学试剂目录手册. 北京：北京工业大学出版社，1993：132～138，308.

[17] 成小林，陈淑英，潘路，梅建军. 不同保存环境下铁质文物中氯含量的分析. 中国历史文物，2010，(5)：25-31.

[18] North, N. A. & Pearson, C. Washing Methods for Chloride Removal from Marine Iron Artifacts. Studies in Conservation. 1978，23（4）：174-186.

[19] North, N. A. Conservation of Metals, In: Pearson, C (eds). Conservation of Marine Archaeological Objects. London: Butterworths, 1987：223-227.

[20] 奚三彩著. 文物保护技术与材料. 台北：台南艺术学院出版，1999.

[21] 国家环境保护总局，《水和废水监测分析方法》编委会编. 水和废水监测分析方法，第四版，增补版. 北京：中国环境科学出版社. 2006，179-187.

[22] Semczak, C. M. A comparison of chloride tests. Studies in Conservation. 1972，22（1）：40-41.

[23] 国家质量技术监督局. 中华人民共和国国家标准 无机化工产品中氯化物含量测定的通用方法 电位滴定法，GB/T 3050—2000，2001.

[24] 成小林，陈淑英，韩英，潘路，梅建军. 氯离子选择性电极测定铁器碱性脱盐溶液中氯离子的含量. 文物保护与考古科学，22（3）：10-13.

[25] Donny L. Hamilton. Methods of Conserving Archaeological Material. From Underwater Sites by Donny L. Hamilton (1998) Conservation Files: ANTH 605, Conservation of Cultural Resources I. Nautical Archaeology Program, Texas A&M University, World Wide Web.

[26] Bradley A. Rodgers. The Archaeologist's Manual for Conservation，Archae ological Iron（Fe）. Kluwer Academic/Plenum Publishers，2004：67-104.

[27] 中国国家博物馆. 山西永济蒲津渡大型铁器群现场保护. 十五攻关结题分报告，第五章. 7-13.

[28] Paul S. Storch. The conservation of two cast iron bells at the Lac Qui Parle Mission Historic Site, Minnesota Historical Society Project Report, 2007 http://www.mnhs.org/preserve/conservation/reports/iron_bells.pdf.

[29] Plenderleith, H. 1956. The conservation of Antiquities and Works of Art. Treatment, Repair and Restoration. London: Oxford University Press.

[30] Colin Pearson, Conservation of marine archaeolological objects, conservat ion of metals, N. A. North. 207.

[31] S. G. Rees-Jones, Some Aspects of Conservation of Iron Objects from the Sea, Studies in Conservation, 17 (1)：39-43.

[32] 闫庆联. Parylene膜层对青铜文物的保护研究. 中国历史文物，2006，(3).

[33] Stephen P. Koob. The Use of Paraloid B-72 as an Adhesive: Its Application for Archaeological Ceramics and Other Materials. Studies in Conservation，1986，31（1）：7-14.

[34] Jerry Podany, Kathleen M. Garland, William R. Freeman, Joe Rogers. Paraloid B-72 as a structural adhesive and as a barrier within structural adhesive bonds: evaluations of strength and reversibility. Journal of the American Institute for Conservation, 2001, 40 (1)：15-33.

[35] 杨璐，王丽琴，王璞等. 文物保护用丙烯酸树脂 Paraloid B-72 的光稳定性能研究. 文物保护与考古

科学，2007，(3)：54.
- [36] 田金英. 室外金属文物表面保护材料的探讨. 文物保护与考古科学，2000，12 (2)：26.
- [37] 王蕙贞，朱虹，宋迪生等. 秦汉铁器锈蚀机理探讨及保护方法研究. 文物保护与考古科学，2003，15 (1)：7.
- [38] A Charles Selwitz. Epoxy resin in stone conservation. The Getty Conservati on Institute，1992. in：E. Busse. The maintoba north cannon stabilization project，Metal 95：Proceedings of the international conference on metals conservation，Editor，Ian D. Macleod，Stephane L. Pennec，Luc Robbiola，James&James，1997：263.
- [39] 许淳淳，何海平，王菊琳. 用复合缓蚀剂改性的聚氨酯作为底层涂料发明专利：一种铁质文物的缓蚀封护方法，CN 1788861A.
- [40] 何海平，许淳淳. 改性聚氨酯乳液在铁质文物保护中的应用. 北京化工大学学报，2005，32 (2)：47.
- [41] 倪玉德编著. 氟碳树脂与氟碳涂料. 北京：化学工业出版社，2006：1.
- [42] 和玲，梁国正，蓝立文，甄广全. 有机氟材料及其在文物保护中的开发应用前景. 涂料工业，2001，(12).
- [43] 李国清. 有机氟材料在文物保护上的应用. 见：中国材料研讨会会议论文集. 北京，冶金工业出版社，2002.
- [44] Karl-Heinz Haas. Hybrid Inorganic-Organic Polymers Based on Organically Modified Si-Alkoxides [J]. Advanced Engineering Materials，2000，2 (9)：571-582.
- [45] M. Pilz and H. Romich. A new conservation treatment for outdoor bronze sculptu re based on OQMOCER [A]. In：Ian D. Macleod，Stephane L. Pennec，Luc Robbiola（eds.）. Metal 95：Proceedings of the international conference on meta ls conservation [C]. London：James&James. 1997：245-250.

第 5 章
还原价值——金属文物修复技法

如同人们生病了要去医院看病一样，金属文物的病害、破损同样需要医治，要进"文物医院"去看病。这个"医院"就是博物馆的相关部门——给文物看病的文物保护修复中心，当然文物的破损有时会比病人的骨折要直观些，但也都要进行治疗，最后消除隐患，清除病害，恢复原貌，使文物延年益寿。

文物修复的目的是还原破损文物的价值，这是一项集复杂的脑力劳动和体力劳动于一体的、专业性、技术性、实践性极强的工作。它涉及历史学、考古学、博物馆学、金石学、金属工艺学、美术鉴赏学等学科。在实用技能方面又涉及冶金、铸造、翻模、雕刻、钣金、色彩、油漆、粘合、焊接、腐蚀、作旧等方面，而这些学科和实用技能并非相互独立存在，它们是相互交织、相互渗透、融为一体的，这种理论与实践是互为因果关系的。

文物修复需要我们不断学习、不断实践、不断完善，但始终还会有新的问题出现。这是因为传统修复所面对的文物没有一件是相同的，它们的器形、花纹、锈蚀、风格不同，包含的历史信息不同，残损程度也不同，千变万化；在操作上运用的手段方法也不同，这是传统文物修复非常鲜明的特点通常要运用传统的修复工艺和现代的工具和材料，对损伤的文物进行科学有效的修复与保护。

金属文物包含的种类很多，铜器、铁器、锡器、铅器、金器、银器等，铁由于性质活泼，其化学稳定性比铜、铅、金等金属都差，因而它极易被腐蚀，能完好保存下来的铁质文物很少。因此，博物馆、考古所等文博单位收藏最多的还是青铜文物，而铜器修复这项传统工艺最早还是从古铜器作伪、复制开始的，慢慢衍生、发展到青铜器文物和其他类金属文物的修复，所以，本章还是以青铜文物的修复为主展开。其实，各类金属文物的修复都有许多相同的地方，掌握了青铜器文物的修复，其他金属类文物的修复也就触类旁通了。

5.1 文物修复的理念和原则

文物保护修复的过程也是文物研究的过程，我们既要遵循文物保护的"不改变原状"、"恢复原貌"、"最小干预"、"可识别性"等基本原则，又要在具体的实际中注意灵活运用。因为面对大量不同的文物，用一个标准的模式去套用是不可取的。对于一件具体的文物来说，如果说有绝对的唯一的标准，那就是最适宜它的保护修复标准[1]。实际上，对于什么是"文物原貌"，什么是"文物原状"，什么又是"最小干预"等等，目前还没有一个统一的具体的判断和执行标准，每个人都是根据自己的理解去执行。执行起来各不相同，难免有偏差。

那么到底该如何正确理解执行这些理念标准呢？根据中国自己的国情，可以这样理解并执行文物修复的理念、原则，那就是，在遵循行"不改变文物原状"、"保护文物原貌"、"最小干预"、"可识别性"等理念、原则的同时，还要注意三点：第一，没有绝对标准，只有"因病施治"；第二，原则性与灵活性的有机组合；第三，不以唯美至上。

(1) 没有绝对标准，只有"因病施治"[2]

由于每一件文物的病害、损害程度不同，采用的措施、方法也不同，所以文物修复工作者要根据每一件具体文物的不同情况制定不同的方案，采用不同的方法，就如同医生给病人看病一样，是针对不同的个体"因病施治"。因此在面对某一件具体文物时，也完全是针对这件文物的个体的特征来决定实施何种方案，采用什么样的方法，而不是套用某一个绝对的标准，因为这才是最适宜它的保护修复标准，也只有最适合文物的方法才是给文物疗伤的最好方法，与"没有最好的药，只有最适合病人的药"同理。

(2) 灵活性与原则性的有机结合

在古代青铜器的保护修复中，我们要遵循文物保护的"不改变文物原状"、"恢复原貌"、"最小干预"、"可识别性"等基本原则，又要根据每件不同器物的不同情况，在具体的工作中对不同的方法加以灵活运用。这是保护古文物的需要，也是不断探索研究修复技术的需要。因为"标准"、"原则"是"死"的，而面对大量不同时代、不同质地、不同残损程度、不同种类的文物，它们的埋藏环境、腐蚀程度、破损部位、有无花纹等等都是不同的，情况又是千差万别。表现在每件器物上，它们就是一个相对独立的个体。面对不同病因的个体，就像合格的医生对待病人一样，不是头痛医头，脚痛医脚，而是要辩证施治，通过全面的分析研究，调动一切可以利用的手段和全部的经验积累，灵活地运用到独立的不同的个体——文物上面来，使伤病得以消除，疾体得以康复。所以执行起来既要有原则性，又要有灵活性。

(3) 不以唯美至上

现代人包括有些文物保护修复工作者会自觉不自觉地用现代人的眼光来审视历史文物，由此带来的就是以现代人的审美观在青铜器锈色上进行着加减运动，一味地追求所谓的漂亮而人为地改变青铜器的锈色，或为了展现某些花纹而大量去除承载着丰富历史文化信息的无害锈，使保留有历史沧桑感的锈色消失殆尽，有悖于"不改变文物原貌"的原则。我们不应为了审美的需求而以损失文物的历史价值为代价，因为"保护的目的是真实、全面地保存并延续其历史信息及全部价值"，文物是靠着这些信息来体现它的价值的，"皮之不存，毛将焉附"，如果这些信息没有了，没有了作为研究对象的锈层，我们拿什么做研究呢[3]？

人的审美观念是由他所处的时代、接受的教育等因素决定的，并且随着时代的变迁人们的审美观念也在改变，说明美在不同时代有不同的定义。依靠审美观来决定青铜器的锈色是不可取的，文物不可再生，对待文物本身而言，要谨慎再谨慎，所以人们不能凭着自己的主观臆断，这代人认为青铜器的某种锈色好看、某种方法可行就人为地增加或去掉某些锈色或采用某些方法，下一代人又认为另一种锈色好看，某种方法可行，人为地增加或去掉某些锈色，又用另一种方法，这样一代又一代的凭着自己的所谓"好看"的标准传递下去，没有一个"准则"，文物不就面目全非了吗？那我们留给子孙后代的文物就不是文物了，而是后人强加给它的东西了，在没有找到一种稳妥的全新的方法之前，我们也要给后人的研究留有足够的发展空间，还是以大家公认的"不改变文物原貌"、"最小干预"、"可识别性"等基本原则，不以唯美至上，保护好我们的文物。

小知识

对中西方保护修复理念、原则的理解

由于中外文化背景的不同，在对待青铜器修复理念、原则以及方法的应用等方面中西方也存在着较大的不同。1963年意大利罗马修复中心主任Cesare Brandi在《文物修复理论》一书中提出最小介入、可逆性、可再处理性、可识别性等文物保护的基本原则，这些理念及原则都具有科学性和指导意义。尽管西方文物修复理论已相当成熟，各类文物的修复均有章可循，但它们大都是基于西方的特定历史文化背景和西方特有的文物而提出的，有些东西并不适合我们，这是因为各自的国情不同，中国独特的传统文化背景与西方有着较大的差异，再加之各地区文物的种类也与西方不尽相同，所以处理起文物的原则、方法也不能完全相同，不能机械地套用西方的理念和标准。但是随着中西方文化的不断交流，中外青铜文物工作者的修复理念、原则也在相互渗透、相互融合，相互借鉴。中国许多传统的青铜器修复工艺、方法不但不能丢，还要在借鉴西方先进理念的基础上发扬光大，用来指导中国的文物保护修复实践，并形成体系化。

5.2 变形文物的传统整形方法

我国的青铜文物传统修复技术经过数代人的继承与发展，尤其是近代以来能工巧匠的不断改进创新，已形成了一套具有独立特色的传统工艺技术，是青铜文物修复工作者劳动的结晶。我们继承、发扬这门具有悠久历史的传统工艺技术，是因为它是一种行之有效的修复技术，它是一种经过长时间考验的较为成熟的技术方法，是一种非常符合中国国情的具有中国特色的修复技术。这一点突出地表现在变形文物的整形方面。

中国古代青铜器自铸造成器后，经历了漫长的历史进程，受到自身材质、埋藏环境中的墓葬塌陷、挤压碰撞以及出土后各种人为因素的影响，它们往往遭到损坏，甚至支离破碎、整器变形。这就需要对青铜器加以整形。青铜器的变形都是由于受到自然力、人为等外力作用而产生的，整形的核心就是通过在青铜器的变形部位施加一种相反的力，使变形部位朝相反的方向再一次变形，以达到整形的目的。这是青铜器修复中最艰难、技术含量最高的一个环节，它需要青铜器修复从业人员具有金属力学的相关知识及丰富的实践经验，以应对各种复杂情况的变形青铜器。

青铜器在整形之前首先要考虑它的变形程度及自身的金属性质（金属性、强度、弹性、塑性、厚度等）等因素，然后再决定采用何种方法。

5.2.1 青铜器变形的几种情况

青铜器一般是由铜锡铅三种元素组成，在地下埋藏环境中的各种腐蚀介质的影响下，青铜器的金属性已发生了很大改变，这从它的金属光泽和颜色上就可以作出判断，用钢锉在断口的腐蚀层上锉一下，如果铜质的光泽良好，说明铜器还保持着较高的金属性，如果光泽不好，甚至带有暗紫的颜色，说明铜质已不具有金属性。

另外，金属的变形有三种情况，一种是弹性变形，即金属在外力作用下产生变形，去掉外力，变形部位立即恢复原位；第二种是塑性变形，即金属在外力作用下产生变形，去掉外力，变形部位不能恢复原状，仍保持变形状态；第三种是弹性加塑性变形，即金属在外力作用下产生变形，去掉外力，变形的一部分恢复原状，另一部分不能恢复原状（如图5-1所示）。

墓葬出土青铜器的变形应该属于塑性变形，我们整形的时候就要根据金属的这些属性及不同情况采用不同的方法。

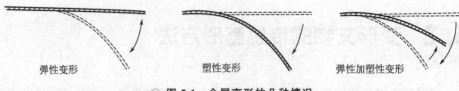

图 5-1 金属变形的几种情况

5.2.2 锤击法整形

锤击法是青铜器整形中最常用的方法。它利用铅锤或锡锤敲击变形部位,使之改变变形方向。铅锤或锡锤是青铜器整形的常用工具,因为锡和铅的金属硬度大大低于青铜的硬度,使用铅、锡锤锤击变形的部位可以明显减少对器物的损害。除了使用锡锤、铅锤外,还可以针对变形部位的形状做一些大小不同的凹形、半球形铅砧等辅助工具,比如变形青铜器是外弧内凹,就将铅砧放在变形部位的外侧用铅锤击打内侧,反之亦然;或者根据特殊器形的不同变形方式灵活地采用有针对性的方法(如图 5-2 所示)。这样不断锤击,直到变形部位恢复原状为止。

尽管锤击法是最常用的手段之一,也简便易行,但不足的是,由于使用者的技巧不同,力度不同,有时往往纠正不到位,甚至由于冲击力过大,造成器物破碎,另外由于铅锤、锡锤的频繁使用,铅锡的柔软特性常使它们过于磨损,要经常更新替换,重新制作。

> **要点提示**
>
> 只有铁锤怎么办?锡的硬度(布氏)为 5,铅为 2,铜为 35,而铁的硬度却达到 80。所以用铁质锤子直接击打文物会造成文物的损伤。文物修复工作者在参与除本单位外的文物修复工作时,受各地环境条件的制约,往往没有现成的锡锤、铅锤整形工具,那怎么办呢?不是绝对不能使用铁质锤子,而是在击打部位要垫上木质或锡铅类质地的薄片材料(如图 5-3 所示),然后再使用铁质锤子击打变形部位。这样既避免了直接使用铁锤对文物表面造成的损害,又解决了整形工具缺失的困扰。

5.2.3 扭压法整形

比较起锤击法,扭压法要相对复杂一些。扭压法又称模压法,顾名思义,是给变形器物做一套模具夹住,在台钳上施加压力扭压,并不断缓慢改变器物受力

● 图 5-2 垫上锡片进行锤击

● 图 5-3 调整锡片位置纠正变形

位置而使之恢复器形的一种方法。先根据器物的形状用锡材制作一块内模，和一块外模（如图 5-4 所示），将变形铜器夹在两块模具之间。然后将模具夹在大台钳口内逐渐加压，使变形的部位向相反的方向变形。这时要随时观察压力点的恢复情况，如果压力过大，产生裂隙，要适当减小压力，间隔一段时间再一次施压。这样连续不断地施压、释放，再施压，再释放直至铜器变形部位复原。

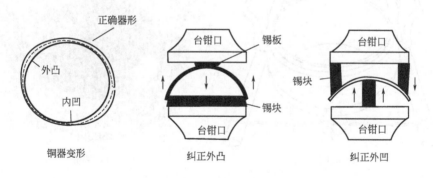
● 图 5-4 扭压示意图

这种方法由于制作模具较为繁琐，执行起来有一定难度，因此也可以灵活地、因地制宜地采用其他方式。比如可以省略制作模具的过程，利用台钳可以控制力度逐渐施压的特点，采用垫支、调整变形青铜器不同受力点的方法使之恢复器形。在铜器内外两面变形的地方，垫支预先准备好的锡块或木块。锡块和木块的作用是作为支点，随着台钳的逐渐施压，两个支点一个是向外顶，一个是向内压，变形铜器在这种压力下逐渐向相反方向改变。反复调整锡块、木块的垫支点，再施压，直至完全恢复原状。

第 5 章　还原价值——金属文物修复技法

> **要点提示**
>
> **纠正变形器物时宜"矫枉过正"**
>
> "矫枉过正"原意是指纠正错误超过了应有的限度,一般是应避免的。但在纠正文物变形的时候要适量过度,比如利用木杆加铅丝绞紧的方法纠正青铜器椭圆口径变形的时候(如图5-5所示),可预先准备量好尺寸合适的木杆和铁丝(根据青铜器的口径,计算出略大于口径的尺寸),将木杆放在椭圆形口径较长的两端,最好是把木杆做成符合青铜器弧度的形状,然后在两木杆之间套上铅丝固定好,在另一侧木杆的两端也同样用铅丝套上并固定,就可以用螺丝刀类的工具插入两根铅丝之间并绞紧,这时候两端的铅丝要分别绞,边绞边观察椭圆形口沿的复位情况。墓葬中由于墓穴塌陷后产生的压力是长久的,青铜器的弹性无从表现,致使金属产生疲劳,由弹性变形转变为塑性变形,相比而言,这种不停在青铜器身上加压的状态,是暂时的加压状态,所以这时的施压,尽管当时能够使青铜器恢复原状,但是它是处于弹性变形状态,一旦去掉压力,它很可能又变回椭圆形,所以这时可以用"矫枉过正"的办法再施一些力,当再次去掉压力产生弹性变形后,就正好回到原来的圆形状态。

(a) 示意图　　　　　　　　(b) 实物图

图 5-5　木杆加铅丝整形法

5.2.4　锯解法整形

锯解法是青铜器整形中最复杂、最棘手、最不愿采用而又不得已的办法,它是在捶击法、扭压法等都不适用的情况下采用的一种方法。是严重变形的青铜器的自身条件、机械性能决定了只能采取分解法来控制破碎的程度,纠正变形(如图5-6、图5-7所示),而其它的整形方法将无法控制破碎的程度，会造成更大的破坏。锯解法主要是针对比较特殊的变形程度大、金属性质差、胎壁厚、弹性差的青铜器，通常情况下，根据不同的变形程度采用两种修复手段，一种是通过分解、组合、焊接，另一种是通过半分解、整形、焊接。

（1）分解、组合、焊接（粘接）

青铜器的变形是无规律可循的，无论是因为墓葬塌陷造成的变形还是因为出土后其它原因造成的变形，它们变形的方向、角度、形状等等都是不同的，所以这时的整形完全是根据每件青铜器单个个体的具体情况确定分割线的部位。一般的分割线应选择在青铜器起伏变形最大的部位，并避免伤及纹饰。按画好的分割线用合金砂轮片切断，这时切断的块数越多，变形的纠正就越准确，但同时对青铜器的损伤也大；反之切断的块数越少，虽然损伤小了，但纠正变形的准确性也相对差了一些。然后将切断的小块按照一定的形状及角度进行焊接，边焊接边矫正器形，直到完成器形的复原。

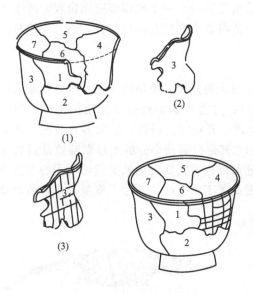

◉ 图 5-6　锯解法示意图[5]

◉ 图 5-7　锯解法实例

（2）半分解、整形、焊接（粘接）

分解的方法是将要分解的对象锯断，而这里说的半分解是在画好的分割线上也进行切割，但不要完全切断，只切割器物厚度的 3/4，由于分割线此时是设置在起伏部位，而断口也在这个部位，这时的整形正好可以从切割部位改变变形的方向（图 5-8、图 5-9 所示），根据变形部位的变形方向，用木棍或其它工具在断口边缘上的部位施加力，这时这个部位是受力的薄弱点，可以任意调整方向，将变形的部位一一调整到位，再将切割的豁口焊接上，从而达到整形的目的。

◉ 图5-8　半分解示意图1

◉ 图5-9　半分解示意图2

比之于完全分解，半分解有两点好处：一是完全分解后的碎片在焊接时要重新编号、排列组合，二是焊接时完全分解法要一个一个地调整空间位置，再逐个地焊接，不容易对焊，而采用半分解方法将省去编号及排列组合，而且焊接时位置不会变动，不用调整，省工省时。

（3）合理使用现代电动工具

近二三十年来，现代电动工具有了很大的发展，也使传统文物修复行业从纯手工操作走向了向使用电动工具的道路。过去青铜器锉焊口完全用钢锉、钢锯（如图5-10所示）来完成，现在尽管也离不开钢锉、钢锯，但大多数情况下还是用电动打磨机代替（如图5-11所示），尤其是分解或半分解变形铜器或是打磨焊道时更是离不开电动工具。电动工具还可以根据需要灵活地更换切割用的合金砂轮片及磨头，很方便，同时也大大地提高了工作效率，减轻了修复工作者的劳动强度。

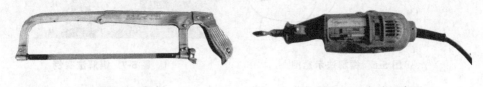

◉ 图5-10　钢锯　　　　　　　　　◉ 图5-11　电动打磨机

5.2.5　撬压法整形

撬压法是在焊接过程中的一种边整形边焊接的一种整形方法。青铜器的多种变形方式中，有一种变形是断口两端高低不平，形成一个落差，碴口无法对接，必须给它一定的力后才能对接，这时候就需要用撬压法来配合焊接。根据碴口间的距离，选用长短、粗细不同的螺丝刀插入焊口内的边缘上，利用螺丝刀向下压的杠杆力量（如图5-12所示），将断口两端高的一面压下，低的一面撬起，两面高低不平的断口就可以对接了。在焊接时，由于有螺丝刀作为支撑，可以先将螺丝刀以外的焊口进行焊接，然后及时拿掉螺丝刀，再将螺丝刀所在的部位焊接。

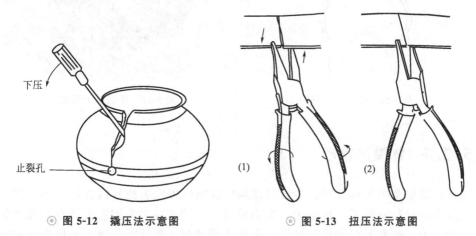

◎ 图 5-12 撬压法示意图　　　　◎ 图 5-13 扭压法示意图

还有一种撬压法是针对焊口间的距离太小、无法插入螺丝刀而采用的（也称扭压法），这种方法利用张开的尖嘴钳子在高低不平的铜碴两侧边缘上边施力边焊接（如图5-13所示）。具体操作是：钳口张开，钳口一端压在高的一面向下压，钳口另一端抵在低的一面向上挑，同时发力、扭压，待锉好的焊口平直即可施焊。

5.2.6　顶撑法整形

顶撑法中，用略长于青铜器内壁直径的木棍，顶在器壁内侧并施加力，将变形部位撑开并焊接，适用于铜质较好，变形较小的敞口青铜器。这种顶撑的方法和撬压法相近，都是给变形部位一个力，只不过这种力是靠向下击打木棍将变形部位挤出（如图5-14所示）。在设计木棍的顶撑部位时，对器形的形状是有要求的，如果变形的部位在器形的中部，而器形的形状又是下窄上宽，那么木棍正好顶在变形部位的上方，通过击打木棍就很容易将器形矫正过来，并将变形边缘的断口焊上，最后去掉木棍。

还有一种叫做花篮螺栓的工具也可以用在顶撑法整形中（如图5-15所示），这种工具中间是一个长方形方孔，两边有可以转动的螺钩，通过转动中间的孔洞，就可以将螺钩顶向两边，或拉向中间，达到整形的目的。

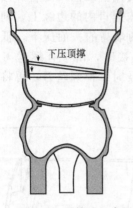
图 5-14 顶撑法示意图

图 5-15 顶撑法示意图

5.2.7 加温法整形

加温法是采用对变形青铜器在烘箱中加温的方法去掉其内在的应力,然后用捶击法进行矫形的一种方法。对铜质较好、胎壁薄的青铜器可加温消除青铜器的应力,提高其可塑性和韧性,避免运用捶打、模压等传统工艺所造成的破裂损坏,最大限度地保持器物的完整性。加温法整形也受多方面条件的限制,如烘箱温度较高,"从金相学考虑,超过250℃(锡的熔点为232℃)时青铜合金会产生再结晶,因而易改变青铜器当时的铸造等工艺特征"[4]。另外如直接明火加热,青铜器表面会形成氧化层,所以加温矫形时烘箱的温度一般控制在250℃以内。

青铜器的整形是集合了多种知识与技能的一种传统工艺。以上只是经常使用的几种方法,还有许多其它的方法,例如 C 形钳就是很好的整形工具,它分为大小不同的规格,通过在钳口的不同位置加垫木片、锡片施压矫形,适用于大小不同的变形青铜器;还有一种自制的矫形压力器的工具,是通过旋转自身的丝杠慢慢加压,使变形的部位得以恢复并保持此状态几天时间,将应力释放完以后再松开丝杠,以此达到整形的目的。

5.2.8 敦煌汉代铜牛车文物整形实例

甘肃省敦煌市南湖乡林场墓群 M4 出土的东汉铜牛车,是敦煌市博物馆为配合阳关旅游景点开发进行的调查勘探,并抢救发掘的一座东汉墓葬中的二级文物,整器通长38cm,由双轮、双辕、牛体、车厢板、车轮等部分组成。

小知识

汉代铜牛车的历史渊源及形制的研究价值

车是人类早期迁徙的代步工具,有大车、鹿车、安车和轩车等多种。大车也称为牛车,在汉代既是运输的工具,也是民间的主要乘车。形制分双辕篷车与敞车两种。春秋、战国、秦汉时期牛拉车已盛行。但是我国考古发现的有关牛车的实物史料较少,多见于画像砖、壁画等图形资料。过去甘肃河西地区乃至敦煌出土的牛车,大都是木制的,由于木质牛车出土时都已朽毁,因而对研究双辕车的形制结构和牛的系架方法,一直存在一定的困难。铜牛拉车的出现为研究汉代的车制、传统的制作工艺和当时社会各阶级文化生活提供了实物资料。

铜牛拉车虽为明器,但处处仿照真牛、真车制作,从大的结构到细枝末节,除尺寸为真牛、真车的十分之一外,均与真牛车无异,并且制作精细,一丝不苟,结构完整齐全,是按比例缩小了尺寸的实用牛车。一架铜牛拉车尽管场景、规模不大,却真实地再现了汉代的社会生活场景,浓缩了当时人们的社会生产生活,为研究这一时期敦煌地区双辕车的系驾方法提供了较为确切的实物例证,具有极高的历史价值。正如《后汉书·舆服志》中"一器而群工致巧"之描述。

造型复杂的铜牛车由车厢板、车辕、铜牛、车轮(辐、毂)等多个附件组成,制作时工匠们将多扇车厢板进行了精心的设计,采用了分铸的方法分别铸出车厢板,左右车厢板的前后两端底部与车舆的结合应用了榫铆结构,可以插接,并用销钉锁牢;铜牛为整体范铸,车轮分体铸造,牛耳为锤叠打制,车轴与车舆之间、牛耳与牛头之间的结合为铆接,车辕与车舆的连接采用了插接工艺,整件器物的制作运用了浇铸、铆合、锤叠、插接等工艺,充分体现了汉代工匠高超的金属制作水平和聪明智慧。

这里介绍敦煌汉代铜牛车整形的过程和工艺。铜牛车双辕双轮,舆呈长方形,车轴两端从车毂中穿入并与车舆铆接,车辐剖面为菱形,车厢的结构独特,牛车左、右、后立有箱板,左右两箱板上部向内侧变形,后车板局部残缺,车舆在四个角分别探出四个方形角,内有孔洞,左右两边的车厢板的下端前后位置上也各有两个凸起,凸起的中心也有孔洞,这四个凸起正好插入车舆四个角的孔洞中,形成榫铆连接(如图 5-16 所示),然后用销子穿过孔洞锁死,车厢板就固定好了(如图 5-17 所示)。铜牛嘴向前微凸,四肢稍弯,两耳呈椭圆形,应为铜叶单独制成,然后用铆接方法和牛头连接。整器残缺为七组块,双辕中左辕折断,右辕大部残缺。车轮锈蚀严重,双轮中左轮脱落,右轮呈扭曲状与车厢板锈死在一起。

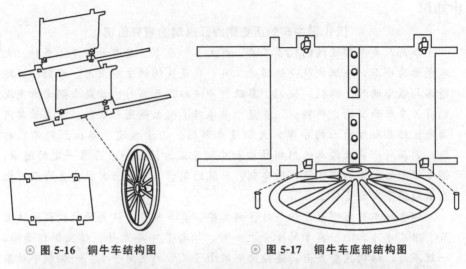

◉ 图 5-16 铜牛车结构图　　　　◉ 图 5-17 铜牛车底部结构图

◉ 图 5-18 修复前的铜牛车

可以看出，铜牛拉车整体腐蚀严重；变形部位为两个车厢板、一个车轮；从锈蚀的程度上看，该器矿化严重，车轮和车厢严重变形并锈蚀在一起（如图 5-18 所示），为了真实地复原器物原貌，采用了先将车轮与车厢板分开后再整形的方法。此法的优点是既避免了因直接整形造成对器物的破坏，又极大减少了整形中对车轮造成的损伤，解决了该器整形的主要矛盾。在具体的整形中考虑到由于用其它方法分解锈蚀的时间较长，采用了机械方法，使车厢与车轮二者分离，分离后的车轮就只有轴部一个点作为支撑，这样就具备整形的条件，可以整形了。考虑到轴部还具有一定的金属性，试着用类似整形中撬压的方法一点一点地纠正，边施加力边观察车轮的角度，直到车轴与车轮之间形成90°夹角为止。车轮整形好了之后，右侧车厢板缺少了和车轮的依托，也就可以和左侧的车厢板一起分别整形。

两个车厢板的变形方向是：上端向内侧略有变形，而下侧是靠前后两个点的榫卯结构与之相连的，所以只要这两个点还具有金属性质，整个车厢板就能恢复原貌。尽管榫卯结构已经锈死，但车厢板的结构是前后只有这两个点作为支撑，尝试着一点点施加一些力，证明还具有一定的金属性，再逐渐地缓慢地加力直到恢复形状为止（图5-19）。

图5-19　铜牛车修复后

知识链接

传统青铜器修复、复制的历史渊源及现状

青铜器修复复制技术之所以称为传统技术，是因为它在中国古代历史中就有记载，它起源于历史上的古器仿造，是从传统青铜器仿古作伪技术的基础上发展起来的。春秋时已有青铜器的仿造了，《吕氏春秋·审已篇》、《韩非子说林》记载有赝鼎的故事：齐伐鲁，索谗鼎，鲁以其雁往。齐人曰："雁也。"鲁人曰："真也。"齐曰："使乐正子春来，吾将听子。"鲁君请乐正子春，乐正子春曰："胡不以其真往也？"君曰："我爱之。"答曰："臣亦爱臣之信。"

这里说的是鲁国复制了一件赝品，送给齐国，而被识破，讲述了信誉要大于你所喜爱的青铜器的故事。这个故事说明了春秋时已有青铜器复制的史实了。

文物修复（复制）业始于春秋，盛于唐代，北宋鼎盛，元明渐衰，清代重盛。出现了一大批仿古高手，呈现了繁荣的局面，并逐渐形成了四大派别：北京派、苏州派、潍坊派和西安派。

北京古代铜器修复的创始人是位姓于的清宫太监，外号"歪嘴于"，出宫后在前门内前府胡同庙内开了个"万龙合"修古铜作坊，在清光绪二十年至辛亥革命年间，以修复古代铜器为业，为清宫修复古铜器，辛亥革命前后去世。他先后收了七个徒弟，其中一个叫张泰恩的是于师傅最小徒弟，排行第七，人称"张七"。于师傅去世后张泰恩继承了师傅的手艺，把"万龙合"改名为"万隆和"古铜局，专门修理古代铜器，是"古铜张派"的第一代。这一时期，随着古玩商人生意的兴隆，青铜修复业发展起来，"五·四"前后，万隆和迁到崇文门外东晓市后生意兴隆，大批古玩商前来修理青铜器。

　　由于生意兴隆，业务繁忙，张泰恩先后收了11位徒弟，并收亲侄子张文普为徒，人称"小古铜张"。学成的有7位徒弟，七位徒弟在文物修复和复制行业中起了不同作用。其中张文普（号济卿）和王德山曾是民国时期北京仿古铜器高手，他们做的复制品水平超过了苏州、潍县、西安的同行，另外还有张子英、张书林、赵同仁、刘俊声、贡茂林等古铜张派第二代传人。

　　贡茂林、王德山、张文普等在20世纪30年代出师自立，又各自收了若干名徒弟。这些徒弟是"古铜张派"的第三代传人。[5] 这第三代传人就是新中国成立后在文博单位修复文物的老专家。这些第二代和第三代"古铜张派"传人，发明了很多复制新工艺，每人都有各自的绝活，达到了这个行业技术的顶峰。这些老专家现在大多作古了，如故宫的赵振茂、国博的张兰会、高英、杨政填、美术公司的王德山、贾玉波等。这些老专家在新中国成立后又将传统技术传授给全国各地的文物工作者，称为第四代传人。第四代以后由于排序复杂、分支较广，就不好再细分了。他们有许多人已退休或将要退休，总之，清宫太监"歪嘴于"应是北京青铜修复第一人，张泰恩应是"古铜张派"的创始人，现在许多文博单位的修复人员应是"古铜张派"的传人。

　　但是这门传统工艺技术由于是民间工艺，面临着消亡和失传的危险。一边是大量的不断出土的文物亟待修复，一边是非常有限的修复人员，从前几年媒体报道的数据上看，全国从事文物修复的人员（不包括保护）也就几百号人，按照当时出土文物的数量及修复人员的配比，得出这些文物要2500年才能修复完的结论，所以修复行业形势不容乐观，必须坚持对传统工艺的继承。

　　国务院在1987年11月24日发布的《关于进一步加强文物工作的通知》中就曾明确规定："既要充分利用现代科学技术的成果，引进必要的先进技术设备，又要对我国固有的、行之有效的传统技术进行研究总结。对有失传危险的传统技术，要立即采取有效措施进行抢救。"今天，这个通知已过去了20年多，虽然在引进先进设备这块在大的博物馆已有了改进，但在传统工艺的修复方面还是相对落后的，一是环境条件的不够完善，经费的不足，二是人才结构的不合理、人员的流失等方面使这门传统工艺后继无人,全凭少数专家的努力在支撑,缺乏立法和行政的保障。随着文物保护事业的不断发展,期望这方面的力量能够得到加强,使这门技术能够后继有人、并使之发扬光大。

5.3 金属文物的焊接和粘接

中国古代青铜器在经过整形之后还要进行焊接。工业上的焊接方法大概有四十多种,但青铜器焊接采用的还是传统的"锡焊法"工艺,它是修复、复原破碎青铜器的最原始、但又最有效的一种方法。这个过程有时是整形后焊接,有时是边整形边焊接,整形和焊接同时进行,对某些器物不整形也可焊接。焊接中将两块青铜器残片结合在一起,由于青铜器的破损程度不同,腐蚀情况不同,影响青铜器焊接的因素也多种多样,我们必须根据不同的情况采取不同的措施、不同的方法。

5.3.1 焊接的条件

青铜器能否焊接,完全取决于它的金属性,金属性越强,它的焊接强度也就越大,反之强度就越小。两块破碎的青铜片连接在一起,起焊接作用的是焊锡,铜器所以能够和焊锡连接,是铜器焊口两边表面的金属原子和焊锡原子在高温条件下,各形成极薄的一层铜、锡合金,这层合金起着连接锡、铜的作用。

图 5-20 断口不具备焊接条件

青铜器埋在地下数百年、数千年,受埋藏环境的影响,产生了一定程度的腐蚀。腐蚀如果只是表面上的锈蚀、地子,基体还保持了金属特性,那就还能焊接;如果侵蚀到了基体,而且到了很严重的程度,就不能焊接了。从断口的颜色及光泽上可以对青铜器的腐蚀程度做出判断(如图 5-20 所示),用钢锉在断口上锉几下,如果呈现是带有金属光泽的铜黄色,说明青铜器的金属性很好，焊接强度高，可以焊接；如果锉后呈现出的是没有金属光泽的紫褐色，说明青铜器已没有金属性了，不具备焊接条件，不适合焊接；还有介于二者之间的具有一定光泽但光泽较暗淡的褐黄色，说明青铜器还具有一定的金属性，还适合焊接，但焊接强度就差一些。就是在同一件青铜器上，也有可能几种情况同时存在，那就要根据焊接条件，能焊接的就焊接，不具备焊接条件的则考虑用粘接的办法。

5.3.2 焊接工具及焊接前的准备工作

(1) 火烙铁、电烙铁及不同特点

传统焊接使用的工具在 20 世纪 90 年代前一直是火烙铁（如图 5-21 所示），随着现代科技的引进，后来逐步用电烙铁（如图 5-22 所示）取代了火烙铁。二者各有优缺点，火烙铁可以根据被焊器形大小薄厚，制成各种不同的规格，其优点是温度高、升温快，遇到体量大、器壁厚的较大文物，还是火烙铁更具优越性。缺点是火烙铁完全用手工打制，而且还要生炭火、用大铁钳夹住才能使用，较为麻烦。电烙铁的优点是使用方便，插上电源就可使用，省去了手工制作的麻烦，也免去了生炭火、烧烙铁产生的烟尘等烦恼，但缺点是温度相对于火烙铁要低一些，对于厚重的器物，电烙铁的热量很快就被器物传导，焊接强度不够，不适合大型器物。

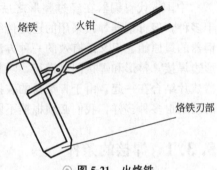

图 5-21 火烙铁

(2) 拼对组合

一件青铜器的残损程度不同，有几块的，十几块的、几十块甚至上百块的，不管破损成什么程度，在焊接前都要进行拼对（图 5-23、图 5-24），找出它的大概位置，做到胸中有数。首先要从器形、花纹、碴口、厚度上找出它们之间的内在关系；确定之后也可以先从大的破损块找起，依次往大的破损块儿上拼对，或者分成几组分别拼对，再寻找其他破损的碎片，最后将几组拼对在一起。在拼对

图 5-22 电烙铁

的过程中还要分别将块与块、组与组之间做上标记，将一件青铜器的所有碎片全部找到之后，尽管经常是不完整的，但可以了解该器的外貌，为焊接打好基础。

● 图 5-23　拼对组合前情况

● 图 5-24　拼对组合前情况

（3）修整烙铁及镀锡（使用过程中要反复进行）

过去青铜器焊接使用火烙铁是根据器物的大小、薄厚不同而特制的，制作时将厚度 0.8~1cm 左右的铜材切割成长 15cm、宽 4cm 左右的长方形，然后将头部磨成 55°左右的夹角备用。现在使用电烙铁，同样也是要将头部磨成大约 55°夹角的烙刃。不管使用哪种烙铁，都要将烙铁镀上锡才能使用，焊锡的熔点是 183℃，只有烙铁的温度在 183℃以上时焊锡才能融化，这时边蘸松香，边用烙铁摩擦焊锡，使焊锡镀在烙铁上。但是如果烙铁太热，也会镀不上焊锡，要等温度降下来再重新镀锡。

要点提示

焊口的氧化层及形状大小对焊接强度的影响

青铜器要想焊接的前提条件是它要有金属性，这在前面已经提到，那么两块破碎铜片之间的边缘存在金属化合物是不能形成焊接的，必须将前面拼对起来的破碎铜块锉出焊口，也就是在两块铜片断口上各锉出新的铜质，对接起来形成焊口，才可以焊接。焊口的形状有多种多样，如图 5-25 中（a）至（f）各代表一种焊口的平、剖面，每种焊口又都有其相适应的对象，焊口的形式又有连续的和间断的，这些主要是针对焊接对象的具体情况如铜器的薄厚、腐蚀的程度、断口的金属性及花纹的所在位置、受力的大小等因素来确定焊口的形状及焊口是否连续。

焊口的深度与宽度：一般的情况是深度在三分之二左右，保留三分之一碴口对接，作为器物的依据和原碴口的对应位置，避免错位（如图 5-26 所示）。但也要具体情况具体分析，如果腐蚀性强、金属性差的焊口，就要加大深度和宽度，靠增加焊接面积来增加强度，也就是说焊口坡度越大，对接后焊缝面积也就越窄小，焊接强度也小；焊口坡度越小，对接后的焊缝面积也就越大，焊接强度也大。这些都要根据锉出的焊口的颜色来判断它的腐蚀程度，再决定采用何种焊口及焊口的宽度与深度。

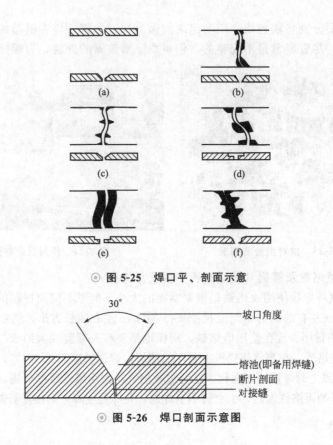

图 5-25 焊口平、剖面示意

图 5-26 焊口剖面示意图

5.3.3 焊接的工艺方法

(1) 焊接的一般过程

在焊接时，如果是大件器物，则需要火烙铁焊接，将镀过锡的火烙铁的刃部朝上放在炭火中加热（不能直接将刃部插入炭火中），看到微红时用专用火钳夹出，蘸上助溶剂并挂上锡。此时用烙铁上的焊锡对准事先也涂抹上焊剂的焊口施焊，焊锡顺着烙铁刃的倾斜角度流动到烙铁前端（末端、平口），靠推动或拉动烙铁将焊口填满，形成焊接体。如果使用电烙铁，道理也是同样，只不过热源是电，插上电源等到烙铁热了以后就可以使用了。另外，与火烙铁不同，电烙铁头部是固定的。

对于破碎成几十块、上百块的大件青铜器，首先考虑的就是确定是从口部焊接还是从底部焊接，找出一个基准点。这要从破损的具体情况来灵活掌握，不论是从口部焊接还是从底部焊接，或者是口部、底部分别焊接然后再组合，甚至口部底部分别焊接后中间有缺失无法对接等情况，都要确定一个基准点。有了基准点之后，口部底部无法对接的部位可以靠铅丝临时固定，以后的焊接都围绕这个基准点依次进行。

任何焊接，不管碎成多少块，也要先从两块焊起。那么首先就要先固定一块，可以将其中的一块用重物压住固定在工作台上，另一块拿在手中可以自由地调整角度。对于破碎为多块的器物可以选择一块较大的作为起焊点，靠自身的重力固定住，然后依次焊接。在焊接中可以灵活地采取任何方法将其中的一块固定，比如临时靠在一个地方、压住一个点、用台钳夹住等方法固定，然后拿住另一件对接施焊。

一件破碎严重的铜器，在全部焊接过程中，需要焊接固定—拆焊—再焊接固定，这样反复多次才能完成。若不这样，就不可能回复原来的器形，不可能完成破碎严重的铜器的焊接。由于青铜器的大小不同、破损情况不同、腐蚀程度不同，在焊接时只能采取几个点先固定，观察焊接的角度是否符合器形的需要，如不正确，需要焊开后重新焊，直到调整好为止，在这初焊期间，因为采取的是临时的点焊，在整体器形尚未呈现之前还不很牢固，所以要实行一些临时保牢措施（如图5-27、图5-28所示），比如在空缺处之间的两点上先用铅丝固定，在整体形状正确并焊牢后再去掉铅丝。

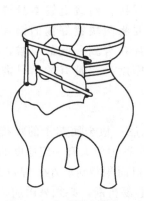
图 5-27　临时固定焊接示意图

图 5-28　临时固定焊接实物图

焊接有时是和整形同时进行的，边整形边焊接，这在青铜器整形部分已介绍过，比如分解法焊接、撬压整形焊接、顶撑法焊接，后面再介绍几种方法。

(2) 镀锡法焊接工艺

镀锡法焊接是一种在锉好焊口的焊面上分别先镀上锡再焊接的一种方法。镀锡法焊接的方法不同于上面所说的将两块铜片锉出新的焊口后合在一起形成焊道进行的焊接，它是事先在两块铜片上分别镀上锡，然后合并在一起再焊接。

焊锡不是纯锡，是锡铅合金，锡占62%、铅占38%，它的凝固点和熔点同在一个温度点上（183℃），因此称作"点锡"。这是锡铅合金重要的性质[6]。它比纯锡（232℃）、纯铅（327℃）以及任何其它比例的铅锡合金熔点都要低。这种比例的焊锡合金熔点温度低、易熔化、常温下凝固快，具有一定强度，青铜器焊接最好使用这种"点锡"焊料。

焊剂是焊接过程中必不可少的材料，作用是清洁焊道、促进焊锡的流动。常用的助焊剂有氯化锌和松香。氯化锌为白色颗粒状粉末，溶解度高，但见空气也易潮解，因此要放在密封的瓶子里保存。焊接使用时根据用量的大小，在清水中放入三分之一或四分之一的氯化锌将其溶解。松香是松树树干内部流出的油，经高温熔化成水状，干结后变成块状固体（没有固定熔点），其颜色焦黄深红。作为助溶剂它可以除去氧化膜，使液态焊锡对金属有良好的湿润作用，也可以较好阻止氧化膜的生成，在减小表面张力的同时能够清洁焊口，促进焊锡的流动性，在青铜器的焊接工艺上同样也是较好的助焊剂。

镀锡法焊接适用于以下几种情况：一是焊口腐蚀较严重、金属性不强，不容易形成对焊，焊接后影响强度的青铜器；二是焊件很厚，面积很大，烙铁热量往往达不到，焊接后不牢固的青铜器；三是焊接的部位比较特殊，比如，原来是用铆接的方法，现在不适合铆接了，改用焊接。这几种情况如果不采用镀锡法，在焊接时虽然焊锡填住了焊口，但是焊口两边的铜质和焊锡不能形成合金，存在具有一定距离的隙缝，因而没有形成焊接。而事先镀上焊锡，只要能镀上，说明就有金属性，就能形成焊接，而镀上锡本身说明铜和锡已经形成了合金，具有焊接的功能了，只需要将两块镀好锡的铜片对接在一起填上焊锡即可完成焊接。两块镀好锡的铜片在合到一起的时候，要注意它们之间是否有多余的锡影响片与片之间的严密度，要是有的话只需用烙铁抹去，实现无缝隙对接后即可焊接。

(3) 加芯子法焊接（粘接）工艺

加芯子法焊接（粘接）是一种在器物中心钻孔加一根金属芯子的焊接（粘接）方法，适用于对接面相对较小、器身又较长、负荷力较大有一定厚度的青铜器[7]。例如刀剑之类的青铜器，由于器身较长，断口面积相对较小，焊口又窄，仅在断口处焊接不足以承受剑身长度带来的剪力，容易折断，必须采用加芯子的工艺（如图5-29~图5-31所示）。

先在断口上锉出新铜碴，然后在断口一侧的中心点打孔，孔洞的深度根据器身的长短决定，器身越长孔洞相对越深。一侧打好后，在另一侧也打上同样的孔洞，根据两侧孔洞的深度选择一段铜丝插入一侧孔洞中，用焊锡焊死，另一侧孔洞可以填上胶，将刚才焊好锡的铜丝带着器身一起插入带胶的孔洞中对齐，没有错位后外面用锡焊好。需要注意的是，打好的孔洞一定要比铜丝要粗，打好孔洞后还要插上铜丝试着对合一下，看看能否对接得严密。孔洞的直径大于铜丝的直径目的是，如果两侧的孔洞打得稍有偏差，也能留有余地实现对接。另外铜丝的长度也要略微小于孔洞的深度，目的同前。如果青铜器腐蚀的程度较为严重，失去了金属性，用焊接工艺已无法修复时，可将焊接法改为粘接法。

● 图 5-29　加芯子焊接示意图（1）

● 图 5-30　加芯子焊接示意图（2）

● 图 5-31　加芯子焊接示意图（3）

> 要点提示

焊接时有时焊不上的原因是什么？

一是烙铁的温度的太高或太低。烙铁的温度太高或太低都不具备焊接条件，温度太低，达不到使焊锡熔化的温度，无法焊接；温度太高，烙铁生成氧化层，无法镀上锡，也无法焊接。

二是青铜器的金属性太差。青铜器的碴口经过磨锉呈现出无光泽的紫褐颜色，表明已经完全矿化，没有金属性，不具备焊接条件。

三是烙铁没镀锡。烙铁必须要经过加工锉成55°左右的刃面，再在烙铁刃上镀上锡才能使用。如果没镀上锡，烙铁无法拉动焊锡与焊接面对接形成焊接。

四是没有锉出焊口露出新铜。焊接前必须要锉焊口，别说是具有几千年历史的老铜器在焊接时要锉焊口，露出新铜，就是新铜器也要锉焊口，甚至锉好的焊口当时没有焊接，隔了一段时间再焊还要再锉焊口，否则无法焊接。

(4) 银锭扣法焊接工艺

银锭扣工艺在青铜器整形焊接中起到一种特殊的作用，它是在器物承受较大拉力的部位两侧各开一个大小适度的梯形孔洞，合起来后形成一个银锭扣，再用黄铜制作一个比银锭孔洞形状略小的银锭钉（如图 5-32 所示），将其嵌入孔洞并焊接，从而达到将两件器物连接在一起的目的。由于银锭扣的形状有点像燕子的两只尾巴倒接，又有点像木结构中的榫卯工艺，所以也称为燕尾榫。这种工艺适合形体较大、铜质较好承受拉力强的铜器，也适合焊口面积小、负荷又过大的铜器。

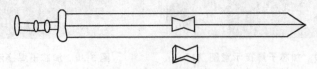

图 5-32　银锭扣焊口示意图

焊接前，先将器物两侧需要使用银锭扣的部位做上标记，并分别锉出梯形孔洞。在锉第二个梯形孔洞的时候，位置一定要找准，要与第一个形成对接，避免因错位造成后面的银锭钉无法插入，然后按照对接后形成的孔洞形状用黄铜制作一个形状比孔洞略小的银锭钉备用。将烙铁烧热之后，把孔洞及银锭钉涂抹上助焊剂并将其放入孔洞内，用焊锡焊死。使用这种工艺时，也可以灵活地根据焊口拉力的大小、锉成孔洞的大小等因素采用其它的方式，比如不用制备黄铜银锭钉，而是在孔洞内直接灌注焊锡，这些都要根据具体的情况灵活掌握。

小知识

银锭扣工艺在我国古代建筑结构中的应用

银锭扣工艺是一种应用很早、很广泛的工艺，具有悠久的历史，在我国的建桥史上及古代建筑结构上都有广泛的应用。河北赵县著名的隋代安济桥（赵州桥）（如图 5-33 所示）、建于金大定 10 年（1170 年）辽宁省凌源县的金代天盛号石拱桥，都是用这种方法连接石料的。赵州桥桥面用扇形石块铺砌，以白灰灌缝，石缝间以亚腰铁榫固定连接。建于金大定乙酉（1189 年）山西晋城县的景德桥，"拱石间有腰铁"；河南林颖宋金时期的小商桥、建于明永乐 14 年（1416 年）的广济桥（清河大桥），"内券石之间用铁银锭榫连接，结构严谨坚固"，使用的都是这种工艺。当时称之为"腰铁"、"亚腰铁隼"、"铁银锭榫"、"铁锭"工艺，其原理相同，只是名称有所不同。[8]

(5) 分解焊接（粘接）工艺

把变形部分按照变形程度锯解成若干块，然后按照正确器形焊接或粘接。适应对象：

① 腐蚀严重、铜质很差，不适合锤击的铜器。

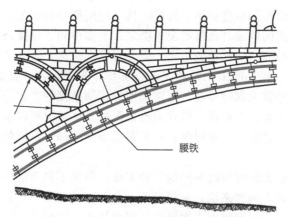

图 5-33　赵州桥拱券腰铁工艺示意图

② 能适应锤击，但脆性、硬度、弹性都很大铜器。
③ 变形面积和变形程度大，变形方向复杂。
④ 变形器物较厚，弹性大、塑性小。

凡是不适应锤击法、扭压法、撬压法和顶撑法纠正变形的均应采用此法。

这种方法是铜器焊接（粘接）中最纷杂、最棘手又不得不采用的一种方法，它是对变形青铜器其他方法都不适用后的一种可以控制碎片多少又能纠正器形的唯一方法[7]。

分解焊接方法：将变形铜器用工具或器物固定住，按事先设计好的分割线用砂轮片切割，将切断的小片按正确的器形进行焊接或粘接（如图 5-34 所示），边焊接（粘接）边矫形，先点焊或局部粘接，器形正确后再加固，这样变形的铜器基本可以纠正过来。

（6）粘接工艺及焊接加粘接相结合的工艺

青铜器的修复从一堆破碎的铜片到使它们结合在一起的角度来讲，有焊接修

图 5-34　分解后粘接示意图

复、粘接修复及焊接加粘接相结合修复,具体使用那一种工艺全都要根据青铜器的腐蚀程度、金属的性质等具体情况来决定。上面讲到了焊接,还有许多情况是要采用粘接或者是焊接加粘接的工艺。当金属完全矿化,失去了金属的属性,不具备焊接条件时,就只能采用粘接工艺(如图5-35所示),就是在同一件器物上,也有可能两种情况同时存在,那就采用焊接加粘接的工艺,能焊接的部位就焊接,不能焊接的部位就粘接。但青铜器修复的具体情况可以说是千变万化,每一件青铜器的破碎情况、变形程度、有无铜质等情况都是不同的,处理起来也要分别对待。

粘接工艺是在无法焊接时采用的一种方法,但也不是万能的,它也有许多局限性。对于变形的青铜器来说,粘接就不适合,有些变形不严重的青铜器,通过边撬压、边整形、边焊接就能一次复位,但粘接就不能解决,对于完全没有焊接条件的又变形的青铜器,也只能采取先整形再粘接的方法。

图 5-35 完全矿化、只能粘接

> **要点提示**
>
> **粘接工艺与焊接工艺在文物修复中的选用**
>
> 焊接工艺和粘接工艺都是青铜器修复中不可或缺的工艺,它们各自发挥着作用,一件青铜器能够焊接也一定能够粘接,但是能够粘接的不一定能够焊接,它们各有优缺点。焊接的优点是焊件可以自由地调整角度,迅速定位,发现角度有偏差时还可以焊开随时调整,缺点是对于没有铜质的矿化青铜器无法焊接。粘接的优点是对于任何青铜器都可以进行,能焊接的就能粘接,不能焊接的也能粘接,缺点是每粘接一片都要等到它固化后才能再粘接另一片,或者是采取其它的临时固定措施,费时不好固定,容易错位,粘接剂固化后,就不能像焊接那样可以随时调整角度。两种工艺没有好坏之分,只有哪种最适合的问题。任何事情都有正反两个方面,有一利就有一弊,我们要根据青铜器的具体情况,充分利用好利,最大限度地减少弊。就如同医生给病人开药一样,没有最好的药,只有最适合病人的药一样。

5.3.4 金属文物焊接和粘接实例

这里还是以敦煌汉代铜牛车整形为例。铜牛车的焊接部位主要在车轴及车舆的结合部，它的车轴结构比较独特，车轴横穿在车舆下，两端贯入毂中，但车轴不是一根整体，而是中间断开，分为两截呈扁方形状分别用铆钉与车舆铆接，两端则是露出的圆形车轴与车毂套接。现在的情况是：两截扁方形车轴中的一截已与车舆分离，并在车轮与车舆间断开，所以焊接要分两步走，第一步要先将车轴与车舆焊接，然后将折断的另一段已锈死在车毂部分中的一截车轴焊接。

铜牛拉车尽管锈蚀比较严重，但在焊接的部位还具有一定的金属性，所以采用了焊接法。车轴与车舆之间的焊接是镀锡法工艺中的第三种情况，因为这个部位原来是用铆接的方法连接的，考虑到铜质的腐蚀程度较高，如再用铆接法会对文物造成损害，况且焊接的部位是叠在一起的，情况又比较特殊，所以采用了镀锡法。将两面分别锉出新口并镀上锡后，将方形车轴与车舆叠压在一起靠烙铁的温度将锡溶化后形成焊接，这部分焊好后再将露出车轴的一端与车轮中的车轴焊接，用普通的焊接法即可。

车辕部分则不能用焊接的方法，因为这部分没有金属性，不具备焊接的条件，只能采用粘接的方法。由于车辕的现状是一只折断，一只缺失一半左右，在粘接之前，先要在完整的车辕处翻模做出缺失的部分，然后再将两只车辕分别粘接。

青铜器的修复可以采用焊接方法也可以采用粘接方法，到底采用哪种方法，应依照实际情况有选择地使用，铜牛拉车就是在一件青铜器上有选择地使用了两种方法，两种方法没有好坏之分，只有是否适合。这件铜牛拉车的车轴与车舆之间的组合方式比较特殊，二者原来是用铆接的方法组合的，如果还用铆接的方法，在锤击敲打过程中，这部分可能会因为受到震动的影响产生意想不到的后果，那焊接就是最好的方法；其中一只车辕部分由于是补配的，而且是用树脂材料补配的，就采用了粘接的方法，而粘接方法对它来说就是最好的方法，所以，没有最好的方法，只有最适宜的方法，就像中医用"辩证施治"手段治病那样。

5.4 残损青铜文物的补配技法

中国古代青铜器在经过整形、焊接之后，有些青铜器可能直接就可以进入打磨、补腻子、作旧阶段了，但对于一些考古发掘品来说，就不那样简单了。由于墓葬挖掘现场的复杂性和不确定因素造成的残片的丢失及出土后的各种各样的原因，文物送修时，已是一堆碎片了，不知是否有缺失，经过前面的拼对，再加上整形焊接后的找寻，才发现还是有许多部位还有缺失，不能复原，这就需要采用补配的方法将缺失处恢复原样。补配也是青铜器修复中不可或缺的一个重要环节，补配的方法多种多样，它的优劣将直接影响青铜器的修复效果，具有一定的技术难度，但也是有其内在规律可循的。

青铜器传统修复工艺中的补配环节有多种多样的方法，都能够达到补配的效果，有打制铜皮补配法、翻模铸造补配法、树脂胶类补配法、塑形补配法等。但到底采用哪一种方法，这要在具体的实践中根据不同的情况酌情而定，灵活掌握。

5.4.1 打制铜皮补配工艺

打制铜皮补配工艺是利用金属的可塑性、延展性的特点，采用捶打的方式（如图5-36所示）使金属产生变形将铜皮打制成所需要的符合器形弧度（如图5-37～图5-39所示）的一种工艺。

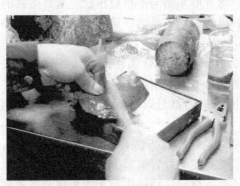
图5-36 打制铜皮示意图

图5-37 铜皮补配（1）

图5-38 铜皮补配（2）

图5-39 铜皮补配（3）

⊙ 图 5-40　铜皮补配前　　　　　　　⊙ 图 5-41　铜皮补配（4）

　　铜器缺失部位的形状多种多样，一般是先剪出比缺失部位形状稍大的一块铜皮，厚度不要求跟原器相同，有 0.5～1mm 即可。因为厚度如果达到与器壁相同的 2～3mm，不但退火时间长，锤击起来很费时，铁剪刀也不易剪动，所以只要求用薄铜皮锤击成和器物相符合的弧度，亏空的厚度靠腻子补平即可。锤击时将铜皮垫在铁砧子上，根据需要的形状将其垫在铁砧子不同的凹凸位置上，不断地锤击，不断地退火，直到符合器形为止。经过锤击过的铜皮一般比缺失部位要大一些，将铜皮放在缺失部位的内侧然后用笔或利器沿着缺失部位的轮廓画下来并裁减掉，然后焊在空缺处。对于大面积的缺失，只能采取分解的办法，分段打制，分别焊接（如图 5-40、图 5-41 所示）；对于简单的平面缺失，不需要锤击，只要画好平面纸样贴在铜皮上用铁剪刀剪下焊上即可。

要点提示

要了解铜金属的性质

　　铜和其它金属一样都是晶体，当受到锤击时，铜的晶体发生变化，产生塑性变形，这时金属由于晶体变化而提高了硬度和强度，降低了塑性，因而增长了金属的变形阻力，就是"冷作硬化"。硬化后应停止加工。否则由于铜的塑性已经降低，变形阻力加大，铜皮在反复捶打情况下则容易产生"疲劳"，使晶体组织断裂。因此，铜皮在加工时应反复加热，冷却后捶打（这种工艺叫"退火"）。这时因为金属有一种再结晶能力，使变了形的金属晶体在一定的温度内重新结晶。不同的金属有不同的再结晶温度，铜的再结晶最低温度是 200℃。为了使铜充分地再结晶，硬化的铜皮至少要加热到 600℃ 左右的赤红程度，这样铜皮的硬度和强度降低了，恢复了铜皮的原塑性，因此可以继续捶打。经过反复捶打，加热，再捶打，直到打到所需要的器形为止[9]。了解了金属的这种属性之后，就可以对一件有缺损的青铜文物进行打制铜皮的补配了。

5.4.2 翻模铸造补配工艺

对于有花纹及部位特殊的如器物的耳足等附件，不能用直接补铜皮的方法，而是要用翻模铸造的方法补配。翻模铸造补配法是一种直接在器物上做模具，然后铸造出铜胎、铅锡胎或灌注树脂胶，最后将其焊接或粘接在缺失部位的一种工艺。

(1) 铸造锡铅合金补配

这是用翻模铸造的方法铸造出以锡铅合金为补配材料的缺失部位，再焊接（粘接）到器身上去的一种方法。锡铅是一种低温合金，比较容易铸造，补配就利用这一特点来翻模铸造。青铜器的花纹及耳部等都是具有对称性的，假如这一侧的花纹有丢失，我们就到另一侧完整的部位去翻模（如图5-42所示），用油泥把需要翻制的部位围好并刷上隔膜剂——软皂，将调好的石膏（水和石膏的比例以石膏刚好没过水为好）倒在其中，待凝固后轻轻震动取下石膏模，然后按照缺失部位的形状、大小、厚度做一个油泥的样子贴在石膏模的相关部位，刷上软皂后再打另一块石膏磨具，凝固后，打开模具取出油泥，就形成一个如同缺失部位的空腔，让其自然干燥或放在烘干箱里烘干（不能时间太长，否则容易酥粉），捆好模具待铸，将锡和铅以6∶4的比例熔化后，去掉上边的杂质缓缓倒入模具，凝固后去掉模具，就得到了缺失部位的锡铅配件（如图5-43所示），再将它焊接到空缺处。

图5-42 在完整的部位翻模

图5-43 铸出锡铅金的缺失部位

相对于平面花纹的铸造补配工艺，在处理立体的腿部或耳部的缺失时，铸造补配工艺就有一定难度了。以翻制缺失鼎腿为例，在另一侧完整的腿部翻制石膏模具，但是不能像上面那样只打一块，而是要分块打，要分成三块或四块打；如果打四块，就两两对应地打，也是要先圈好油泥，抹上软皂，倒上石膏，凝固后去掉油泥围挡再打另外两块石膏，这是第一步。然后将石膏模具从腿部取下，每两块一组，分别在石膏内侧贴上一层油泥（这个厚度就是铸造厚度），再合上模具捆好。这时模具的两侧是相通的。先将一侧打一块模具，作为底部立起来向上，再将另一侧的口部圈上油泥向油泥内侧倒上石膏并和口部连接起来，待石膏凝固后分块拆开石膏，取下油泥，再合上模具，就形成了一套铸造模具了。然后依前法铸造出锡铅胎的腿部再焊接到器身上。

(2) 铸铜补配

铸铜补配的工艺在翻制模具的环节中跟锡铅合金铸造补配法大致相同，但

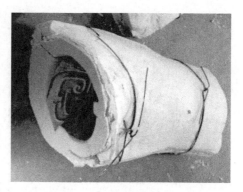

图 5-44　内侧硅橡胶外侧石膏套

是不是直接用石膏翻制模具，因为石膏模具不耐高温，不能直接铸造青铜。从保护青铜文物的角度出发，现在复制文物或者制作缺失文物的补配件都用硅橡胶作为模具，采用现代工业上的精密铸造法，即失蜡法铸造。硅橡胶是一种质地柔软的具有一定弹性的材料，不能直接作为模具，还要在硅橡胶外面打一层石膏套将其托起，这样才能形成一套完整的硅橡胶模具（如图 5-44 所示），然后还要在铸造厂进行浇灌蜡质模型、在蜡型上由细到粗层层涂敷耐火材料、焙烧成模壳形成铸造空腔、浇铸成铸件、清砂、修整铸件（修胎）等工序，最后再将铜质铸件焊接到缺失部位上。

小知识

"失蜡法"铸造的过程

在事先翻制好的硅橡胶模具上做出蜡型，从形式上又分刷蜡法和注蜡法。刷蜡适合于敞口形模具，将蜡液倒入模具内，让其在起伏状的模具腔内流动，挂满一层凝固后再挂一层，直到所需的厚度；注蜡是在内外模具之间注以蜡液。现代失蜡法铸造用蜡的主料是石蜡，辅以硬脂酸作为添加剂，比例随不同季节加以调整。将混合的蜡液溶化后倒入模具中，凝固后脱模就形成蜡件——蜡型了。有了蜡型后还要制作铸造用的模壳，这个模壳是由石英砂等耐火材料组成，用硅酸钠（水玻璃，泡化碱）当粘接剂，用氨水当固化剂[10]，在蜡型上先挂一层水玻璃后再挂一层石英砂（面层要先用很细的石英粉），并在硬化剂中硬化，再次挂一层水玻璃和石英砂，并再一次硬化。这样层层地将蜡型包裹到一定厚度后就形成了铸造模壳，然后入窑焙烧（如图 5-45 所示）使蜡型溶化流出（失蜡），形成型腔再浇铸铜液（如图 5-46 所示），得到铸件。这样铸造出来的就是铜质的铸件了，然后再经过清砂（如图 5-47 所示）、修胎、作旧等工序，得到所需要的效果，完成一件复制品。

图 5-45　入窑焙烧示意图

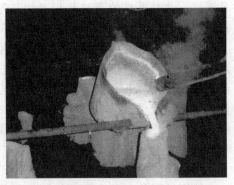
图 5-46　浇铸示意图

图 5-47　铸造后的清砂

5.4.3　塑形补配工艺

塑形补配是一种在缺失部位塑出模型，然后翻模注胶的一种补配工艺。青铜器的花纹及耳部等都是具有对称性的，假如这一侧的花纹或耳部有丢失，我们就到另一侧完整的部位去翻模，但有些器物由于破损严重，大部分缺失（图5-48），没有可以翻模的地方，那就要将缺失的地方塑出来。

操作中，先将要塑部位的内侧用油泥垫起来，然后将事先泡好的雕塑泥平铺在上面，按照器物的形状、花纹塑出来（如图 5-49 所示），如果雕塑泥一次塑不完，可用湿毛巾蒙上，盖好塑料布避免干裂，并在上面翻制模具，这就等同于在完整的部位翻模。翻好之后，因为不用铸造，所以不采用上面铸造的方法取下模具做出油泥样，而是先不摘下模具，直接将雕塑泥取出，这时模具的内侧面就反衬出雕塑面的花纹及形状了（如图 5-50 所示）。再将隔膜剂刷在石膏磨具上后，就可以直接注胶了。待胶液固化后，取下石膏模具，器形就补配好了。

对于缺失面积较大的器物，不宜采用直接注胶的方法，因为胶液对于有弧度的器形来说，由于有流动性不能随型。可以采用一种叫做"多用修补胶棒"的胶类物质来补配，这种胶棒可针对各种金属非金属材质，用途广泛，使用方便，固化快速，便于随型，将其任意切割一段反复捏搓均匀后将其按在模具上压实并让其平整（如图5-51所示），固化后取下模具，缺失部位就以这种材料补配好了。

◉ 图5-48 盖部缺损

◉ 图5-49 塑形并翻制模具

◉ 图5-50 模具上反衬出雕塑的花纹

◉ 图5-51 多用修衬胶棒补配

5.4.4 环氧树脂胶类补配

树脂胶类补配是以环氧树脂或其它胶类做为补配材料的一种补配工艺。它可以借用上述翻模铸造补配的方法，但只是借用制作模具的方法，将模具做好后灌注环氧树脂胶液，而不是铸铜或低温锡铅合金。它适合于小的器物附件儿，如铜鼎的环耳、铜壶的铺首衔环耳等。

以一件铜壶的铺首衔环耳为例。两个铺首缺失一个（如图5-52所示），就以存在的铺首作为母范。因为圆环在铺首鼻钮内是活动的，翻制模具时要将铺首和圆环分别翻制，先翻铺首，只需翻一面，然后取下外范在模具内灌上调好颜色（选择跟周边色调接近的颜色，以使后边作旧的工艺变得容易些)的环氧树脂类胶液(如图 5-53 所示)。

图 5-52　两只铺首，一只是原件、一只是补配的

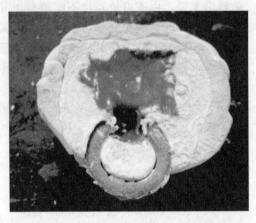

图 5-53　在模具内灌上环氧树脂

因为铺首的造型不在一个平面上，又因为胶液的流动性，很容易造成薄厚不均，所以要选择一些固化时间快的胶，用调刀不断地将胶液沿着模具的边沿调动，形成均匀的厚度。固化后取下模具。在翻制圆环时就要两面翻制了，这时的圆环是在铺首的鼻钮内，也只有连同鼻钮一同翻制下来，然后翻制另一面。两面都翻制好之后，从器物上取下模具，在两块模具的圆环内倒上"914"室温快速黏结剂或 AAA 透明树胶等胶液（也要事先调好颜色）。由于鼻钮部分的存在，而这部分又是不需要的，所以在注胶时要将这部分事先用胶泥填死后再合上模具，这样待胶液固化后圆环就必然形成一个缺口，起模后再将这个缺口补上，最后先将圆环放入鼻钮内侧（如图 5-54 所示），再将铺首固定在相应的位置上粘牢。这样用环氧树脂胶类补配的铺首衔环耳就做好了（图 5-55）。

图 5-54　从模具内取出的补配件

图 5-55　补配好的铺首

这是树脂类补配中比较典型的例子，如果受当时场地、条件等的情况的限制，也可用胶泥作模，再做修整，在实际操作中可能还会有各种各样的情况出现，依据具体情况采用相应的方法。

5.4.5 树脂加铜皮补配

树脂加铜皮补配是以外侧为树脂内侧加铜皮做为补配材料的一种补配工艺。在青铜器补配的各种方法中，有些带花纹的器物缺失的面积较大，器身又较薄，如果光靠用树脂补配就显得强度不够，所以还要用靠在树脂内加放铜皮的方法来增加强度。

这种工艺和塑形补配的方法较为接近，在器身缺失部位相对应的另一侧完整部位用硅橡胶翻模具，并打好石膏套。然后将其起模移至缺失部位固定好，进行下一步的灌胶工艺。但是古人在制作青铜器的时候因为是手工操作，尽管图案、花纹一样，但两面花纹的大小、位置的高低会有误差。所以将模具取下放在缺失部位时，往往合不严实或花纹对不上，无法在模具内填胶，怎么办呢？我们可以采用另一种办法：用油泥做出缺失部位的形状放在模具内侧相应的位置（留出铜皮厚度的余地），再在上面翻制另一块模具，固化后，打开模具取出油泥，在有花纹一侧的空腔里倒入调好的树脂，再将事先准备好的有着空缺部位形状的铜皮也放入胶液内，合上模具。待固化后打开模具，一件树脂加铜皮的配件就完成了，经过修整边缘后就可以粘接到缺失部位上去。

青铜器的补配方法多种多样，上面介绍了打制铜皮补配、翻制模具法补配等多种方法，但这也只是经常用的，方法还没有穷尽，以上各种方法的补配有时是穿插在一起的，既有翻模补配，又有树脂胶类补配，还有塑形补配，几种方法有时是同时使用，这就要求使用者根据特定环境下的不同情况具体分析，灵活地运用。根据当时修复对象的具体情况及所处的环境、条件因地制宜地采用相应的方法，往往经验性的东西起着很大的作用，这是青铜器修复的特点之一。

5.4.6 金属文物补配实例

以一件明代铜狻猊的补配为例。明狻猊铜炉四条腿中有三条腿从根部折断，一只左后腿缺失（如图5-56、图5-57所示）。左前腿虽然较为完整，但在根部前方仍有一巴掌大小的部位缺失，并且在腿的外侧从上到下绒毛状饰物大部缺损，右前腿根部除外侧一面还有连接外，内侧面及后面大部缺失，并且腿外侧绒毛上半部缺损，右后腿蹄子及以上一段部位缺失。

这件器物涉及的工艺较为复杂，对于这种器形很大，残损程度较严重的器物的修复，首先要制定一个较为严谨的切实可行的修复方案：此狻猊四条腿中有三条断

 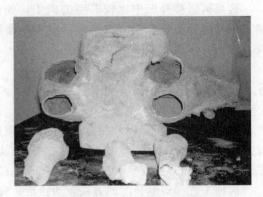

图 5-56 铜狻猊修复前　　　图 5-57 铜狻猊修复前腿部情况

裂，一条半腿缺失，那就首先要将断开的腿焊上去，将缺失的部位垫起来使它立起来后才能谈及将缺失的腿补配，这是其一；将断开的腿焊上以后，缺失的腿还不能完全以焊上的腿为标准复制缺失的腿，因为两条腿上各饰有绒毛装饰物，而绒毛装饰物的方向是不同的，所以缺失的腿要单独塑形，这是其二；塑形后腿要单独翻制模具，然后铸造出以锡、铅为材质的腿部。这是其三；三条腿焊接后缺失处要用铜板补配，这是其四；铸造后的腿部也要跟器身焊接，这是其五。明狻猊铜炉修复工艺包括雕塑、翻模、铸造、焊接、补配、作旧，囊括了几乎青铜器修复中的全部工艺。

小知识

铜狻猊的传说及功用

狻猊是一种猛兽，传说中是龙生九子之一，排行老五，形如狮，性好烟火，喜烟好坐，常饰于香炉盖子的盖钮上。佛祖见它有耐心，便收在胯下当了坐骑。所以形象一般出现在香炉上，随之吞烟吐雾。陆容《菽园杂记》卷二对狻猊有这样的描述："金猊，其形似狮，性好火烟，故立于香炉盖上。"花蕊夫人《宫词》："夜色楼台月数层，金猊烟穗绕觚棱。"

狻猊造型奇特，曲卷着鬃毛的头部昂首挺立，方口微张，双目睁圆，双耳垂搭在两颊，尾部上翘，背上的左右两边一边一个托着两个方扁形的壶，壶口长方形，似为盛酒容器，两壶中间有一方口的空间跟两边的酒壶分开，里面有一管道经过，管道的两端分别设在头部和尾部，疑为烟道，在臀部的上方有一圆形开口，可以看到里面的管道。这种奇特的造型，经初步分析，应是温酒的器皿，中间的方形空腔应为放炭火的地方，两边的酒壶靠中间的炭火加热。这个甘肃崆峒区出土的最大的有着好造型的青铜器，极为罕见，为我们研究崆峒地区元明时期的历史文化、社会生活及对狻魔（猊）、师（狮）子一词的由来提供了实物资料。

（1）腿部的焊接及塑形

明狻猊铜炉的四条腿中有一条缺失，其它三条腿全部断开，其中一条下部缺失足部。由于年代不是很久远，青铜器还保留有很强的金属性，在能够形成对接的部位锉出新的碴口后，用500W的电烙铁将其分别焊接。因为器物的形体较大，烙铁一定要用功率大的，否则由于热量不够，热量很快就被传导走，形不成焊接。在将几条腿分别与器身对接后，就可以将整器立起来了，这时整器的站立由于腿的根部还有大块缺失没有补配，牢固性不是很强，只是暂时的，目的是使器物站立起来，以便于可以使缺失一条腿的部位塑形。这时狻猊只有三条腿站立，其中还有一条右后腿缺失一截，为了将缺失的一条半腿补配齐，就要采用塑形的方法复原。采用的方法是本章"翻模铸造补配工艺"中的前一种方法，但有所不同是，将"铸造锡铅合金补配法"与"塑形补配工艺"结合在一起。

> **要点提示**
>
> **辨证施治、灵活应用工艺技法**
>
> 就如同医生给病人看病一样，相同病症、不同病因的病从表面上看都一样，但是医生能够从相似的病症中找出病因，对症下药，辨证施治。铜狻猊的工艺应用也是一样，从表面上看，按照一般鼎类器物缺损的情况，一条腿丢失，我们可以从另一条腿上去翻制模具，然后补配到另一条腿上去，但是由于此件狻猊它的两条腿上都有绒毛，并且方向不同，从这条腿上翻制的模具出来的形状放到另一条腿上方向会相反，所以不能从这条腿上翻制，要重新雕塑出一条腿后再翻模。因为狻猊的修复在具体实施中有了变化，我们不能用固定的模式去套，而是要灵活应用。
>
> 为了将其稳固及塑形的方便，可选择一根事先量好尺寸的木棍，从腿的根部插入顶住器身，另一端着地；右后腿缺失处也采用此方法，并在器身中间做好支撑，这样四条腿稳固了。木棍的插入一是起到稳固器物的作用，二是可以直接当做塑形的筋骨，将调好的石膏等到稍微凝固时一层层涂抹在木棍上（如图5-58所示），趁着石膏还未完全凝固做出腿部轮廓的大致形状来，然后再精雕细琢直至完全塑出完整的腿部（如图5-59所示）。腿部绒毛装饰物单塑，右后腿、蹄及以上缺失的部位也按此法用石膏塑出，这样两条缺失部位的腿部立体造型就完成了。
>
> 对于两条前腿及一条左后腿绒毛的补配，采用多用修补胶棒直接出大形儿的方法，也就是在缺失部位捏出绒毛的形状，在其固化前用调刀等工具划出绒毛的纹理，等固化后再粘接到相应的位置上去。对于左后腿较长一段绒毛的处理，可采取分段补配，补完一段再接一段，直到将全部缺失的部位补齐。这种方法对于器物的附件或造型较为复杂的部位的缺失不失为一种简单易行、方便有效的方法。

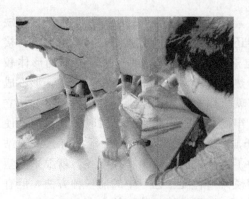 

◉ 图 5-58　铜狻猊的腿部塑形　　　　◉ 图 5-59　铜狻猊的腿部立体造形

(2) 翻制模具

腿部的塑形完成后，就可以翻制模具了。将狻猊翻转180°腿部朝上，翻制立体造型的腿部模具（如图5-60所示），用油泥将要翻制的部位圈起来，在上面刷上隔膜剂，再将调好的石膏涂抹在圈起的油泥中，等到石膏固化经过修整，挖好定位榫后再翻制下一块模具。腿部的三块模具翻制好后，最后再翻制底部模具。在整个腿部模具全部打制好并凝固后，就可以取下模具进行下一步贴油泥的工序了。

◉ 图 5-60　翻制腿部模具

贴油泥的目的是使铸造出来的腿成为空心腿，一是节省材料，二是减少收缩。将五块模具打开后，把事先擀好的油泥片分别贴在每块模具的内侧轮廓线上（油泥的厚度就是铸造的厚度），然后再将贴好油泥的模具合上捆扎好，这时候就需要制作模具的内芯了。将调好的石膏倒入模具的空腔中，并且让它高出油泥的部分形成和口部相连的整体，这样做的目的是省略了支钉的支撑，在去掉油泥后就可以形成稳定的空腔（如图 5-61 所示），而这空腔就是铸造时合金溶液所在的位置。再一次打开模具去掉油泥，让其彻底干燥后做好铸口，依次合上模具并捆扎紧以备浇铸。

图 5-61　打开模具去掉油泥再合上模具形成铸造空腔

（3）浇铸

将金属锡和铅按照 6∶4 的比例配好，放在铁锅中将其熔化，在呈现黄色的氧化膜时说明铸造的温度已经达到，这时就可以进行浇铸了。为防止在浇铸时跑冒锡水，可在模具的缝隙间涂抹上一些泥巴，然后用铁勺缓缓地将锡水浇进模具，直到注满为止。待其凝固后敲碎模具，取出铸件（如图 5-62 所示），去掉铸口及坯缝，一件低温合金材质的缺失腿部就做成了。其后就是将它焊接到相应的位置上去。右后腿缺失部位的制作也按照上述方法分别塑形、翻模、铸造后备用。

（4）焊接及补配

前面的焊接还没有形成最后的稳固的焊接，只是为了将整器先立起来进行腿部的雕塑。现在腿部的复制完成了，就可以将腿部分别焊接并将缺失的部位用铜皮补配。因为器物的形体较大，焊接不可能一次完成，四条腿要分别进行调整，看其前后左右的位置是否正确，最后再焊牢。四条腿全部焊接上去后，再进行缺失部位的补配（方法可参照本章介绍的铜皮补配法）。这样铜狻猊的修复过程中的塑形、翻制模具、浇铸、焊接、补配等工艺就完成了，但也只是它的器形得到了复原，但还达不到展览的要求，所以还要进行作旧，达到展出要求的效果。

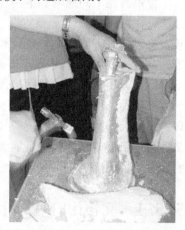

图 5-62　敲碎模具，取出铸件

小知识
复制品、仿制品、赝品

　　复制品是指在博物馆展览陈列中因为某种特殊原因不能展示文物原件而做的替代品，它必须在文物原件上经过翻制模具，再通过制作蜡型、挂砂、铸造等一系列工艺过程最后做成，外形、效果必须和原件一致。仿制品是一种工艺品，它没有在文物原件上翻制模具，而是根据一些图片、资料的记载尺寸塑出形状后做出来的，最后做出表面效果。赝品本义指工艺精湛的仿真品，现在常指用来骗钱，以获利为目的，以欺骗为手段，人为制作的粗制滥造的伪造品。赝品通常采用各种花样翻新的造假手段，甚至在器物中加入一些文物真品残片以掩人耳目，最后达到获取暴利的目的。

5.5　金属文物作旧

　　经过了前面的整形、焊接、补配等工艺，就到了青铜器作旧的环节。青铜器作旧是文物传统修复中一项技术性很强的最后一道工艺程序。一件文物修复的好坏，达到怎样的效果，全在这道工序中体现出来，前面的工序固然重要，必不可少，但是在作旧阶段，它的表面效果如何，很大程度上取决于这道工艺。它的目的是使修复过的地方不露痕迹，颜色、花纹与周围衔接的地方浑然一体，既要颜色一致，又要做出质感效果，使修复复原部位与原残损部位衔接得天衣无缝。

　　青铜器在不同地域、不同埋葬环境中会形成不同的锈蚀，这种锈蚀会以"贴骨锈"、"疙瘩锈"、"黑漆古"、"绿漆古"、"水银沁"等不同的锈色形式表现出来，它们具有不同性质的色泽和锈斑。青铜器作旧中通常采用传统的方法，对焊接、补配、复制过程中暴露出来的痕迹通过画、喷、涂、点、抹等技法进行修饰、遮盖，使其与周边的衔接浑然一体。它不同于中国国画的绘画技法，也不同于西方油画的绘画技法，是一种独特的中国青铜器作旧的着色方法，工艺要求高、难度大，操作自成系统[11]。它是中国青铜器传统修复中最不容易说清楚却又是必须掌握的工艺，它是靠大量的实践经验的积累和对色彩的深层理解来表达的，在某种程度上可谓只可意会不可言传了。

5.5.1　文物作旧的一般过程

　　人经过化妆后可以光鲜亮丽、光彩照人，但化妆前要先打底，打完底后再施粉黛，这样一层层做下来后，人的精神状态就能得到很大的提升。文物的作旧也是一样，也要先"打底"，才能使文物作旧后得到很大的"提升"。这个"打底"就是对焊接、补配的焊道等部位进行清理，使其平整地与周边对接。

清理焊道使用的是刮刀、锉刀之类的工具，随着电动工具的出现，也使用旋转锉。将磨头对准焊道，将高出的部分均匀地打磨掉，使其平整。对于一些旋转锉无法到达的部位，可使用刮刀、锉刀等工具铲平、锉平。但是有些焊道还留有缝隙或补配的特殊部位弧度还不够，这就要靠补腻子这道工序来完成。用原子灰作为装饰腻子，将原子灰调上和器物相近的颜色，在焊道缝隙处及需要的部位刮抹上一层，待固化后用水砂纸打磨平整。如果一遍还达不到要求，就再进行一次，直到符合作旧的标准。这是作旧的基础，否则无论怎样作旧，对接的痕迹都会存在，就像化妆"底儿"没打好，再怎么施黛，雀斑还是遮盖不住一样。虽然"打底"不会像瓷器修复那样严格，但也要相对地做到位。

焊道清理完后，由于锡的焊口具有一定的白色光泽，作旧时很难将其遮盖，所以还要用毛笔蘸三氯化铁溶液在焊道上描一遍，使它的色泽暗淡，使其变成不露光泽的黑灰色，然后用纯净水冲洗干净晾干。为了增加作旧时颜色对器物的附着力，再用虫胶漆在焊道上涂抹一遍。

传统作旧方法是以虫胶漆作为粘接剂，以各种矿物颜料作为着色剂，施加在被处理的表面使其和周边浑然一体。

青铜器锈蚀的颜色多种多样，丰富多彩，层次分明。作旧首先要确定各种颜色之间的关系，哪种颜色在上面，哪种颜色在下面，哪种颜色要先做，哪种颜色要后做，同时把握好各种颜色的准确度，然后再开始下手。通常青铜器的锈蚀包含三种情况，一种是只带有漆古地子没有锈蚀的，一种是只带有锈蚀没有地子的，第三种情况是既有地子又有锈蚀的。如果没有地子，那就从最下面的锈蚀做起；如果有地子，那首先就要先做地子，再做锈蚀。无论如何作旧都要从最底层做起，然后根据器物的颜色一层层往上做，通过画、涂、喷、抹、点、弹等技法让器物外观达到自然流畅的效果。

> 要点提示

室内外光线的色差关系及对文物作旧的影响。

青铜器作旧对环境是有要求的，那就是要有自然光，而且是要在天气晴朗的条件下在室内进行。因为室内的光线对作旧是具有影响的，在自然光下作好旧的颜色拿到任何环境下观看，颜色都不会偏离。而在非自然光的条件下如阴天、室内灯光条件下作的旧，拿到自然光下观看，颜色就会有偏差。这就好比在商场看上了某件颜色的衣服，由于室内光线的缘故（室内的光线本身就带有颜色），你觉得很好看，但拿到自然光下就发现不是原来的颜色了的道理一样。所以一定要选择在有自然光的条件下作旧。

5.5.2 漆古地子作旧方法

漆古地子是紧贴在器物基体之上的一层颜色，光洁明亮，平整光滑，色彩丰富。通常有黑漆古、绿漆古、灰漆古、枣皮红、水银沁等。这在青铜器作旧中是具有一定难度的，因为它是在一个平面中表现出颜色的丰富多彩，而不像一般锈蚀可以用"点泥作锈"的方法层层做出。以做绿漆古为例，表面上看似是绿颜色，其实除了主色调是绿色外，还包含了非主色调的蓝、黄、红等其他颜色掺杂其中，并且是以一种无规律的你中有我，我中有你的状态表现出来。只有把这些色彩找出来，并施加一定的技法才能将绿漆古做出来。其它漆古的做法也是同理。在做漆古地子时，还因为漆古地子具有细腻光滑的特点，在使用材料方面还应注意，不能用虫胶漆调矿物颜料作为地子的主料，而是要以硝基漆作为上色的主料，以下介绍几种方法。

(1) 喷笔法

喷笔是瓷器修复中要达到光滑效果的必备工具，青铜器地子也具有光洁平滑的表面，所以借用过来。其原理是利用空气压缩机提供高压气流，通过喷笔中的颜料杯，使硝基漆雾化，喷涂在要修复的部位（如图5-63所示），使用起来技术性很强。一是要对色彩的理解把握要准，二是要对喷笔的操作技法熟练掌握[12]。根据作旧部位的颜色首先找出一个主色调，将颜色调好后对准修复部位，这时，气流的大小、距离的远近、喷射的角度等，都在手的握笔及食指对制动力度的把握上，对喷涂效果起着决定作用。可通过调整气流、角度、距离以及喷幅调节帽来控制喷雾面积的大小及雾状颗粒的粗细。这只是对漆古地子作旧的第一步（有些地子可能这一步就可完成）。尽管喷笔喷出的色彩具有光滑细腻的特点，但任何事物都具有正反两个方面，由于喷笔喷出的色彩太均匀，缺少层次感。一些青铜器的地子可以由喷笔来完成，但不是所有的地子都能靠喷笔来完成，所以有些地子还要在此基础上进行其他的操作。

图5-63 喷笔示意图

(2) 画、抹、涂法

还以绿漆古为例，如果用喷笔已做出主色调，那么下面就要根据你对色彩的理解来分析在主色调的基础上还具有哪些色彩，这些色彩之间的关系又是怎样，以此来决定下面采用何种的技法。可用画油画的技法，根据地子的色调用油画笔调出所需的色彩。假如绿漆古地子中还含有红、蓝、黄的成分，而这红、蓝、黄又不是纯正的红、蓝、黄，其间夹杂有其它成分，那就要分别调出它们的颜色,并根据它们之间的关系采用画、涂、抹等技法作用到相应的位置上。这时要注意,色彩的浓淡、稀释剂的多少、落笔起笔的轻重都对地子的效果起着重要作用。对于颜色间界面分明的,颜色可浓一些,落笔可轻一些。对于颜色间有一定过渡的界面,可颜色淡一些,落笔重一些。这些都要根据具体情况及对色彩的理解加以灵活运用。

(3) 弹拨法

经过以上两种技法的渲染后,地子已经形成了一定的色调,但感觉某些部位还缺少一些零碎的、星星点点的效果,可采用弹拨技法将这种效果表现出来。用一些比较硬的油画笔或采取将油画笔毛剪短的方法使笔毛弹性增大,调上几种可使之达到某种效果的硝基漆,一只手持调刀或其它依托物,另一只手持油画笔,利用油画笔拨动调刀产生的反作用力,将颜色弹拨到缺少某些效果的部位上去。为了达到一些颗粒的大小不同的效果,可调整硝基漆与稀释剂比例。

(4) 拍拓法

除了采用上述几种技法之外,还可以采用拍拓法。拍拓法是对已经形成地子但还感觉有些地方比较"愣"达不到自然过渡效果,在局部采用的一种方法。事先用丝绸布包裹棉花捆扎成类似拓片用的朴子,朴子的大小可根据需要任意制成。将朴子蘸上调好的稀薄漆料在相应的地方进行拍打,形成自然的过渡或达到形成色斑的效果。最后用细绒布在漆古地子上反复揉搓,在已有的光滑平整的地子上再形成一层柔和的光泽。

5.5.3 水银沁地子作旧方法

水银沁地子也是一种地子,因为其表面具有银白闪亮得如水银一样的金属光泽而得名。将它单列出来是因为在作旧的方法上它和其它黑漆古、绿漆古、灰漆古、枣皮红地子具有不同的性质。后者可以采用硝基漆作为颜料通过画、涂、喷、抹、点、弹等技法将地子做出青铜器的质感效果,而水银沁地子用硝基漆或者其它颜料无论如何是做不出这种效果的,但也可以采取其它的方法做。

第一,银粉法。因银粉(铝粉)具有银白的金属光泽,所以将它作为水银沁地子的作旧材料。又将其和硝基清漆调和在一起,涂抹在相应部位。干透后,用标号高的水砂纸打磨。因为再细的银粉颗粒也不如硝基漆细腻,所以打磨后还要再涂抹一两遍,最后用绒布反复揉搓,达到银白细腻的效果。

第二,镀锡法。使用青铜器焊接方法之一的镀锡法,将要作旧的表面露出新铜,然后在上面均匀镀上一层锡。具体方法是用旋转锉或锉刀将被处理表面磨锉出新铜来,将助溶剂涂抹在露出的新铜表面上。用镀上锡的烙铁在上面磨蹭,锡自然被镀在上面。此法适用于面积较小的部位。

第三,锡汞齐法。首先按照制作金汞齐的方法制作锡汞齐,把锡熔于汞液中，形成锡汞齐。然后在青铜器表面研磨，形成看起来光滑的银白色镀锡层。[13]这种方法也叫锡汞齐磨镜药法，是在研究古代青铜器水银沁形成机理的基础上提出的方法。由于魔镜药的作用，被处理表面产生了富锡层，锡在空气中又逐渐氧化，形成了以二氧化锡为主要成分的微晶态透明薄膜，这层薄膜使得被处理表面或复制品的作用效果达到与原件一致。[14]需要注意的是，汞是一种有毒的金属元素。在操作中，溶解的锡汞齐会产生有毒的汞蒸汽，所以不建议使用。

5.5.4 一般锈蚀作旧方法

我们将漆古地子以外的锈蚀都称为一般锈蚀。一般锈蚀又可具体分为贴骨锈、发锈、糟坑锈等。一般锈蚀的作旧方法使用面比较广，除了用作青铜器的作旧外，铁器、陶器金银器、锡铅器、骨器的作旧都可以使用此种技法。在使用材料方面是以虫胶漆作为粘接剂，用矿物颜料或合成颜料作为着色剂，二者调和在一起。通过画、喷、涂、点、抹等技法作用到被处理的点、面上，达到修复的部位与相邻部位之间和谐统一，不露痕迹，下面介绍几种锈蚀的作旧方法。

(1) 贴骨锈作旧方法

贴骨锈是结实地贴在器物表层的锈，这种锈即使用小锤敲都不易掉，因而得名贴骨锈。[15]这种锈尽管很坚硬，但因为锈层较薄，所以做起来就不需用层层叠加的方法（但也不排除有些贴骨锈锈层薄，但颜色丰富，也需层层做。但这种层层做有别于"点泥作锈"的方法），而是根据周边部位的色彩分布，使用油画笔的画、抹、涂等技法，将贴骨锈做上去。由于锈层比较薄，所以对颜色的把握上有更严格的要求。其它的锈蚀如果做的不是太准确，可以再添加色彩，但对于贴骨锈来说，过多的色彩添加影响贴骨锈的质感，所以对色彩的组合搭配就显得非常重要，要非常精准，力求在锈蚀还很薄的时候就已经达到效果了。

(2) 发锈作旧方法

发锈一般是深入胎体又在器表上生成凸起的疙瘩锈。这种锈跟贴骨锈正相反，是一种较厚的腐蚀较严重的锈蚀，形成疙疙瘩瘩的甚至带有裂纹的锈层，所以在作旧技巧上也有别于贴骨锈。贴骨锈可以用油画笔蘸取虫胶漆直接调颜色，而发锈则要用调刀或修器将需要的几种颜色调得像腻子一样备用。在调颜色的时候，根据色彩的分布情况，不一定非要将颜色调得非常均匀，而是人为地暴露出一些色彩的分界，目的是在使用时候达到色彩分明的效果。然后用小木棍卷成的棉签蘸上调好的腻子，在需作旧的面上滚动，或者用调刀直接将腻子涂抹上，用牙刷在抹好的腻子上上下下击打，形成一层既有一定厚度的又有自然质感的锈（相对于漆古地子的锈色）。如果锈层不够厚，可以再继续滚动或涂抹，并可随时根据滚动部位的色彩变化调整腻子的颜色。这时如果颜色还不太准确，可用油画笔或牙刷蘸取颜料，使用点、弹等技法再细加调整，一直到理想的状态。

(3) 点泥作锈方法

点泥作锈法是青铜器作旧中又一种方法。有些锈蚀层次比较丰富的锈色，光靠用画（如图 5-64 所示）、喷、涂、点、抹等技法还不足以表现，就要靠点泥作锈法来表现。这种技法的特点是，可以将多种层次关系的锈蚀表现出来。前提是首先要分析出各种锈层间的叠压关系，哪层在上面，哪层在下面，然后依据层次关系从下到上分层去做。

先从最底一层做起，看清这层颜色的构成，用弹、拨、画等技法将各种颜色附着上去。然后用牙刷蘸上事先备好的马兰黄土稀泥（其它黄土也行），根据色斑、色块的组成，采用崩、弹、点、抹等的技法将黄泥作用在被处理面上。这时黄泥被点到地方就是后面要保留的地方（如图 5-65 所示），等到黄泥干透后（也可用吹风机吹干），再在此层面上根据所表现的色彩施加第二层颜色，用同样的方法弹拨上去；可以是几种颜色调好后拨上去，也可以是分别弹上去，待色彩干透后，用牙刷洗掉上面的泥。露出的就是要保留的形成层次的色彩。这时再观察色彩的层次是否表现的充分，如层次不够可再点泥依照前法再做一遍，只是点泥的部位要选好，也就是确定对现有色彩的取舍。然后再次施加所需要的颜色。等这层颜色干透后，再一次刷掉泥土，露出的就是点泥前保留的颜色，而没有泥的地方是后来施加的颜色。这样就形成了高低不一、形状各异、斑点色块起伏的带有层次的锈斑了。当然也可以采用依次点泥、施色、再点泥、再施色，最后一次性去掉泥土的方法来完成，只不过后者更需要对色彩有深刻的理解和宏观的把握，难度更大一些。

实际中，青铜器除了带地子的和不带地子的两大类外，还有可能是在一件青铜器上同时存在两种情况。那就采取先做地子，再做一般锈蚀的方法。除此之外，在作旧过程中还可以根据需要灵活地采用其他多种多样的手段，比如用嘴吹子吹或在刚施色的表面采用麻布拍，用半干的酒精棉球在上面蘸等，以达到某种特定的效果。

◎ 图 5-64 画好的是将要保留的地方　　◎ 图 5-65 施色后再去掉黄泥露出花纹

5.5.5 文物作旧实例

还是以一件明代铜狻猊的作旧为例。铜狻猊的作旧因为没有地子的形成，所以采用了一般传统作旧的方法，又因为年代不太久远，锈色有别于商周青铜器，在作旧方法上，和本章上面介绍的方法又有所不同，介于贴骨锈方法和点泥作锈方法之间。

经仔细观察，发现狻猊的锈蚀从整体上看表现的是绿的色调，但在绿色的锈蚀中还包含有蓝色、黄色、灰色和黑色等其他的颜色，无规律地分布在其间，最上面的一层土锈也无规律地分布在器物之上。所以经过补配的腿部的锈蚀也要按照这一特征来进行作旧，用油画笔在绿色的基调上根据色彩的上下层次关系、分布特征，采取弹、拨、崩等技法，再结合"点泥作锈"的方法，逐步拉近和器身的颜色。最后再根据器身上面的土色分布，做一些土色的效果。这都要根据狻猊锈色的具体情况灵活掌握，基本上是在整体宏观的色调上根据锈蚀的起伏、色彩变化、明暗对比等因素随时调整手法，达到与其周边色彩的和谐统一。

青铜器的作旧除了要掌握相关的工艺方法之外，还要遵循"文物的可辨识性"原则，就是在器物的外侧也就是陈列展示的一面，将修复过的痕迹做到和周边的锈蚀浑然一体，但在器物的内侧也就是展示不到的一面，采用"内外有别"的方法，也做些锈蚀，但这种锈蚀经仔细观察，还是能够辨识出来，这样就给科技研究人员的研究留有了余地，[16]不会因为锈色做得天衣无缝而给他们造成误导从而做出错误的判断。明代青铜狻猊文物的作旧就是遵循了这一原则，既给观众展示出了原有的外貌，又为研究人员的研究留有了余地。

由于科学的不断发展及人们对文物保护意识的不断提高，在古代青铜器修复后的作旧工艺上，人们已普遍认同了传统作旧的方法。而这种作旧方法，不但使这些残损的文物最终恢复了原貌，而且作旧本身也使文物表面形成了一层保护膜，对文物起到了很好的防护作用（更多实例，见本书彩色插页），有益于文物的保存并使之延年益寿。

有人将我们从事的文物修复工作叫"化腐朽为神奇"的行业。当那些支离破碎的文物在我们手中再生时，那些包含着深刻文化内涵和精湛修复工艺的文物，也将成为这个行业的历史见证，这些就是我们的作品，留给当代并永远惠及子孙的永久的作品，将如同绘画大师、书法大师、雕塑大师的作品一样，成为后人愉悦身心的精神享受，而那精湛的保护修复工艺也终将会成为非物质文化遗产被永久地传承下去。

致谢：图中所有图片来自甘肃文物考古研究所、北京大学文博考古学院、长沙市博物馆、山东青州博物馆、崆峒市博物馆、兰州市文物商店等单位，是在为上述单位做"馆藏青铜器保护修复"等项目时留取的资料，提供照片的还有国博赵家英、王赴朝等，在此一并感谢！

参 考 文 献

[1] 陈仲陶. 红铜镶嵌鸟兽纹铜壶的修复——兼谈文物保护修复原则的灵活运用. 中国文物科学研究，2007，(3)：73.
[2] 陈仲陶. 对青铜器保护修复理念、原则的探讨. 文物保护与考古科学，2010，22 (3)：90.
[3] 陈仲陶. 也谈青铜器修复中的除锈问题——与韶安定先生商榷 [N]. 中国文物报，2003-12-26.
[4] 马清林等. 中国文物分析鉴别与科学保护. 北京：科学出版社. 2001：142.
[5] 贾文忠. 贾文忠谈古玩赝品. 长春：吉林科学技术出版社，1998：11-14.
[6] 高英. 古代青铜器传统修复技术. 中国历史博物馆馆刊，1980，(2)：169-170.
[7] 高英. 古代青铜器传统修复技术. 中国历史博物馆馆刊，1980，(2)：183.
[8] 王赴朝. 从馆藏铜镜的修复谈中国古代工艺对外文物修复的应用. 中国历史博物馆馆刊，1998，(1)：118.
[9] 中国文化遗产研究院编. 中国文物保护与修复技术. 2009，(1)：375-376.
[10] 董亚巍. 范铸青铜. 北京：北京艺术与科学电子出版社，2006：240.
[11] 周宝中主编. 文物修复和辨伪. 郑州：大象出版社，2007：75.
[12] 陈仲陶. 瓷器文物修复中喷笔及其相关技能的应用. 见：文物修复研究 4. 北京：民族出版社，2007：232.
[13] 马清林等. 中国文物分析鉴别与科学保护. 北京：科学出版社，2001：181.
[14] 周宝中主编. 文物修复和辨伪. 郑州：大象出版社，2007：77.
[15] 程长新，程瑞秀. 古铜器鉴定. 北京：北京工艺美术出版社 1993：20.
[16] 莫鹏. 试论青铜文物修复传统工艺的继承与改革. 见：文物修复研究. 北京：民族出版社，1999：148.

第 6 章
海洋出水金属文物的保护

海洋出水金属文物即在海底沉船中打捞出的金属质的船载货物，这些金属器物包括铁器（如铸铁炮、铁锚等），铜器（如青铜钟、青铜炮、铜钱等），金银器（如银币、银锭等）以及铅锡器物等，如图 6-1～图 6-3 所示。

◉ 图 6-1　西澳海域 Batavia 沉船
　　　　出水青铜钟（1629）

铜钱侧面

铜钱正面

◉ 图 6-2　我国"南澳一号"沉船
　　　　出水铜钱

近些年，随着中国南海几处沉船遗址的发现，以"华光礁I号"、"南海I号"与"南澳I号"为代表的多个沉船遗骸相继打捞出水，随之浮出水面的是大量古代铁器。

由于金属器物自身的活泼性质，在海水中一般已遭到不同程度的破坏，打捞出水后如果不立即对其进行保护及保存在稳定的环境中，即会进一步地发生腐蚀破坏。铁器是这几种金属器物中最活泼的一种，腐蚀速度也最快，因此，铁器的保护备受关注。

铁器等金属器物在海底时一般处于一个相对稳定状态，一旦出水后就会发生迅速破坏，尤其是铸铁。这就如同我们长期生活在一个温暖舒适的环境中，突然遭到暴风骤雨袭击一样，身体会由于不适应而产生各种病变。因此金属器物一出

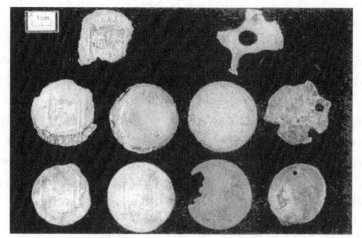

图 6-3 西澳海域美国 Rapid 沉船出水银币 (1811)

水就需立即对其保护处理或将其保存在适当的环境中。

本章主要以海洋出水铁器的保护为例,来说明海洋出水金属文物保护过程中需要注意的问题。

6.1 出水金属器物保护前的工作

6.1.1 预干预调查

在金属器物出水前,我们是否能预测出它的腐蚀状况呢?事实上,这是很困难的,海洋出水金属器物腐蚀程度与许多因素有关,我们几乎无法预测出某个特定沉船遗址中一件具体金属器物的腐蚀状态,只能大致推测一下整体的腐蚀状态。即使仔细研究了出水金属及其腐蚀产物,仍然不清楚某件具体器物是怎样发生腐蚀的,为什么相似的金属器物会遭到完全不同的腐蚀。

影响海洋出水金属器物腐蚀的主要因素包括:金属成分、海水成分、温度、海洋生物、海底物质成分、金属器物与沉船遗骸中其它文物的相对位置、海洋埋藏深度以及海洋水体的流动性。这些因素以不同方式影响着金属文物的腐蚀,且各因素之间互相关联。此外,许多沉船遗址位于相对较浅的近海海域,经过长时间后,遗址环境会发生很大变化,这种变化既可能是自然发生的(如海岸线迁移),也可能是人为造成的,这会使金属腐蚀的原因变得更复杂。

因此,在金属文物出水前,我们需要对影响金属文物腐蚀的各个因素和沉船遗址所处海洋环境、遗址保存状况、海洋环境对遗址的影响等进行预干预调查,这对金属器物腐蚀过程和腐蚀机理研究、金属器物保护有着非常重要的意义。

小知识

预干预调查两例

一是 James Matthews 沉船遗址的预干预调查。James Matthews 是一艘法国制造的双桅船（107 吨位）。船体为木质结构，外部包裹铜质材料。沉船位于 1.8m±0.4m 的水深处，占地面积约 25m×7m×2m。

沉船遗址位于西澳大利亚科克本湾（Cockburn Sound）北部的 Woodman Point，距海岸约 100m 处。海洋环境因素中只有西北风对遗址有破坏。遗址离盛行的海岸流较远，海涌及潮流大大降低了海水对科克本湾的洋流冲刷作用，同时也降低了海水与科克本湾之间沉淀物的交换作用。外来河流对遗址的影响可忽略不计。

对沉船遗址海域的天气情况、海面状况（海涌、潮汐）、遗址能见度，海水平均 pH 值、平均氧化还原电位、盐度、溶解氧含量，季节性暴露情况，船体的破坏状况（是否有氧化性生物存在）等进行了调查，得知沉船遗址处在一个典型的开式循环富氧海洋环境中，由于遗址在浅海岸处，海水和泥沙的流动性会随海洋深度的增加而变大，这会加大金属文物的物理破坏。遗址区域相对平稳。临近遗址区的海床处于相对水平的状态，主要包含疏松的钙质泥沙。稳定海洋沉积物的平均深度约为 25cm。

二是郎塞斯顿城（City of Launceston）沉船出水金属文物的现场腐蚀监测。郎塞斯顿城于 1865 年沉于菲利普港湾，19 世纪 60 年代开始打捞，1991~2001 年间多次进行沉船现场腐蚀检测，发现金属器物已濒临毁坏。

通过腐蚀电位（E_{corr}）、器物表面 pH 值、船板剩余金属厚度、碳化深度等一系列手段，了解了铁质沉船和金属器物的腐蚀状况，测定了金属的 pH 和腐蚀电位。对较大船体部件腐蚀电位的监测反映了遗址大环境的腐蚀状况，对腐蚀金属 pH 的测定表明了遗址区局部区域的腐蚀状况。

检测了铸铁器物在不同深度的腐蚀电位和石墨化深度，得出了铸铁器物腐蚀电位和腐蚀速率关系：

$$\log d_g = 3.25 E_{corr} + 0.202$$

其中，E_{corr} 为腐蚀电位，d_g 为腐蚀速率。

腐蚀过程中的决定性步骤取决于海洋中溶解氧通往金属器物的流量，金属器物表面的溶解氧流量越大，E_{corr} 腐蚀电位值就越正。最初测定得出铸铁发动机汽缸的电位为 -0.289V，这表明金属的石墨化程度已较高。

6.1.2 现场记录

金属器物一出水就需立即做保护处理或将其保存在适当环境中，但沉船遗址往往位于距离文物保护实验室较远的地方，这就需要在沉船遗址附近备有器物保存和初步保护的设备，也就是在远赴现场时必须携带大型储存容器、塑料袋、化学试剂等设备和材料。

器物一旦出水，需编号、标记、拍照记录。标记是登记器物的一个很重要方面，若不标记，出水的金属残片便没有任何意义。标记的方法需具有永久性且对器物不造成破坏。最常规的方法是在器物上贴上标签，写上编号。标签需用永久性材料制成，在保存溶液中不会发生腐蚀或降解，在使用标签之前需对其充分测试，保证标签材料对器物无害。1976 年在 Neah 海湾举行的"太平洋西北潮湿遗址木材保护会议"中详细讨论了标签使用问题。以下是一些标签材料。

① 塑料 Dymo 胶带标签。白色，一般贴在彩色或黑色背景上。在绝大多数环境下性能稳定，但会受溶剂、热、光的影响。

② 聚四氟乙烯片。卷轴保存，使用时用 Dymo 胶带分装机剪裁成需要的形状，效果较好，但价格较昂贵。

③ 不锈钢或铝胶带。易遭腐蚀，不能用于标记金属器物，可用于标记凝结物。

④ 高密度聚乙烯纺粘纤维标签。性能良好。使用防水笔如 Pentel 牌毡头酒精笔记录编号。碳芯铅笔效果也很好，但必须防止编号被擦除。

标签与器物之间需用尼龙线或塑料胶带连结固定。如果器物保存在袋子或容器中，不仅要在器物上贴标签，还要在容器上贴标签。

对每件器物的保存和保护状况都需要有详细的文字及影像记录，这些记录包括：器物位置（如遗址名称、测量方位等）、编号、描述（包括器物名称、材质、形状大小、凝结物颜色与质地、保存条件、发掘日期、与其它器物关系等）、遗址关系（遗址不同层位间有怎样的关系？怎样判断各层位间的早晚关系？）、绘画影像（素描、拍照、扫描等）、初步保护和保存措施、科学分析、保存环境（包括环境变化的细节）、记录人姓名等（如图 6-4）。随后需将这些信息转移到文物保护实验室，它们对器物未来的保护和保存有着十分重要的意义。

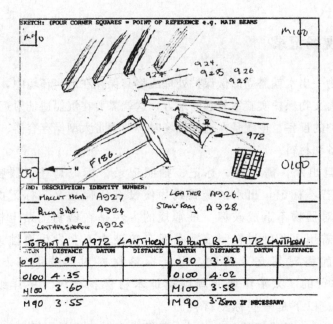

图 6-4 发掘 Mary Rose 沉船遗址时的一份现场记录表（1982 年）

知识链接

西沙古代沉船"浮出"水面

"华光礁Ⅰ号"是一艘南宋时期的古代远洋贸易商船，满载货物从中国大陆始发，尚未到达目的地就在中途遇难。它是中国目前在远海海域发现的第一艘古代船体。沉船遗址位于西沙群岛永乐群岛南部的华光礁环礁内侧（图 6-5），于 1996 年发现。"华光礁Ⅰ号"沉船反映了古代中国与周边国家友好往来以及促进世界文明发展的历史。

"南海Ⅰ号"是一艘南宋时期木质商船，于 1987 年 8 月发现，沉没在广东省阳江市东平港以南约 20 海里处（图 6-5、图 6-6），是迄今为止世界上发现的海上沉船中年代最早、船体最大、保存最完整的远洋贸易商船。为我国古代造船工艺、航海技术研究以及木质文物长久保存科学规律研究，提供了典型标本。沉船中有陶瓷器、金属器等大量珍贵的精美文物。

"南海Ⅰ号"沉船的打捞及保护是我国保护海洋文物的典范。"南海Ⅰ号"已在水下沉睡了 800 多年了，木质船体已经较为松软，为了最大限度地保护沉船的船体结构，采取了整体打捞的方式，即先在水下将沉船装在钢结构的箱体中，再用抬浮驳船将沉船连同船内文物及船体周围起固定作用的泥沙一起吊离海面。出水后采用了模拟海水环境保护的方法，即在距离出水地点较近的阳江市海陵岛十里银滩上建立"水晶宫"——广东海上丝绸之路博物馆的主体建筑（图 6-7）。"水晶宫"模拟了的沉船埋藏环境，注满海水，具有长期

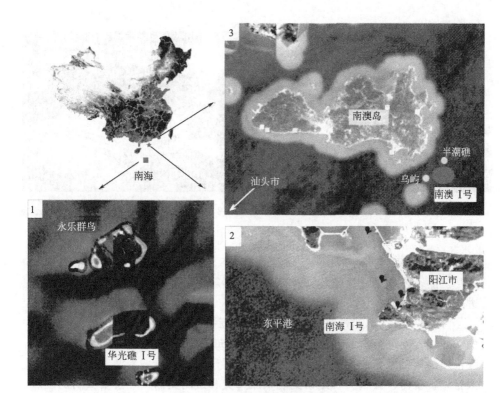

图 6-5 沉船遗址位置

图 6-6 "南海Ⅰ号"沉船"浮出"水面

第 6 章 海洋出水金属文物的保护

图 6-7 "水晶宫"外观图　　图 6-8 保存于"水晶宫"的"南海Ⅰ号"沉船

存放沉船和出水文物及展览等功能。图 6-8 是"入住"水晶宫的"南海Ⅰ号"沉船，木质船体及船体文物还装在钢质箱体中，有待于考古工作者进行进一步的发掘。

"南澳Ⅰ号"沉船是继"南海Ⅰ号"之后，在南海海域发现的保存较好的一艘明代晚期商贸船，位于广东省汕头市南澳县东南岛屿和半潮礁之间，距南澳岛最近距离约 2 海里（图 6-5），发现于 2007 年。"南澳Ⅰ号"沉船及大量珍贵瓷器、金属文物是研究明代航海史和造船史的又一重要实物例证。

6.2　出水器物表层凝结物的分析

提到"出水"，人们大多会想到"出水芙蓉"这样的字眼，然而出水铁质文物会完全打破这一美好想象：它们有的锈迹斑斑，多件器物凝结成块，无法辨认出器物的原始形貌（如图 6-9），有的被海泥、沙砾、珊瑚及贝壳、软体动物等海洋生物残骸包裹或覆盖于表面，一般也不易辨认出器物形貌（如图 6-10）。这层覆盖或包裹铁器的锈蚀或泥沙、贝壳等物质不仅会使得文物有碍于观瞻，更会掩盖大量的考古信息，因此，保护出水铁器的首要步骤就是去除这层覆盖物或是将文物从包裹物中提取出来，从而让文物露出庐山真面目。

海洋出水铁器为何具有这般模样？它为何与出土铁器具有明显不同的表面特征？这主要由铁器的所处环境决定，海洋环境是形成出水铁器这种外观特征（表面覆盖凝结物）的主要原因。

图 6-9 锈迹斑斑、凝结成块的铁器
（"华光礁Ⅰ号"沉船出水）

图 6-10 铁器表面覆盖一层凝结物
（"南海Ⅰ号"沉船出水）

6.2.1 凝结物探测

在物质世界里，我们看待一件事物也需要由"模样"到"内涵"，由现象到本质。而认识事物的本质，我们往往需要借助一些方法和手段。

探测凝结物"内涵"需要的方法和手段包括：X射线探伤、X射线衍射分析、X射线荧光分析、扫描电镜能谱分析、拉曼光谱分析等。X射线探伤之目的，是了解凝结物中所包裹的器物种类、数量、位置、形状等信息，这与医院为骨折的病人拍X光照片是一个道理。对"华光礁Ⅰ号"沉船出水的2件被凝结物包裹的铁器进行了X射线探伤，由软X射线照片（如图6-11）可知，一凝结物中大约包裹6~8件器物；由工业CT的断层扫描照片（如图6-12）可知，另一凝结物中包裹约20~21件大小不等的器物；图6-13是英格兰Duart Point沉

图 6-11 铁器的软X射线照片（"华光礁Ⅰ号"沉船出水）

船遗址（1653 年）出水铁剑的 X 射线探伤照片及经过保护后的状态。这些都说明了 X 射线探伤技术在金属器物保护中所起到的重要作用。通过 X 射线荧光分析可以了解凝结物的元素组成；通过扫描电镜能谱分析一方面可观察凝结物的微观形貌（如图 6-14），另一方面了解凝结物的元素组成；通过 X 射线衍射分析和拉曼光谱分析可了解凝结物的物相，图 6-15 显示了利用拉曼光谱对"华光礁Ⅰ号"沉船出水铁器不同锈蚀成分的物相分析，红褐色锈蚀为 Fe_2O_3，黄褐色锈蚀为 $\alpha\text{-FeO(OH)}$，黑色锈蚀为 Fe_3O_4。

图 6-12　出水铁器工业 CT 照片（"华光礁Ⅰ号"沉船出水）

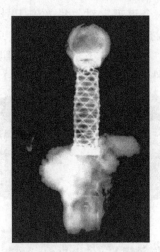

(a) 器物被凝结物包裹　　(b) X射线照片表明凝结物内是一把装饰精美的剑　　(c) 修复和保护后的剑把

图 6-13　铁剑的 X 射线探伤照片（英格兰 DuartPoint 沉船遗址出水）

图 6-14　铁锈蚀物的扫描电镜微观形貌（"华光礁Ⅰ号"沉船出水）

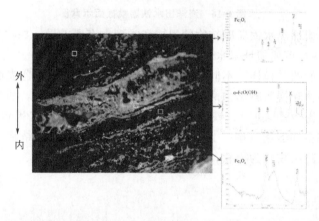

图 6-15　锈层截面矿相照片及拉曼谱（"华光礁Ⅰ号"沉船出水）

6.2.2　凝结物的组成

国外学者对海洋出水铁器组成和结构做过分析研究，发现出水铁器由内到外分别由以下几个部分组成：未锈蚀金属（也可能不存在），锈蚀产物，凝结物（图 6-16）。

那么，凝结物究竟是由什么组成的呢？国内外学者对此做过研究，这种凝结物是由珊瑚藻和海藻、珊瑚、软体动物的二次生长物及动物残骸碎片等经过海洋沉积和海水冲刷而共同组成的一种坚硬外壳，这就如同我们经常看到的现象——浑浊的液体在容器中静置一段时间后就会慢慢沉淀下来，海洋就如同这装水的容器，而海水中各种有机、无机物质就好比浑浊液体中的杂质，只是海洋中物质沉积过程更复杂更缓慢而已。

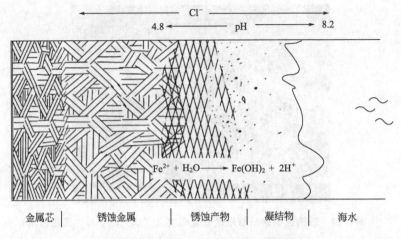

图 6-16 海洋出水铁器横截面示意图

不同沉船遗址出水铁器凝结物的组成和类型也有所差异，如"华光礁Ⅰ号"、"南海Ⅰ号"两处沉船遗址出水铁器表面凝结物就有较大不同。

首先，它们的"模样"不同。"华光礁Ⅰ号"沉船出水铁器表面凝结物一般分为白色凝结物和铁质凝结物两类，白色凝结物厚为 2~5mm，质地坚硬，与铁器结合非常紧密（图 6-17）；铁质凝结物呈黄褐色、红色、红褐色和黑色不等，一般里面包裹多件器物（图 6-18）。"南海Ⅰ号"沉船出水凝结物一般呈青色或青黑色，外层凝结物较为松软，内层凝结物质地坚硬（图 6-19）。

图 6-17 铁器表面白色凝结物（"华光礁Ⅰ号"沉船出水）

图 6-18 铁器外部包裹一层厚厚的铁质凝结物（"华光礁Ⅰ号"沉船出水）

其次，它们的"内涵"不同，即它们在组成成分上有差异。"华光礁Ⅰ号"沉船出水铁器表面凝结物主要为文石（$CaCO_3$）和方解石[$(Ca,Mg)CO_3$]，部分样品中含锰白云石[$Ca(Mn,Ca)(CO_3)_2$]，其中含锰白云石的凝结物质地较为坚

◉ 图6-19 铁器表面青色的凝结物（"南海Ⅰ号"沉船出水）

硬；铁质凝结物主要为磁铁矿（Fe_3O_4）、针铁矿（α-FeOOH）、四方纤铁矿[$Fe_8(O,OH)_{16}Cl_{1.3}$]、纤铁矿（γ-FeOOH）和赤铁矿（α-Fe_2O_3），黄褐色、红色至红褐色主要是 α-FeO(OH)、α-Fe_2O_3 和 $Fe_8(O,OH)_{16}Cl_{1.3}$，有少量的 γ-FeO(OH)，黑色主要是 Fe_3O_4。"南海Ⅰ号"沉船遗址出水铁器表面凝结物主要含石英（SiO_2）、文石（$CaCO_3$）、方解石（$CaCO_3$）、黄铁矿（FeS_2）、铁白云石[$Ca(Fe,Mg)(CO_3)_2$]、菱铁矿（$FeCO_3$）其中石英、文石、方解石普遍存在于凝结物中。"南澳Ⅰ号"沉船出水铁器凝结物既包含 Fe_3O_4、α-FeOOH、γ-FeOOH 等较稳定的锈蚀矿物，也包含 FeS、$FeCO_3$、β-FeOOH 等不稳定锈蚀产物。

再者，它们的结构不同。"华光礁Ⅰ号"沉船出水铁器凝结物主要包含两类（图6-20）：一类称为铁质凝结物，主要由铁锈蚀物组成，包括 Fe_3O_4、α-FeOOH、γ-FeOOH、Fe_2O_3 等较稳定的矿物，及少量的 $Fe_8(O,OH)_{16}Cl_{1.3}$，锈蚀厚重而坚硬，器形难以辨认；另一类为钙质凝结物，主要包含文石、方解石等，一般覆盖在器物表面，薄而坚硬（2～5mm）。这两类凝结物在组成、成分方面有交叉现象，铁质凝结物中也含少量 Ca，同时，钙质凝结物中含铁的锈蚀物，说明两类凝结物之间有互相扩散现象。而"南海Ⅰ号"沉船出水铁器凝结物主要包含两类（图6-21）：钙质凝结物和硅质凝结物。白色钙质凝结物主要包含文石、方解石等，这类凝结物主要由海洋生物残骸沉积而形成。这些海洋生物主要属于软体动物门双壳纲中的小型贝类，包括卵蛤（Pitar）、镜蛤（Dosinia）和格特蛤（Marcia）。青色或青白色硅质凝结物含大量石英，此外还混合着文石、方解石等钙质凝结物及 FeS_2、$FeCO_3$ 等，此类凝结物主要由海洋中泥沙、碎石等含 Si 物质组成。

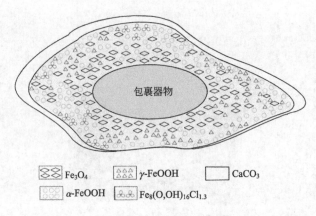

◉ 图6-20 "华光礁Ⅰ号"沉船出水铁器凝结物示意图

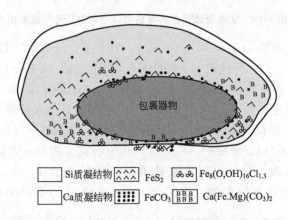

◉ 图6-21 "南海Ⅰ号"沉船出水铁器凝结物示意图

6.2.3 凝结物的形成

那么,这些凝结物究竟是怎样形成的?国外学者认为,在沉船后的2~3年内,金属表面会覆盖一层珊瑚藻,这层珊瑚藻就如同一张温床,使得海藻、珊瑚和软体动物等在此"安家落户"并生长起来,逐渐形成坚硬的外壳。之后,经海浪作用卷入海底,沙粒、珊瑚及残骸碎片等也会沉积在此层外壳表面。随着珊瑚藻不断生长,沉积过程也不断地循环,最后形成凝结物。

为什么不同沉船出水凝结物的"模样"和"内涵"会有如此大的差异?这是与沉船的海洋环境有关呢,还是与文物自身的特点有关?我们发现,"南海Ⅰ号"出水器物锈蚀产物并未形成如"华光礁Ⅰ号"那样的铁质凝结物,"南海Ⅰ号"的锈蚀只在器物表面薄薄覆盖一层,但凝结物与锈蚀之间有相互扩散。原因是多方面的，其中一个重要原因是"南海Ⅰ号"沉船点处海水流动性较差，海水中许多非常细小颗粒性物质能沉积下来，并覆盖在沉船表面，由于这些细小颗粒间空隙很少，其形成的凝结物层可将沉船表面与周围水环境隔离开来，在局部区域形成了一个低氧环境。低氧环境不仅降低了海水中氧化-还原反应的速度，同时也抑制了海水中各类生物生存。这就如同将器物放在一个封闭的环境中，隔绝了所有来自外界对其侵害的因素，从而使铁器受到保护。而"华光礁Ⅰ号"中的器物处在一个相对开放的环境中，长年累月遭受着海浪暗涌的侵蚀，因此形成了厚层的铁质凝结物。

"华光礁Ⅰ号"和"南海Ⅰ号"沉船出水铁器凝结物的类型不同，分别是钙质凝结物和硅质凝结物。为什么会出现不同类型的凝结物呢？它们的形成过程有什么差别呢？我们发现钙质凝结物普遍比外层较疏松的硅质凝结物更加坚硬，但是比内层较坚硬的硅质凝结物稍微松软一些。这与其组成成分、物理力学性能、胶结程度等因素有关，并且与沉积作用过程和沉积环境有关。一般而言，钙质凝结物由海洋生物残骸、碎屑等物质组成，其中以有孔虫、介形虫、软体动物、苔藓虫最多，矿物成分主要包含文石、方解石（包括含镁方解石）等。钙质颗粒经过长时间沉淀和堆积，加上物理固结、胶结压实作用，最终形成钙质凝结物，从粒度分析结果看，钙质颗粒以黏土和粉砂粒级为主、伴有中砂和砾级以上较大颗粒的贝壳碎屑，颗粒之间以碳酸盐颗粒溶解和胶结作为主要接触形态，并形成骨架效应。硅质凝结物属于近岸沉积物，颗粒之间的接触和堆垒以互相埋充为主要特征，即较细颗粒填充到较大颗粒之间的孔隙、间隙之中。硅质凝结物可分为两类，外层较为疏松的凝结物，其颗粒之间没有胶结、较为松散，内层凝结物非常坚硬，颗粒之间经过物理胶结压实作用。这就说明不同凝结物的形成与海洋环境，尤其是沉船遗址环境有紧密的联系。

钙质凝结物为什么比外层硅质凝结物更加坚硬呢？这是因为海洋中存在着碳酸盐的溶解结晶过程，这种作用使得钙质沉积物颗粒之间产生大量的碳酸盐矿物，并发生互相胶结，最后达到固结，形成刚性连结。这种胶结状态形成的钙质沉积物具有较高的抗压强度，比来自近海岸的砂质沉积物的抗压强度高。因此，颗粒间相互胶结、最终形成刚性连结的钙质凝结物显然比没有胶结、颗粒松散的硅质凝结物更加坚硬。

6.3 出水器物表层凝结物的去除

出水金属文物"模样"与出土金属文物不同，一般都披着一层称为凝结物的"外衣"。凝结物就像一件丑陋的衣服，掩盖了文物的原貌，凝结物又如一道屏障，阻碍了我们通过文物看历史。因此，必须去除凝结物，这是保护海洋出水器物的首要环节。

凝结物内包含物复杂多样，国外水下考古工作者将出水文物保护中的凝结物清理看成发掘工作的继续。

6.3.1 机械法去除凝结物

机械法是去除海洋出水器物表面凝结物的传统方法。去除小型器物（如手枪）表面凝结物或内部包含物较多的凝结物时，需用较小的工具如牙签、牙钻、铆钉枪、气动笔等工具或电子振动器及压缩空气振动器等。去除时动作需轻柔缓和，防止铁器遭到损伤。对于较大器物，锤子、凿子、电钻（配不同直径钻头）、电磨、刻刀、手术工具、钢刷（或铜刷）、锤子、凿子、锯条、洁牙机等是必备工具。使用锤子钝端，垂直敲击凝结物表面，敲击时必须十分小心，以防损伤器物表面；不能总在同一个角度敲击凝结物，以免凝结物剥落时带下部分器物。电钻是分离凝结成块器物的有力工具（如图6-22），首先选择适当直径的钻头，然后根据器物保存状况和脆弱程度选择适当电钻功率。

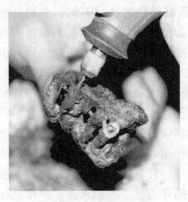

图6-22 机械分离器物

再结合其它工具如锯条、刻刀、凿子、锤子等分离器物。

分离过程中需特别小心，防止器物开裂、破碎。去除凝结物过程中，需保证器物潮湿，以防器物在空气中发生快速劣变（如图6-23）。

6.3.2 化学试剂法去除凝结物

凝结物主要是由钙、镁的碳酸盐或铁的氧化物、氢氧化物构成，只有强酸溶液才能溶解，但强酸溶液会对器物造成损害。在实践中，文物保护专家使用EDTA-2Na盐、巯基乙酸钠、柠檬酸等具有络合作用和（或）弱酸性的溶液处理铁器表面凝结物，有一定的去除效果。

另外，包含物较多的大块凝结物不能用化学试剂法处理，应首先将大块凝结物分成小块，当凝结物中含有单独器物时，再用化学试剂法处理。

6.3.3 低温液氮法去除凝结物

低温液氮法是利用金属与凝结物的热膨胀系数的差异，对器物进行低温-高温循环处理，使得凝结物脱落或易与去除的方法。

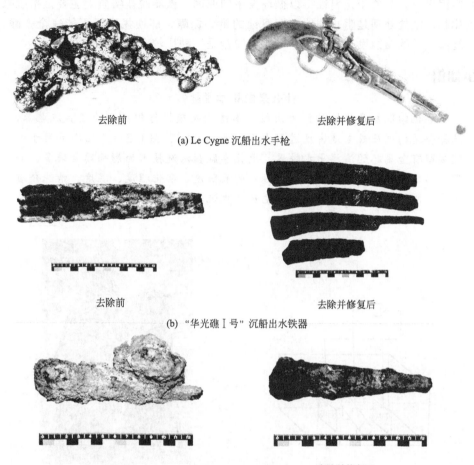

去除前　　　　　　　　　　去除并修复后
(a) Le Cygne 沉船出水手枪

去除前　　　　　　　　　　去除并修复后
(b) "华光礁Ⅰ号" 沉船出水铁器

去除前　　　　　　　　　　去除并修复后
(c) "南海Ⅰ号" 沉船出水铁钉

图 6-23　机械法去除凝结物

具体操作过程：将铁器样品放入盛有液氮的敞口聚苯乙烯箱内，然后将器物放入冷冻的液氮中（-196℃）。浸泡 15min 后取出，放入 100℃的去离子水中继续浸泡 15min，然后用钳子将器物取出。取出后，用凿子、牙具等工具对凝结物进行机械去除。低温液氮法对于出水铁器表面的厚层凝结物有一定的去除效果，但对于薄层凝结物的去除效果甚微。

6.4　出水金属器物的电化学脱盐

海洋出水铁器及凝结物中含有大量氯离子，氯离子的存在是铁器不稳定的重要原因之一。氯离子是腐蚀得以循环发生的原因,铁器脱盐实质上主要是指脱除氯化物。脱盐处理是阻止铁器继续腐蚀的重要保障,即使氯离子不能完全去除,也能减缓继续腐蚀发生的程度。电化学脱盐是一种比较有效的脱盐方法。

小知识

什么是电化学脱盐?

电化学脱盐是将铁器作为阴极,不锈钢或碳钢作阳极,外接直流电源,选择合适的电压或电流密度进行电解(如图6-24、图6-25)。此法适用于处理残留有金属芯的海洋出水铁器。电化学脱盐清洗技术的影响因素较多,如腐蚀器物组成、腐蚀层厚度、腐蚀层的孔隙度、矿化程度、温度、清洗介质浓度、阳极材料、通电时间以及电压、电流密度的大小等。

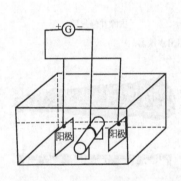 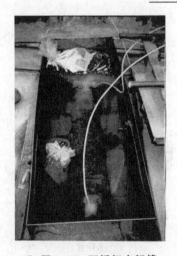

图 6-24　电化学脱盐法示意图　　　图 6-25　不锈钢电解槽

以"华光礁Ⅰ号"沉船出水铁器(如图6-26)的电化学脱盐为例,说明铁器的电化学脱盐过程。将铁器作为阴极,长方体笼状低碳钢网作为辅助阳极;脱盐溶液为2.5%NaOH溶液(pH=12～13);脱盐电流密度为$0.5mA \cdot cm^{-2}$。若溶液中氯离子浓度仍低于10ppm,则停止脱盐操作。

目前还没有统一的脱盐清洗结束标准,有文献认为脱盐溶液中氯离子浓度为6～10ppm为脱盐结束标准。对"华光礁Ⅰ号"出水铁器脱盐达到216h时,溶液中氯离子浓度低于10ppm,在264h后氯离子脱除率均小于0.5%,说明此后残余氯很难脱除。

可从脱盐溶液氯离子浓度、脱除率、残留氯离子浓度、脱盐电效率等几个方面来综合判断是否已完成脱盐操作。"华光礁Ⅰ号"沉船出水铁器的整个脱盐时间为264h,脱盐效果比较理想,认为此时脱盐过程已完成。在脱盐过程中,虽

图 6-26 "华光礁Ⅰ号"出水铁器

然脱盐电位都超过了析氢电位，但只有很少量小气泡附着在器物上而不逸出。

6.5 出水金属器物的现场保存

金属器物在发掘出水时，有些看似保存状态良好，但可能已遭到严重破坏，更重要的是，有些器物尤其是铸铁的保存状态极其不稳定，器物出水后如果不能立即保存在稳定的环境中，则会继续发生腐蚀，有时甚至是灾难性的破坏。

铁器可分为两种基本类型：铸铁和锻铁。铸铁的腐蚀严重程度尤其厉害，铸铁通过石墨化腐蚀，往往只留下内部的金属芯，而表面留下一层含有铁的腐蚀产物的石墨层。铸铁往往会保留器物原始形貌，然而这一状态非常不稳定，如果器物暴露在空气中，新的腐蚀产物会在石墨层-金属芯界面迅速形成，迫使表面层脱落（见图 6-27）。反应时产生的热量加速了腐蚀发生。由于腐蚀在表面层下发生，因此腐蚀程度不易观察。器物暴露在空气中若干小时即足以加速腐蚀，在金属芯和石墨层之间形成一条分界线（即使不能立即形成，一段时间后一定会形成），从而引起一系列问题。例如，若使用电解法保护器物时，从器物（作为阴极）上释放出的氢气会破坏已疏松的表面层。

锻铁与铸铁的腐蚀方式不同，锻铁含碳量很少，不会保留石墨表面层，虽然不会产生腐蚀表面层，但在未经稳定之前，锻铁会沿着夹渣线继续发生缓慢腐蚀。

因此，铁器（尤其是铸铁）出水后，经处理之前，需保存在潮湿环境中，这一点非常重要。可将其在海水中保持数小时或一天的时间，但长时间保存需要特殊的保存系统。

铁器在水下（尤其出水后）的破坏因素是什么呢？引起铁器加速腐蚀的主要因素显然包括氧气、水和氯离子。如果条件允许，应去除这些破坏因素或控制保

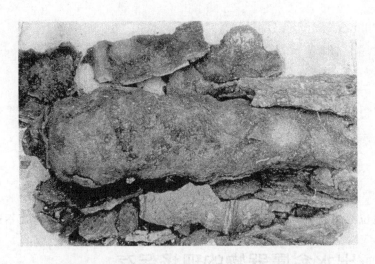

图 6-27 严重腐蚀的铸铁大口径短炮（出水遗址不详）

存环境。

以下是根据经验得出的铁器保存系统：

① 保存在 5%（w/w）的碳酸钠、2%（w/w）氢氧化钠或 5%（w/w）倍半碳酸钠的淡水溶液中。若没有淡水，也可用海水代替，保存时间不可超过 6 个月。此法对大型和小型器物都适用，且不需要去除凝结物。将器物保存在碱性环境中可防止氧气进入，中和由于氯离子存在而形成的酸性物质，并可作为阳极抑制剂在金属表面形成一层钝化膜。存储容器可用聚乙烯或低碳钢材料，在碱性环境中不发生腐蚀，可选择 200L 的聚乙烯或低碳钢桶。

② 对于小型器物，可通过干燥剂（如硅胶）使器物完全处于干燥状态。将器物浸没在硅胶晶体中，硅胶吸水后由蓝色变为粉色。将硅胶放入烘箱，在110℃下干燥 24h 可恢复使用。运用此法时，去除器物表面凝结物非常重要，因为凝结物会包含湿气和氯离子。

知识链接

海洋出水金属器物的腐蚀机理

当把金属（如铁器）放在含氧水中时，腐蚀就会开始发生，以铁器为例，其腐蚀总反应式为

$$4Fe + 2H_2O + 3O_2 \longrightarrow 4FeO(OH)$$

生成物 $FeO(OH)$ 以典型的红色或红棕色锈蚀物形式存在。这个反应是由许多单反应组成，这些单反应在金属表面不同位置发生。

在一些区域，铁金属被氧化生成 Fe^{2+}，此反应过程可表示为

$$Fe \longrightarrow Fe^{2+} + 2e^-$$

这个反应称作阳极反应，发生阳极反应的区域称为阳极区域。在其它区域，氧气接受金属失去的电子而还原为OH^-，反应式如下：

$$O_2 + 2H_2O + 4e^- \longrightarrow 4OH^-$$

这个反应称作阴极反应，发生阴极反应的区域称为阴极区域。

为了平衡金属的电中性，阳极反应和阴极反应必须以相同的速率进行，即单位时间内阳极产生的离子与阴极消耗的离子必须相同。此外，电子必须能够从阳极区迁移到阴极区，通常电子是通过金属输送的，但如果阳极区与阴极区存在电子阻滞区域，那么电子的迁移过程就会受到阻碍。在这种情况下，阳极区的电子就会聚集起来，阳极区的电势也会变得更负，阳极反应也由于越来越难产生离子而速度减慢。在此同时，阴极区域由于没有阴离子源源不断地输送过来，将会变得更正。那么，什么情况下才会发生这种抑制金属腐蚀发生的状态呢？海洋出水金属表面大多都覆盖一层由贝壳、海藻等海洋生物残骸构成的凝结物，这层凝结物一般由含钙和含硅的物质组成。在有凝结物覆盖的情况下，阳极反应发生在金属表面、凝结物内层，而阴极反应发生在凝结物外层，电子必须有足够的能量通过这层凝结物才能完成金属腐蚀过程。

在金属腐蚀过程中（如图6-28），阳极区产生金属阳离子Fe^{2+}，阴极区产生阴离子，为了维持溶液的电中性，阳离子必定会向阴极区移动，阴离子也必定会向阳极区移动，这种离子的迁移过程在富含电解质和导电性较强的海水中非常容易发生，这是金属腐蚀在海水中快于淡水中的原因之一。

除了离子需要发生迁移外，反应物和生成物也需要发生移动，这是腐蚀反应快速发生的条件之一。以铁器为例，当阴极的氧气消耗完后，必须有新的氧气替补上来。同样，Fe^{2+}也必须及时从阳极区移除。一般而言，Fe^{2+}生成后立刻扩散到周围溶液中，形成难溶的沉淀物或与其它离子形成络合离子。如果形成沉淀物，沉淀物可能覆盖在反应区域，这样反而减缓了腐蚀速率。

致谢：本文工作得到中国文化遗产研究院高峰副研究员、张治国博士、沈大娲博士、李乃胜博士和北京科技大学冶金与材料史研究所李秀辉副教授的指导和帮助，得到北京化工大学王菊琳老师的帮助，在此一并表示感谢！

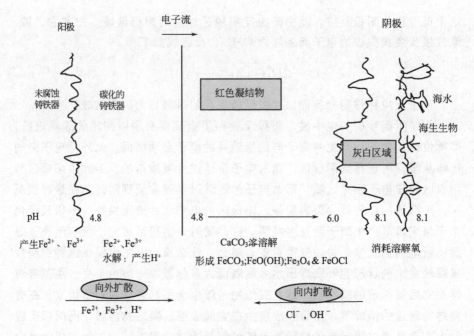

图 6-28　海洋出水铁器表面凝结物形成示意图

参 考 文 献

[1] 张威，吴春明. 海洋考古学 [M]. 北京：科学出版社，2007：2-5.
[2] N. A. North, C. Pearson. Conservation of Marine Archaeological Objects. London：Butterworths，1987：213，68-98，105-116，116-121.
[3] Vicki L. Richards. James Matthews (1841) Conservation Pre-disturbance Survey Report. Department of Materials Conservation，Western Australian Museum.
[4] I. D. MacLeod. In-situ Corrosion Monitoring of the Iron Shipwreck City of Launceston (1865). Preprints for ICOM-CC Triennial Meeting，Rio de Janeiro，Brazil September 2002 (2)：871-877.
[5] K. Powell，P. Wilkie. Labelling and Tagging for Artifact Identity Survival. Proceedings of the Pacific Northwest Wet Site Conservation Conference，NeahBay (ed，G. H. Grosso)，1976：76-90.
[6] Amanda Bowens. Underwater Archaeology. Portsmouth：Nautical Archaeological Society，2009：56，152.
[7] David A. Scott，Gerhard Eggert. Iron and Steel in Art：Corrosion，Colourants，Conservation. London：Archetype Publications，2009：123.
[8] N. A. North. Formation of Coral Concretions on Marine Iron. Int. J. Nautical Archeology and Underwater Exploration，1976，(5)：256-258.
[9] 卢博，李赶先，黄韶健. 南海海底钙质土声学物理性质及其工程地质意义. 中国科学 (D 辑) [J]，1998，28 (6)：518-522.
[10] P. Mardikian，R. David. Conservation of a French Pistol from the Wreck of Le Cygne (1808)：165.
[11] W. Carlin，D. Keith，J. Rodriguez. Less is More：Measure of Chloride Removal Rate from Wrought

Iron Artifacts during Electrolysis. Studies in Conservation, 2001, 46: 68-76.

[12] D. Leigh. First Aid for Finds. Rescue Publication No1, Department of Archaeology, University of Southampton (1972).

[13] J. Spriggs. The Recovery and Storage of Materials from Waterlogged Deposits at York. The Conservator, 1980 (40): 19-24.

[14] N. A. North, C. Pearson. Investigations into Methods for Conserving Iron Relics Recovered from the Sea. Conservation in Archaeology and the Applied Arts. London: 1975: 176-181.

[16] S. G. Rees-Jones. Some Aspects of Conservation of Iron Objects Recovered from the Sea. Studies in Conservation, 1972, 17 (1): 39-43.

第 7 章
金属文物保存与展示环境

7.1 文物的保存环境至关重要

文物的寿命主要和两方面因素相关，一是它是什么做的（材料），二是放在什么样的环境中。对文物要做的主动性保护和预防性保护主要就是分别针对这两方面开展的工作。郭宏曾在《文物保存环境概论》中谈到："……除了人为毁坏和异常自然因素破坏外，文物要受到来自其周围环境的经常的或是间断的物理、化学、生物、灰尘、光线、空气污染、温湿度等环境因素的作用而发生变化，其结果就是使文物日益改变其本来的形态或组分。"这段话说明了环境的影响作用。文物的保存环境如不进行监测和控制，如金属文物存放在湿度很高、严重污染的空气中，会大大加速文物的腐蚀速率，在这样的环境中长期存放下去对文物的破坏作用不可估量。

众所周知，博物馆是存放和展示文物的基本场所，博物馆环境中任何对文物长期保存不利因素和这些因素的巨大变化都会对文物造成很大损伤。对于金属来说，尤其是那些脆弱的和制作十分精细的文物，更易受到环境中温湿度、光照度值、照射时间和空气质量的影响。

7.2 金属文物保存环境的温度和湿度

7.2.1 金属文物保存的温湿度要求

温度对金属腐蚀过程起着重要作用，大家都知道，由于大多数金属文物上带有各种腐蚀产物，温度的升高会加速这些腐蚀化学反应的速度。温度还可改变暴露在大气中文物表面的干湿状态，改变气体（特别是氧）的溶解度，同时也改变某些腐蚀产物的溶解度，从而由于生成不同的腐蚀反应产物，导致文物表面状态的变化。因此，通常文物保存中，要求低温恒定，波动范围小。

对金属器物来讲，过低温度意味着相对湿度增加，并可能造成结露，所以保持干燥是前提条件，温度稳定显得极为重要，因为它直接影响到相对湿度的波动（温度每变化0.1℃，将产生0.5%RH的湿度变化）。对于锡器来讲，温度更有特殊的含义，由于在13℃以下锡器由于相变能够产生锡疫，导致整个器物病变而毁损，所以一般锡器应保存在18℃以上的环境中。

小知识

湿度是表示空气的干湿程度的物理量。某些腐蚀，如青铜器上"青铜病"的发生，一定的湿度是其发生和发展的必要条件之一。在实际应用中的湿度一般使用的是相对湿度，因为绝对湿度在不同的温度下无法表达干湿的程度。相对湿度（Relative humidity）是在某一温度时，空气中实际所含水蒸气密度和同温度下饱和水蒸气密度的百分比值。

一般的博物馆金属类文物保存在温度为20℃，相对湿度为低于40%的环境中，且环境温度日差要求不高于3℃，环境相对湿度日波动值不得大于5%。对于铁器和带有氯化物的青铜器相对湿度还应更低些，有专家经研究认为，青铜器材质多样，且锈蚀产物有稳定和不稳定之分，对于带有痕量氯化物的青铜器而言，相对湿度46%是不应超过的上限。带有稳定铜绿（孔雀石）的青铜器，在相对湿度为55%时仍比较稳定。因此可以考虑为不稳定的贵重青铜器制作特殊的陈列柜。"金属文物的病害与防治研究"课题研究的实验表明，含有氯化亚铜的青铜试片只有在相对湿度35%以下才保持稳定。粉状锈的主要组分氯铜矿和副氯铜矿在中性和酸性环境条件下具备循环腐蚀的活性。

因此，现在博物馆普通金属保存的温湿度环境推荐值为：温度为15~20℃，相对湿度为20%~40%。含有氯化物的青铜器、铁器保存环境的相对湿度应低于35%，且环境日温差小于2~5℃，环境相对湿度日波动值小于5%。

一般博物馆是以人感觉舒适来控制博物馆的温湿度，也就是温度在21℃，相对湿度55%左右，显然对大多数金属文物这个湿度偏高，尤其是针对含有氯化物的青铜（一般要求控制在35%以下）和铁质文物（30%以下）。但是对于有些金属文物上带有织物残留或器物经过修补、加固（有机材料）等的金属文物，相对湿度不宜太低，否则，对这些附着物或加固材料保存不利。有些博物馆采取分别控制展厅和展柜内的温湿度，对于特别珍贵金属文物的展出应放置在可控微环境的展柜中，如密闭或充氮展柜，在展柜下放置去湿机或干燥剂等。

小知识

在第二次世界大战期间,由于敌方飞机频繁的轰炸,大部分博物馆只好将文物暂时存放在地下防空洞或地铁站内,由于当时地下防水、防潮措施有限,所以文物常处于高温高湿环境中,战争结束时,已造成各种文物腐蚀加剧和损毁,人们也更加清楚地认识到环境对保存文物安全的重要性,这也是战后迅速成立了更多的保护科学机构和更多的自然科学家介入到这一领域的原因之一。

7.2.2 如何测量文物保存环境中温湿度

要知道博物馆中环境是否适于保存各种质地的文物,对环境的科学测量显然是十分重要的。测量保存文物的库房、展厅或展柜中的温度、湿度是采用一种称之为温湿度仪(hygrothermograph)的小型设备,这是一种用于测量瞬时温度湿度和平均温度湿度的仪器,具有温湿度测量、显示、记录、实时时钟、数据通讯和超限报警等功能。常用的温湿度测量仪有很多,有固定式、便携式,有线和无线遥控等多种形式,测量精度范围也有所不同。

温度测量仪根据所用测温物质的不同和测温范围的不同,有煤油、酒精、水银、气体、电阻、温差电偶、辐射、光测和双金属温度计等。温度测量仪表按测温方式可分为接触式和非接触式两大类。

通常来说接触式测温仪表比较简单、可靠,测量精度较高;但因测温元件与被测介质需要进行充分的热交换,需要一定的时间才能达到热平衡,所以存在测温的延迟现象。非接触式仪表测温是通过热辐射原理来测量温度的,测温元件不需与被测介质接触,测温范围广,不受测温上限的限制,也不会破坏被测物体的温度场,反应速度一般也比较快;但受到物体的发射率、测量距离、烟尘和水汽等外界因素的影响,其测量误差较大。

测量相对湿度的仪器主要有两种类型,一类是没有刻度的仪器,仪器本身不能直接给出相对湿度读数,要通过计算或查表求得相对湿度数值,主要包括干湿球湿度计、通风干湿球湿度计(也称阿斯曼表)、露点湿度计等;另一类是直接在仪器刻度盘上指示相对湿度值,最常用的是数字(电子)温湿度计、毛发湿度计和自记式毛发湿度计。

(1) 干湿球温度计

这是 18 世纪就发明的测湿方法,历史悠久,使用最普遍。干湿球法是一种间接方法,它用干湿球方程换算出湿度值,而此方程是有条件的:即在湿球附近的风速必须达到 2.5m/s 以上。普通用的干湿球温度计将此条件简化了,所以其准确度只有 5%～7%RH,干湿球也不属于静态法,不要简单地认为只要提高两支温度计的测量精度就等于提高了湿度计的测量精度。

(2) 通风干湿球湿度计

采用人工通风方法测算空气温湿度,有手摇式及风扇式(亦称阿斯曼通风干湿表)两种。多用于室外温湿度测量。测量室外温湿度时,夏季提前 15min,冬季提前 30min 将表移到室外。在读数时,注意勿使风向从观测者吹向仪表,以免人体温干扰测量结果。

小知识

干湿球温度计测量原理

湿球温度实际反映了湿纱布中水的温度,将干湿球温度计置于相对湿度<100%的空气中,湿纱布中的水分必然要蒸发,假定此时水的温度与空气的温度相同,则水分蒸发所需汽化热只能来自水本身,水失去热量,温度下降,即湿球温度计的读数开始下降,从而低于干球温度。当湿球温度计的读数下降到某一数值时,湿球从周围空气或周围物体得到的热量,正好等于湿球表面水分蒸发所需要的热量,湿球温度计的读数就将在某一位置上稳定下来,这时的温度即为湿球温度。利用温湿度换算表来查相对湿度。

干湿球湿度计的准确度还取决于干球、湿球两支温度计本身的精度;湿度计必须处于通风状态,为保证读数准确性,避免放置在空气不流通的死角;湿球表面经经常保持清洁、湿润状态。应使用柔软性好、吸湿性好的脱脂纱布,容器内的水应该用蒸馏水,并定期加水。干湿球湿度计的误差在±5%RH。相对湿度是温度的函数,温度严重地影响着指定空间内的相对湿度。使用场合如果难以做到恒温,则提出过高的测湿精度是不合适的。

(3) 电子温湿度计

电子式湿度传感器产品及湿度测量是 20 世纪 90 年代兴起来的,近年来,国内外在湿度传感器研发领域取得了长足进步。湿敏传感器正从简单的湿敏元件向集成化、智能化、多参数检测的方向迅速发展,为开发新一代湿度测控系统创造了有利条件,也将湿度测量技术提高到新的水平。目前最为广泛使用的是电子温湿度计,它是通过电子感应器测量环境中的温湿度,并以液晶数字的形式显示测量结果,一般温度误差在 1℃左右,相对湿度误差在 3%以内。

(4) 毛发湿度计

用一根或一束脱脂毛发测量空气相对湿度。当湿度增减时,毛发相应地发生伸缩变化,采用机械传动能使指针在刻度盘上指出相对湿度大小。其准确性在相对湿度 30%～100%时,误差不超过 3%,在 -30℃时还能正常工作。使用时避免震动，勿用手或污染物接触毛发。使用两到三月后，用脱脂棉擦拭毛发一次。随着技术的发展，原来的感湿材料为单一的发毛，现逐渐扩展到尼龙、聚酰亚胺等高分子材料，仪器的特性也随之发生了很大的改变。

(5) 自记温湿计（图7-1）

能自动记录空气温湿度的连续变化。由自记温度计和自记湿度计构成，包括感应、传动机械，以及装有自记纸的自记钟等部分。目前最新设备在温度为－35～45℃、相对湿度为30%～100%时，误差不超过3%。

图7-1 自记温湿计

(6) 温湿度遥测仪

对于大型博物馆，特别是需要对库房、展厅全天候温湿度进行监测的博物馆，目前最为广泛使用的是温湿度遥测仪。温湿度遥测仪分有线和无线两种。由发射、传达、接收三部分组成。在库房、展厅分散、人力不足或不必天天进库情况下，可采用遥测仪掌握各个库房、展厅温湿度变化，并及时根据温湿度变化进行调整或采取应急措施保障文物安全。当传感器需要进行远距离信号传输时，要注意信号的衰减问题。当传输距离超过200m以上时，建议使用中继，选用频率输出信号的湿度传感器。

要点提示

需注意的是，无论采用那一种温湿度计，都要根据库房或展厅容积来确定使用几个温湿度计。一般每三百立方米就需有一个温湿度计，在实际应用时要看大环境控制的平稳程度。但对库房和展厅的各个不同部位都应放置温湿度计监测比较，如门窗、入风、回风口、内外墙处、通风的死角等，以备随时通过中央空调等设备进行调整。

7.2.3 如何控制博物馆文物展出和保存环境的温湿度

最早关注博物馆环境温湿度的监控已很难考证，但是大英博物馆应是最早采用空调系统来控制环境温湿度的博物馆。1930年在罗马召开的国际文物保护会议所提出预防性保护的理念当时也主要是指博物馆环境中温湿度的控制。现在预防性保护的概念有了更为广泛的内涵，包括了从文化产业管理、资金、人员到技术措施各个层面。

(1) 选址——博物馆大环境

博物馆周边大环境对博物馆保持内部环境稳定很重要。如果是新建博物馆，首先应从博物馆选址开始，应远离商业、工业和交通的中心区域，选择环境稳定，空气质量优良、无污染、少噪音、最小振动、辐射的地段。一些博物馆建立在环境优雅的公园或文化区域内会大大降低环境污染影响的程度。一般南方地区的博物馆应尽量避免靠近水系、城市内的河流或人造湖泊，而北方地区的博物馆建在有水系的公园内会降低空气中污染物的影响和在干燥季节大环境保持一定的湿度。

(2) 博物馆的预防性保护设计

在环境控制方面博物馆内预防性保护设计包括两个方面，一方面是控制室内空气的温湿度受室外气候的干扰。如掌握室外气候规律，在气候不宜的季节，应紧闭门窗，减缓空气对流和日光辐射。在室外气候适宜的季节，可开窗通风降温散湿。这种利用自然通风控制室内温湿环境的方法，已是国际博物馆文物保管工作者的常规手段，节能减排。另外，在建筑设计和施工时，可以适当考虑采用隔热材料加厚墙体，这是一种事半功倍的方法，很多博物馆在库区设计时，将库房放置在环境相对稳定、无采光的地下，为了保障库房受地下潮湿的最小影响，可在库房周边建环形走廊，并做好通风处理（图7-2）。另外，为了尽量减少外来因素对库房区的影响，新建的博物馆在库前区都建立了风淋间，凡是进入库房的人和物都经过风淋，达到与库房区一样的温湿度，并尽可能去除看不见的各种粉尘、霉孢等有害物质。

(3) 封闭陈列柜、文物柜

博物馆开放后，室内外空气的对流是难免的。此时，将文物橱柜、展柜尽可能做到封闭，使柜内空气流动缓慢乃至静止，即使博物馆内环境发生变化，如雷雨、大风天气的影响，展柜内也能避免温湿度的剧烈变化，也能减少空气污染的影响，这是一种非常有效的办法。针对珍贵脆弱文物，必要时可采用充氮的方法。对于封闭的展柜要注意的是柜内所有装饰材料，展座、展布、密封胶等，甚至一些有机质地的文物都不能释放任何有害气体，必要时在展柜内采用放置活性炭、分子筛等净化方法确保文物长期保存的安全，并进行长期监测。

图 7-2 博物馆库房入口

(4) 如何调节展厅库房温湿度

监测博物馆环境温湿度的目的是保持和改善文物保存或展出时处于适宜的环境，因此对于藏有大量珍贵文物并时常举办各种临时性展览的博物馆，展厅、库房温湿度监控和调节的设备是必不可少的。设定一定的温湿度，通过冷热风和恒湿机或除湿机和加湿机控制展厅或库房的温湿度。恒湿机能够自动地在加湿和除湿两种功能之间自动切换，如果将恒湿机和恒热机有机地结合起来，就能够将环境的温度和相对湿度维持在一个恒定水平。另外通过调整送新风的比例等措施，也可适当控制库房或展厅的温湿度。对于大型博物馆通过中央空调系统能够全天候保持所需条件，并且在一定的封闭隔离条件下，能够依据库房、展厅的要求分区域分开控制。根据除湿机的工作原理，可以将之分成两类——干燥型和制冷型，前者主要通过干燥剂（氯化锂或硅胶）吸除空气中的水分来达到降低湿度的目的，后者的除湿原理与冰箱相似，主要通过制冷剂将潮湿空气制冷来达到降低湿度的目的。加湿机的工作原理是在超高频电磁振荡源的作用下，使水雾化，将水雾化成分子状态，变成水雾喷出，与空气融合，达到加湿的目的。

在设备配置上一般地方博物馆要考虑到地域气候特点和价格等诸多因素，并不是所有的博物馆都必须配备中央空调系统。对于北方干热性区域和内陆区域的博物馆，冬季相对干燥，在尽量保持环境稳定，减少内外空气交换的条件下，应该考虑配备加湿机；对于南方湿热性区域和沿海区域的博物馆，全年的相对湿度比较高，应该考虑配备除湿机。另外，在选择除湿机时，也应考虑博物馆所在地的气候特点。对于全年平均气温较低的博物馆，应该选择干燥型除湿机，对于全年平均气温较高的博物馆，应该选择制冷型除湿机。

尽管通过中央空调系统或恒温湿设备从宏观的角度基本保障环境的稳定，但是往往由于展览目的的需要，不同材质的文物出现在同一空间，在这种条件下，可通过对微环境的控制来达到保护文物的目的（见图7-3）。通常微环境的控制可通过在在密闭的微环境中加入调湿材料、干燥剂或小型恒湿机。

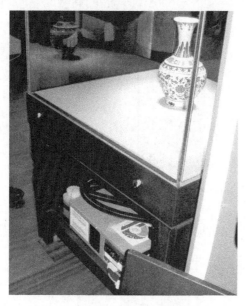

图7-3　微环境控制

小知识

除湿机：除湿机又称抽湿机、吸湿器等（图7-4）。除湿机除湿原理是机器内部降温使水分冷凝，把空气中的水排出。现在很多博物馆都利用空调进行除湿。应用空调除湿在北方可以达到一定的除湿效果。在南方的梅雨季节，气温相对较低，而湿度很高，空调除湿难以奏效。

干燥剂：具有除去水蒸气作用的材料称为干燥剂，又称减湿剂。干燥剂是一种从大气中吸收潮气的除水剂，干燥剂分为物理吸附型和化学吸收型。物理吸附型干燥剂的干燥原理是通过物理方式将水分子吸附在自身的结构中，例如硅胶、氧化铝凝胶、分子筛、活性炭、膨润土或活性白土等。化学吸收型干燥剂的干燥原理是通过化学方式吸收水分子并改变其化学结构，变成另外一种物质。化学吸收型干燥剂有氯化钙、生石灰或五氧化二磷等。

调湿材料是指不需要借助任何人工能源和机械设备，依据自身吸放湿气的特性自动调节所在空间空气的相对湿度的功能材料。适合于在博物馆中密闭展柜中微环境温湿度的调解。

◉ 图 7-4 除湿机

7.3 文物展示中的安全照明

在博物馆中看展览、看文物,照明是必不可少的条件。博物馆中照明分自然照明和人工照明,由于日光中有较强的紫外线,所以文物不但不能被日光直射,而且进入展厅和库房的光线也要进行处理,使紫外线强度和积累照度值都不超过对文物安全的要求。《博物馆环境》一书中明确阐明:光线就像高能量的辐射一样,是靠积累产生效果的,因此总的曝光量是问题的实质,曝光量是照度和时间的简单乘积。让光线达到一个设定的效果,必须要持续照射,100lx(勒克斯)的照度连续照 5h 和 50lx(勒克斯)照 10h 的曝光量是相同的。这就是倒易律。在博物馆文物保护中光的影响我们就要考虑三方面的因素,即红外、紫外辐射和总的光照度。

目前博物馆中人工照明光源主要有五种类型,钨丝灯泡、荧光灯、金属卤化物灯、光导纤维灯和 LED 灯。一般对展品适用照度下限为 50lx,适用照度上限为 200~300lx。金属文物属于光照不敏感藏品,即非光敏性藏品,照度标准低于 300lx 即可。

但是,光对于金属文物的影响有两种情况,一种就是正常的青铜器,只要温湿度在器物要求范围内,光照度 300lx 以下不会对青铜器保存有影响,另一种是青铜器上含有其他装饰或其他有机附着物,如彩绘、镶嵌螺钿、丝织品等,或者采用了有机保护材料进行了粘接、封护和加固,这种情况下,既要对保存环境中温湿度进行调整,展出或保存的光照度也要按照有机粘接剂和丝织品的要求减至适当的范围,并保持定期的检查和监测,必要时定期更换展品。

如果展品在白天是由日光照明,光线暗时才由钨丝灯照明,在相同时间内,通过玻璃日光中紫外辐射一般是钨丝灯泡紫外辐射的六倍左右。几乎所有荧光灯释放的紫外辐射都比钨丝灯泡释放的多。因此对预防紫外辐射来说,首先需要处理的是日光,之后才是荧光灯。我们可以在光线到达展品之前,先让它通过一种可透过可见光而不透过紫外光的材料来除去紫外辐射。

库房相对展厅来说,所需光照时间较短。对于有窗户的库房,可选择厚重窗帘等隔离日光照射与紫外线辐射,人工光源照明时,可选择紫外辐射较小的钨丝灯泡,或 LED 灯,光照强度在 50lx 即可,库房办公桌需要书写或使用电脑可使用台灯。

小知识

LED 灯:LED (Light Emitting Diode),发光二极管,是一种固态的半导体器件,它可以直接把电转化为光。半导体晶片由两部分组成,一部分是 P 型半导体,在它里面空穴占主导地位,另一端是 N 型半导体。当电流通过导线作用于这个晶片的时候,电子就会被推向 P 区,在 P 区里电子跟空穴复合,然后就会以光子的形式发出能量,这就是 LED 发光的原理。

光纤灯:光纤照明系统是由光源、反光镜、滤色片及光纤组成。当光源通过反光镜后,形成一束近似平行光。当光束进入光纤后,光就随着光纤的路径送到预定的地方。反光镜是能否获得近似平行光束的重要因素。所以一般采用非球面反光镜。光纤是光纤照明系统中的主体,光纤的作用是将光传送或发射到预定地方。光纤分为端发光和体发光两种。博物馆所采用的照明系统主要是通过尾灯的端发光进行照明。

7.4 金属文物保存环境的大气污染控制

7.4.1 金属文物腐蚀的加速剂——大气污染

早在罗马帝国时代,人们已经对烟雾潜在的有害影响发出了抱怨声音。从伦敦毒雾,人们已经深刻认识到空气污染物对人类健康的危害以及对材料的危害。铜合金上铜锈生长有赖于大气中的气体成分,污染气体、浮尘物、雨、风、阳光、煤烟等都会加速金属文物的腐蚀。

现代大气污染物显示出二氧化硫、氮氧化物和臭氧是污染物的主要组分。这些污染物浓度在城市严重污染区以每百万分之几千个（ppb）和在偏远地区少于1ppb的区间内变动，而世界上大多数博物馆建在城市中。博物馆空气污染物主要包括颗粒污染物和气体污染物，颗粒污染物主要是空气中浮尘，气体污染物则包括二氧化硫、二氧化氮和臭氧等。燃烧煤、煤气、汽油、石油和天然气等化石燃料都会产生二氧化硫气体，二氧化硫存在会使铁器等金属器遭受腐蚀。与库房空气污染物相比，由于参观等原因，展厅可能比库房污染更为严重，更需控制和净化。

小知识

青铜在大气中的腐蚀研究

大气中存在的 SO_2 会加速许多金属的腐蚀，但它与青铜的初始相互作用十分复杂，并且依赖于相对湿度和 SO_2 的浓度。这可以解释为何 Tidblad、Leygraf(1995) 以及 Tidblad、Leygraf 和 Kucera(1991) 发现铜腐蚀样品的重量增加和环境中 SO_2 浓度之间没有相关性。此研究中的污染物浓度很低，观察到了暴露样品持续的重量增加，以及赤铜矿是主要的腐蚀产物。Strandberg 和 Johansson(1997c) 注意到暴露在 SO_2 浓度为 69ppb 和相对湿度为 90% 环境中的铜板，仅12h后，其表面生长的赤铜矿膜常常变黑。人们多次观察到室外暴露铜器上形成的黑色锈层，但此项研究却第一次描述了铜器在室内环境中所发生的情况。当相对湿度超过75%且含有浓度为4~69ppb SO_2 时，铜器暴露 20h 后会形成暗黑色的赤铜矿锈层。

以上结果可通过在高 SO_2 浓度时，一个钝化性、化学吸附的亚硫酸盐膜的生长来解释。在低浓度和高湿度时，被吸附亚硫酸盐由于形成可溶盐和被氧化为硫酸而破坏；很薄的氧化层受到酸性表面侵蚀；铜以阳极化形式溶解；氧气以阴极化形式减少；赤铜矿沉淀下来形成 200~300nm 厚度的暗黑色层。目前还不清楚为什么此层是黑色而不是典型赤铜矿的红色。

尽管西方世界 SO_2 的浓度逐渐降低，但氮氧化物浓度却在缓慢增长。评估显示 19 世纪末期氮氧化物的年释放量少于 1×10^{12} g。一个世纪之后，在 1980 年，它们已增至 18×10^{12} g。在城市地区，同一时期臭氧的浓度已翻了两番，从 1880 年的 20ppb 增加到 1980 年的 40ppb。

其它的环境污染物，如二氧化碳，在暴露青铜上还没有特别显著的作用效果，尽管事实上全球二氧化碳的释放量从 1860 年估算的 600 亿公吨增加到 1997 年的 3800 亿公吨（Guardian Weekly 1997）。

增加了的臭氧浓度会起到青铜腐蚀的催化剂作用，它也与氧化氮发生复杂的相互作用。臭氧和氧化氮这两种气体都能在当前光化学烟雾里找得到，它是由日光和机动车尾气及化学污染物间的反应产生的。Strandberg 和 Johansson（1997a）指出臭氧和氧化氮的存在导致了它们和二氧化硫协同效应的增强。臭氧与二氧化硫结合在一起会对铜的腐蚀产生强烈的协同效应，产生赤铜矿和各种的碱式硫酸铜。

7.4.2 文物箱、柜、囊盒材料对文物的潜在损害

文物保护工作者必须认真选择对文物安全的箱柜囊盒材料，如果箱柜囊盒材料选择不当，在日后的文物保藏过程中，这些材料会不断地释放出有害气体，并在封闭的箱柜囊盒中积累，将会对文物造成损坏。

还有一些物质，例如木头、油漆、胶粘剂、皮革、毛织品、化学纤维纺织品和某些纺织品染料等，它们会在自身老化后释放出有害气体，这些有害气体包括二氧化硫、硫化氢、一氧化氮、二氧化氮、臭氧和挥发性有机酸类（甲酸和乙酸）、挥发性醛类（甲醛和乙醛）等。

例如，当人们用皮革和毛织物制作文物囊盒时，用丝织品包裹文物时，这些材料所含有的硫蛋白材料会在日后老化分解，释放出硫化氢或二氧化硫气体，这些气体会腐蚀银器，使明亮的银器变成暗灰色，也会造成青铜文物的腐蚀。

再例如，木头中含有酸性腐蚀物质。人们做了一个试验，将木材置于密闭容器中加热，即在隔绝外界空气的条件下，木材达到高温的分解作用，称为干馏。桦木、水青冈木、松木和云杉木在干馏时会产生相当于本身重量的 7.08%、6.04%、3.50% 和 3.19% 的酸性腐蚀物质。木头充分干燥时，酸性挥发腐蚀物质会挥发的少一些。我们应用未完全干燥的木质文物柜存放金属文物时，就会造成金属文物受到有机酸的侵蚀。

7.4.3 空气污染物监测的方法

由于文物是一类特殊的物质，所以在对大气污染的监测中，采用的方法、要求的条件都和文物的材质有关。

(1) 金属挂片法

利用银片、铜片和铅片对某些气体的敏感反应，将金属片挂于博物馆某位置，观察其表面是否被腐蚀情况，以此确定室内空气质量的好坏。此方法的优点在于经济实用，结果直观明了。缺点是检测时间长。

美国 Purafil 公司进一步研究发展了铜和银挂片技术，根据铜和银金属片对环境反应程度——即铜和银金属片腐蚀程度制定了相对应的博物馆及档案馆空气质量等级标准（5级，见图7-5）。具体方法是：将铜和银金属片悬挂暴露在空气中30天，然后送回 Purafil 公司做腐蚀程度和成分分析，由此得出环境腐蚀气体

物质类型和环境污染程度的评估。

　　Purafil 公司列举了此技术的四个优点：简单经济，有效实用，结果可信，综合评估。中国国家博物馆应用 Purafil 公司金属试片的记录及实物见图 7-6。

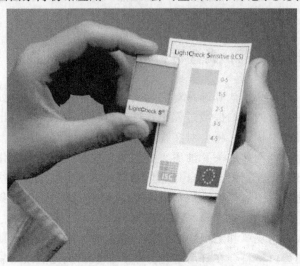

图 7-5　腐蚀程度评估

图 7-6　金属挂片法监测实物及记录

（2）玻璃试片法

　　1990 年由英国维多利亚与艾伯特博物馆和德国硅酸盐研究所合作启动了这个研究项目。此研究是利用特种玻璃对有害气体的敏感性，对博物馆室内空气质量进行检测，普通玻璃由三种主要成分（SiO_2，Na_2O，CaO）组成，而特制的环境质量检测玻璃含有七种成分（SiO_2，Na_2O，CaO，K_2O，MgO，Al_2O_3，

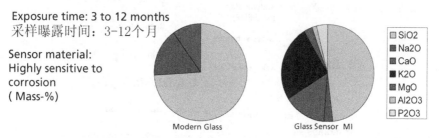

图 7-7 玻璃试片法

P_2O_3)。他们所采用的是一种被动式检测空气质量的方法,将玻璃放于检测地点三个月至十二个月时间,然后通过观察玻璃表面的腐蚀情况和颜色变化,来确定其地点的空气质量好坏(见图7-7)。为了取得更准确的数据,他们设计了应用傅里叶变换红外光谱仪FTIR检测玻璃的变化情况。经过多年的实践研究,他们认为这种玻璃对甲醛、乙酸、二氧化硫、有机挥发气体等都较为敏感。

(3)压电石英晶体法

美国Purafil公司生产的OnGuard系列仪器应用的就是这一技术。他们应用压电石英晶体表面镀银或者镀铜的金属片,可以检测二氧化硫、硫化氢、臭氧、二氧化氮和有机挥发气体等引起的空气质量变化(见图7-8)。伦敦大学的M. Odlyha教授领导的MIMIC课题组的研究应用压电石英晶体表面附着乳香树脂或者蛋彩原料,得到了灵敏检测臭氧和光线对文物的影响;将压电石英晶体表面镀铅,得到了灵敏检测有机酸的效果。

(4)高分子薄膜法

欧洲博物馆室内环境检测早预报(Early Warning Dosimeters for Monitoring Indoor Museum Climate)课题组开发了这一应用技术,他们将对二氧化硫、臭氧、氮氧化物、光线和温湿度敏感的高分子材料喷涂于玻璃

图 7-8 压电石英晶体法
(Piezoelectric Quartz Crystals Purafil and MIMIC)

片基上，然后将试片安装于检测电路板上，用仪器记录原始数据。当曝露于检测环境中一定时间以后，用仪器记录环境试片数据的变化，见图7-9～图7-11。

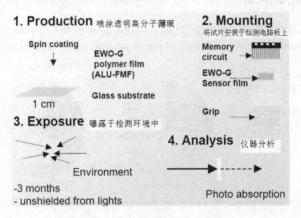

图 7-9　高分子薄膜法应用技术

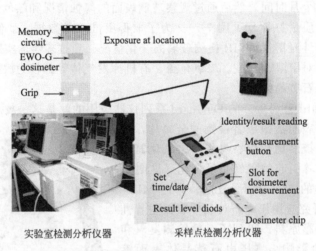

图 7-10　高分子薄膜法数据记录及检测设备

(5) 采样分析

利用主动式采样器或者被动式采样器现场采集空气样品后，再送到实验室用做相应的化学仪器分析，最常用的仪器分析方法是应用气相色谱-质谱联用仪（GC-MS）或者气相色谱仪（GC）进行气体成分分析。美国国家档案馆的 M. Ormsby 先生采用了固相微萃取纤维（SPME fiber）取样方法，然后用气-质联用仪（GC-MS）测定气体气体成分。英国的 P. G. Hughes 先生

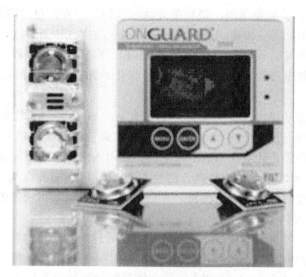

⊙ 图 7-11　高分子薄膜法检测

采用了热脱附技术 Thermal desorption（TD），再应用气-质联用仪（GC-MS）测定气体成分。

(6) 精密仪器实时现场检测技术

2006 年以来，世界上已经有几个博物馆应用实时在线精密仪器检测技术。例如英国皇家阿尔伯特纪念博物馆和希腊雅典的 Criminological 博物馆应用了 24h 连续检测气体悬浮颗粒 PM10 和 PM2.5、二氧化硫、氮氧化物和臭氧的精密检测仪器和技术。荷兰国家图书馆也购置了在线检测二氧化硫、氮氧化物、臭氧的仪器。2009 年，中国国家博物馆购置了检测二氧化硫、硫化氢、氮氧化物、二氧化氮、臭氧、气体悬浮颗粒的精密检测仪器，同时也购置了较为精密的甲醛、有机挥发气体（TVOC）检测仪器。现在这些仪器应用到对博物馆室外、展厅和库房环境的监测。

7.4.4　如何控制空气污染物

空气污染物控制主要是指气体污染物和颗粒污染物的去除。空气污染物的控制应采取防治结合，有以下几种基本的防护措施：

① 文物入库前必须清洁和消毒。已入库或展出的文物，必须经常保持清洁，随时观察并定期检查。

② 文物库房、各展室墙壁建筑材料要选用质地坚硬、耐磨、光滑、易清洗的材料做维护结构的面层，以防建筑内表面起尘，也可采用高分子有机涂料，如聚氨酯、聚氯乙烯等喷刷库房、展室地面和墙壁。

③ 绿化库房、展室周围。植物是天然过滤器，一方面可以降低风速，阻挡、吸附和粘着灰尘；另一方面，某些树种还具有吸收空气中有害气体的作用，如兰桉、刺槐、银桦可以吸收空气中的氯气，柳杉、柑橘树可以吸收空气中的二氧化硫。所以，文物库房和展室周围尽量搞好绿化，充分发挥各种植物净化空气的作用。

在治理方面可使用过滤装置去除二氧化硫（SO_2）、二氧化氮（NO_2）和臭氧（O_3）等气体污染物，主要有喷淋器和活性炭过滤器。喷淋器是一种广泛应用的空气净化装置，让空气通过水喷淋器，在引入空气及水下连续运行，可过滤SO_2和NO_2，但对不能去除臭氧。活性炭过滤器可以安放在气流流通的地方，滤床里填充经过特殊处理的活性炭，有很大表面积可以吸附流过的气体，可以高效吸附SO_2和破坏O_3。

颗粒污染物可采用空气过滤器去除。需要处理颗粒污染物粒径从$0.01\mu m$到$20\mu m$左右。选择空气过滤器前要考虑博物馆周围空气中飘浮粒子粒径大小。不同空气过滤器在去除$9.91\mu m$与$10\mu m$之间颗粒污染物没有区别，在过滤直径为$0.01\mu m$与$0.1\mu m$颗粒污染物则有很大区别。

7.5 随时监察展厅和库房环境

文物只有得到利用，它的价值才能充分得以体现，因此文物的保存和使用始终是处于动态的保管之中，文物保护科技工作者应采用定期和不定期结合的方式，与文物保管、展览人员共同查看展厅和库房文物保存状况，检查各种环境记录，定期对监测设备进行校正，详细记录设备运行情况，根据实际情况适时调整。

参 考 文 献

[1] 马清林等. 中国文物分析鉴别与科学保护. 北京：科学出版社, 2001.
[2] 郭宏编著. 文物保存环境概论. 北京：科学出版社, 2001.
[3] Nathan Stolow著. 博物馆藏品保护与展览. 宋燕等译. 北京：科学出版社, 2010.
[4] Garry Thomson著. 博物馆环境. 范宇权等译. 北京：科学出版社, 2007.
[5] 田少文等. 博物馆照明设计的有关问题. 照明工程学报, 1994, 5 (4).
[6] 张明泉等. 敦煌莫高窟保护中的主要环境问题分析. 干旱资源环境, 1997, 11 (1).
[7] 黄河. 通风、过滤和被动吸附措施对博物馆库房空气质量的影响. 文物保护与考古科学, 2009.21 (4).
[8] 徐方圆等. 文物藏展常用木材挥发性酸快速检测评估方法研究. 文物保护与考古科学, 2010,

22(2).
- [9] 郑幼明等. 博物馆恒温恒湿文物环境控制系统的建立和优化设计. 文物保护与考古科学, 2008（增刊）.
- [10] 修光利等. 低温竹炭净化文物保存环境空气中氮氧化物的探索. 文物保护与考古科学, 2009（增刊）.
- [11] 罗曦云等. 博物馆文物环境用甲醛净化材料评估方法研究. 文物保护与考古科学, 2009（增刊）.
- [12] 吴来明等. 基于"洁净"概念的馆藏文物保存环境研究. 文物保护与考古科学, 2008（增刊）.
- [13] 马清林, 张治国. 博物馆铁质文物保护技术手册. 北京: 文物出版社, 2011.

欢迎订阅表面技术和腐蚀专业图书

ISBN号	书 名	作者	单价
	专业工具书		
7502592040	实用表面前处理手册(二版)	胡传炘	45
9787122106957	暂时防锈手册	张康夫	128
	腐蚀与防护		
9787122018366	缓蚀剂(二版)	张天胜	59
9787122008794	混凝土中钢筋的腐蚀与阴极保护	葛燕	39
9787122077325	金属表面防腐蚀工艺	陈克忠	29.8
9787122045102	金属腐蚀理论及腐蚀控制(龚敏)	龚敏	29
9787122000286	气相缓蚀剂及其应用	张大全	28
9787122069214	清洗剂、除锈剂与防锈剂	李金桂	28
9787122014153	水基金属加工液	张康夫	18
	涂料涂装		
9787502563912	光固化涂料及应用	杨建文	35
7502580913	环保涂料丛书——水性涂料	涂伟萍	38
9787122089533	金属表面涂装技术	庄光山	49
7502542000	美术涂料	刘廷栋	32
9787122071583	美术涂料与装饰技术手册	崔春芳	89
9787122023087	实用涂装基础及技巧(二版)	曹京宜	36
7502558888	涂料毒性与安全实用手册	赵敏	36
9787502567156	涂料技术导论	刘安华	24
9787502526009	涂料技术基础	武利民	28
9787122037145	涂饰工程	刘经强	28
	综合表面处理技术		
9787122102065	表面处理技术概论(刘光明)	刘光明	35
9787122075321	表面覆盖层的结构与物性	廖景娱	40
9787122089793	材料表面工程技术(李慕勤)	李慕勤	35
9787122068330	材料表面现代分析方法(贾贤)	贾贤	29
9787122005199	钢材酸洗技术	朱立	39
7502577785	高压水射流清洗技术及应用	卢晓江	29
7502536043	工业清洗剂及清洗技术	陈旭俊	45
9787122003249	金属表面清洗技术	李异	29
9787122045423	金属表面转化膜技术	李异	39
9787122003911	金属清洗技术(二版)	魏竹波	35
7502568034	实用清洗技术手册(二版)	梁治齐	69

以上图书由化学工业出版社出版。如要以上图书的内容简介和详细目录,或要更多的科技图书信息,请登录 www.cip.com.cn。

邮购：010-64519685，64519684，64519683，64518888，64518800
如要出版新著,请与编辑联系。
地址：(100011) 北京市东城区青年湖南街13号 化学工业出版社
编辑：010-64519271，13522210896 E-mail：dzb@cip.com.cn (段志兵)